孙祁祥 著

珍惜
——跬步集续

中国财经出版传媒集团
经济科学出版社
Economic Science Press

【珍惜——跬步集续】

在北京大学2017年开学典礼上致辞

北大活动

1. 北京大学访日代表团（1993年）
2. 在北大2007届研究生毕业典礼上致辞（2007年）
3. 北京论坛（2011年）
4. 北京大学代表团访问中国台湾（2013年）
5. 主持北大－卫斯理学院女性领导力论坛开幕式（2013年）
6. 北大黉门对话（2015年）
7. 北大庆祝改革开放40年座谈会上作为教师代表发言（2018年）
8. 北大PPP研究中心成立（2017年9月9日）

9. "改革先锋"回北大座谈会（2018年）
10. 北大研究生毕业典礼快闪（2017年）
11. 第一届全球PPP50人论坛开幕式（2018年）
12. 北京大学女教授协会成立大会（2018年）
13. 北大经济系77级校友返校（2018年）
14. 北大120周年校庆晚会（2018年）
15. 北大中国保险与社会保障研究中心成立仪式（2003年）
16. 北大经济学院百所院长论坛（2019年）
17. 北京大学研究生学术文化节（2019年）
18. 北大纪念五四运动100周年快闪活动教师团队（2019年）

院系活动

1. 珍贵的历史照片（左五陈岱孙，经济系老系主任；左四胡代光，经院第一任院长；左二石世奇，经院第二任院长；右一刘伟，经院第四任院长；右五陈德华，经济系系主任；右三孙祁祥，经院第五任院长）
2. 北大风险管理与保险学系5周年纪念（1998年）
3. APEC首期保险高级研讨班（2001年）
4. 北大风保系25周年大会（2018年）
5. 第五届北大赛瑟论坛演讲人合影（2008年）
6. 北大首届国富论坛（2012年）
7. 北大经济学院百年院庆大会（2012年）
8. 北大经院成立100周年院庆教职工大合影（2012年）

珍惜——跬步集续

9. 北大经院上海校友会成立（2014年）
10. 北大经院首届专硕导师合影（2014年）
11. 范曾北大经院演讲会（2014年）
12. 对话首任中国保监会主席马永伟（2015年）
13. 对话中国首位女航天员刘洋（2016年）
14. 北大全校运动会（2017年）
15. 北大经济学院105周年纪念学院全体教职工合影（2017年）
16. 北大经济学院西南分院成立仪式（2017年）

国际交流

1. 哈佛大学经济系访学（2000年）
2. 主持美国大使演讲会（2005年）
3. 主持英国大使演讲会（2005年）
4. 会见瑞士驻华大使（2006年）
5. 会见美国寿险协会主席（2006年）
6. 会见诺贝尔奖获得者尤努斯教授（2006年）
7. 与国际保险学会创始人约翰·毕克利教授合影（2007年）
8. 第四届北京国际金融年会（2007年）
9. 为亚太风险管理与保险学会创始人哈罗德教授颁发荣誉证书（2009年）
10. 第十三届亚太风险与保险学会北京年会（2009年）
11. 主持比尔·盖茨北大演讲会（2011年）
12. 主持蒙代尔教授演讲会（2011年）
13. 北京大学代表团访问澳大利亚、新西兰等国（2012年）
14. 主持美国大使演讲会（2017年）
15. 主持欧盟大使演讲会（2017年）
16. 主持新加坡大使演讲会（2018年）
17. 日本东京大学演讲（2018年）

社会活动

1. 中央电视台经济专家论坛特约主持人（1993年）
2. 海峡两岸庆祝中国保险业200周年纪念大会（2005年）
3. 在保险业纪念改革开放30周年大会上发表演讲（2008年）
4. 担任首都女教授协会会长（2014年）
5. 上海陆家嘴论坛发表主旨演讲（2015年）
6. 重庆巴蜀中学演讲（2017年）
7. 中央电视台开讲啦（2017年）
8. 全国三八妇女节团拜会（2017年）
9. 黄帝故里拜祖大典，郑州（2018年）
10. 中国计算机大会做特邀报告（2018年）
11. 湖南第一师范学院演讲（2018年）
12. 庆祝改革开放40周年大型理论通俗电视节目主讲嘉宾（2018年）
13. 世界名校嘉年华开幕式演讲（2018年）
14. 杰出社会企业家颁奖典礼（2019年）
15. 中国银保监会国际咨询委员会第一次会议（2019年）
16. 中国发展高层论坛（2019年）
17. 北京金融街论坛（2020年）

珍惜——跬步集续

历史照片

1. 湖南岳阳城东中学女子校乒乓球队（1972年）
2. 岳阳四中高二班团支部合影（1973年）
3. 岳阳地区五七干校插队（1974年）
4. 岳阳地区邮局同事送我上大学（1979年）
5. 兰大经济系男队、女队双获全校排球赛冠军（1982年）
6. 大学毕业师生合影（1983年）
7. 美国林肯保险集团资助赴美学习（1994年）

荣誉奖励

1. 出席北京市第十届党代会（2007年）
2. 荣获中国经济女性年度人物（2010年）
3. 荣获北京市先进工作者（2010年）
4. 荣获北京市创先争优优秀共产党员称号（2012年）
5. 荣获"约翰·毕克利创始人奖"（2014年伦敦）
6. 荣获中国保险年度人物（2014年）
7. 受邀参加"9·3"阅兵仪式（2017年）
8. 荣获首届陈岱孙经济学论文奖（1996年）
9. 荣获全国三八红旗手标兵称号（2017年）
10. 荣获北京大学曹凤岐金融发展基金会"经济与金融理论突出贡献奖"（2017年）
11. 荣获中国品牌十大女性（2018年）
12. 荣获北京市师德榜样（2018年）
13. 荣获北京大学"十佳导师"称号（2019年）
14. 荣获北京大学优秀共产党员标兵称号（2018年）
15. 受邀参加国家功勋和国家荣誉称号颁授仪式（2019年人民大会堂金色大厅）
16. 受邀参加国庆70周年天安门观礼（2019年）
17. 受邀参加国庆70周年晚会（2019年）
18. 荣获中国品牌70年70人荣誉称号

珍惜——跬步集续

与家人朋友师生合影

1. 读博期间拜访陈岱孙先生（1991年）
2. 博士论文答辩后与恩师萧灼基老师及答辩委员合影（1992年）
3. 与印第安纳大学商学院导师夫妇合影（1994年）
4. 与哈佛大学导师马丁·费尔德斯坦教授合影（2007年）
5. 与父亲合影（2008年）
6. 吴树青校长80寿辰（2012年）
7. 张友仁老师90寿辰（2012年）
8. 教学生涯的最后一堂课（2021年）
9. 北大东方项目授课（2020年）
10. 与家人合影（2019年）
11. 军队和企业访问学者（2018年）
12. 小镇"家庭柿子节"（2018年）
13. 看望本科时代的老师——兰大经济系张照柯教授（2017年）
14. 生日晚宴（2017年）
15. 与资助的云南弥渡贫困生交流（2017年）
16. 师生小镇合影（2019年）

珍惜——跬步集续

⑩

⑪

⑫

⑬

⑭

⑮

⑯

休闲

1. 海南岛驾驶海上摩托艇（2016年）
2. 银杏−北大经院2016毕业主题微电影（2016年）
3. 北大经济学院毕业典礼晚会（2017年）
4. 学院师生体育竞赛（2017年）
5. 秦风影社里的"穿越"（2020年）
6. 南海畅游（2019年）
7. 马球训练场上（2020年）

序 言

我和孙祁祥老师相识已经二十多年了。在我开始担任北大社科部部长主管学校文科科研的时候,她是经济学院的老师,研究方向是中国保险业发展战略、保险监管、国际保险市场比较研究等。大约是2003年春季学期,当时中国的保险业起步时间不长,方兴未艾,她敏锐地感觉到这方面的研究前景广阔,就打算结合自己的专业,成立一个"北京大学保险与社会保障研究中心"。报告打到社科部,我认为成立这个中心对于北大社会学科的建设很有必要,正好补上了北大经济学科这方面的短板,有利于北大文科的学科建设,便签字批准成立。过了不久,她从美国打电话给我,说在美国学术交流期间,感觉这个中心的名字上得加上"中国"字样,平台方能更高,格局方能更大,也更有利于未来的学术活动。我思考了一下,认为这一想法不无道理,便让她安排老师正式打个报告。等报告一送来,我就找主管文科的校长请示,很快就批准了。她从美国回来后,见到我的第一句话就是:"没想到这么大的事情,这么顺利、这么快就办成了!"从此我们的联系就更多了。2003年9月28日,她担任主任的

"北京大学中国保险与社会保障研究中心"正式成立,我们一起参加了揭牌仪式。到了2008年9月中心成立五周年开展学术研讨和纪念活动时,她特地邀请我为中心题词,放到纪念册上,我欣然答应。题曰:"诚乃人生保险之最高系数,民为社会保障之终始目标。"

我们北京大学历来人才济济,卧龙藏凤。在姹紫嫣红的燕园美女教授百花园里,孙祁祥老师是尤为靓丽的一朵。她担任过北京大学经济学院院长、亚太风险与保险学会主席等职务。她曾被评为"北京大学最受学生爱戴的十佳教师",还曾荣获北京市师德榜样荣誉称号、北京市教学名师、北京市先进工作者、中国经济女性年度人物、全国"三八红旗手标兵"等荣誉称号;并荣获2014年度国际保险界最高奖"约翰·毕克利创始人奖"。她在自己的专业领域里辛勤耕耘,所取得的学术成就远非我这个外行所能说得清楚的。而她在文学方面的才华,却令我这个中文系的老师格外敬佩和赞叹!

请看一下她多年来在新生开学典礼、老生毕业典礼以及各种论坛开幕式上的致辞,就可以"尝一脔肉,而知一镬之味,一鼎之调"(《吕氏春秋·察今》)也。诸如:《你的态度,而不是天资,将决定你的高度》《做一个快乐的成功者》《选择的智慧与困惑》《感恩你所得,奉献你所能》《变化的社会,不变的嘱托》《一个读书少的民族,不可能成为受世人尊重的民族》《一屋不扫,何以扫天下》《珍惜》《精神》《笃行》,等等,可谓是精炼、精辟、精彩,既富有深刻的哲理,又闪烁智慧的光芒,更横溢出八斗之才华!

特别是2017年9月,在北京大学开学典礼上,孙祁祥老师以《珍惜》为题的致辞,在典礼还在进行,致辞尚未结束时,便因为实时直播而开始在网络上迅速传开,反响十分热烈。被网友推赞为"百看不厌的佳作!"全国不少中学甚至将此列为学习素材。例如江西十所中学联考,以此作为考题的材料;石家庄二中在高二年级语文名句类作文系列训练中,就这篇致辞,给出了如下的考题:

序言

阅读下面的材料，根据要求作文。

北京大学经济学院院长孙祁祥教授在北京大学2017年开学典礼上的讲话，劝告学生做到"五个珍惜"，即请珍惜当下；请珍惜他人；请珍惜自己，特别是你的健康；请珍惜你内心的渴望，而不要忽视它、压抑它，甚至掐灭它；最后，请珍惜我们这个伟大的时代。

对于以上"五个珍惜"，你有什么感触或思考，请你选择两个到三个"珍惜"，使之形成有机联系，写一篇文章，要求不脱离材料，自定文体，自拟标题，不要套作，不得抄袭，不少于800字。

一篇短短的致辞，竟然进入了中学语文的考试素材中，这差不多是前所未有过的。据不完全统计，全国超3亿人次收看了《珍惜》的视频，足见人们对"五个珍惜"的认同、喜爱和珍惜。

十年前，北京大学出版社出版了孙祁祥老师的短文集，书名取为《跬步集》，很显然是用《荀子·劝学篇》中"故不积跬步，无以至千里"之意。跬步，即半步；作者谦称所收短文只是自己前行留下来的一串小小的半步足迹。她的《珍惜》引起轰动后不久的一次相聚小酌时，我说：你应当整理出版第二本短文集，书名就叫《珍惜》，编好后我为你作序。当时也就是兴之所至地这么一说而已，并未当真。没想到2021年元旦刚过，她给我发微信，除了祝新年好，就直截了当地说：我正在编《跬步集续集》，你答应写序，可不许反悔！我说：君子一言，快马一鞭，定尽绵力写一篇千字文。至于书名，我认真思考了一番，觉得她拟取的《跬步集二》或《跬步集续集》，固然与前面出版的《跬步集》有连续性，显得很正常，但总感觉失之平实，有点缺憾。既然《珍惜》一文当年便一石激起千层浪，至今尚余波涟漪不绝，何不借势而为，就将书名取为《珍惜》，副标题叫《跬步集续》。她很赞同，觉得不错。她既然能从善如流，我也只好践约如初了。于是，就有了这篇短序。

短序匆成后，意犹未尽，凑了一首小词《临江仙·题〈珍惜——跬步集续〉》，不揣浅陋录此，聊供读者诸君茶余一粲。词曰：

> 悠悠人生曼曼路，日积跬步堂堂。经时济世大文章。裹挟洞庭水，腾涌未名浪。　五个珍惜意绵长，激荡亿万心房。修齐治平慨尔慷。圆我中国梦，请君举大觞！

孙祁祥老师是湖南人，壮美辽阔的洞庭湖拓展了她的心胸与气度；那宛如碧玉盘中一青螺的君山，滋养了她的神韵与灵性，故称"裹挟洞庭水"。来到燕园未名湖畔大显身手，一展风采。她的专业是经济学，经济学的终极目的无疑是经时济世，有益于黎民苍生。而《珍惜》激动了亿万人的心，助益人们修身养性、提升道德品位，乃精良的精神食粮。我们炎黄子孙共同的美好愿景，就是不忘初心，实现中华民族伟大复兴的中国梦。小词虽然浅俗，然聊表寸心，足矣。

是为小序。

程郁缀
2021年1月22日正午于燕园大雅堂冬日暖阳里

前 言

"时间真的是经不起消磨。我入门成为萧灼基老师的学生,由此开始在北大经济学院的学习、工作、生活仿佛还是不久前的事情,但屈指一算,已经过去20多年了。"这是2012年,我在北大经济学院百年院庆时所写的一篇回忆文章中的一段话,用在这里表达我此刻的心情,我觉得极其应景——时间真的经不起消磨。

一晃大半辈子过去了。儿时随着不时调动工作的父母在不同的城市上幼儿园,上小学,上中学;从高中毕业生成为下乡知青;从农村返城后当了话务员;从话务员变成邮电局政工处的"以工代干";从职工变成一名大学生;从大学生变成博士生;再从一名学生变成老师,成为教授,成为博士生导师。现在,即将成为可以享受"神闲生活"队列中的一员。回过头来一看,这段长达65年的经历,似乎就发生在昨天。

我很庆幸出生在这样的家庭。当兵出身的父母对子女没有世俗的那种所谓成功的希冀,但对我们兄妹在做人做事方面的要求极其严苛。母亲从小就教育我,"不要跟别人比,做最好的自己足矣"。12岁那年,我因父亲是走资派,爷爷是地主,政审未通过而无法当兵时,父亲对着又哭又闹的我说："我和你妈妈都是从小自己闯出来的，你今后也不要依靠父母、依靠别人，而要依靠自己，在这个社会上立足。"严父慈母的谆谆教导，伴随了我一生的成长。

我很庆幸找到了自己的终身伴侣。在与他相识、相恋、相伴近40年的时光中，他给了我很多的推力、关爱和包容，让我有勇气和信心去尝试一些新的事物，由此丰富了我的人生经历。

我很庆幸我一生中遇到过那么多的贵人、那么好的机会和那么好的环境。在"读书无用论"甚嚣尘上的"文化大革命"时期，我有幸遇到了潘云冰老师、邓革夫老师等认真教书育人的师长；下乡当知青时，我有幸遇到了伏队长这样既有能力又爱护知青的知青队负责人；高考时，我有幸遇到了邮电局的好领导，准了我一周的假，让我有充分的时间备考；考上兰州大学以后，我有幸遇到了对教学极其负责的老师和一群互帮互爱的同学；1988年在武汉参加纪念十一届三中全会十周年的大会上，我有幸遇到了我的恩师萧灼基老师，是他鼓励我报考北大博士生，让我这个之前从未有过考博念头的青年讲师竟然"跃跃欲试"，并成为新学位制度设立以来，北京大学经济学院的第一位女博士研究生；在CCER-NBER的学术论坛上，我有幸遇到了哈佛大学的马丁·费尔德斯坦教授。受他热情之邀，我以访问教授的身份去哈佛大学经济系和美国国家经济研究局进行了一年的访问；在北大30多年的时间里，我有幸结识了那么多优秀的同事，站在北大这所中国最高学府的讲台上，教授着全中国一批又一批最优秀的学生，享受着"得天下英才而教育之"的乐趣。

我很庆幸生活在改革开放这样一个伟大的时代。这个时代给我们创造了各种机遇。40多年前，当我还是湖南岳阳中村公社大众大队的一名知青时，我绝对想不到，有一天，我能够上大学；能够当上教授，并且还是北京大学的教授；能够去世界上许多发达国家的著名学府进行学术交流；能够结识包括中国在内的世界各国的优秀人士，与他们共议时代话题，共商解决之道。收录在这部《珍惜——跬步集续》中的文字和照片就是这个时代的一个缩影，而我，只是所有受惠于这个伟大时代的人们中的普通一员。

十年前，我将我之前发表的一些东西，主要是一些演讲、访谈和随笔汇编成册，以《跬步集》为名由北京大学出版社出版。该文集出版以后，许多朋友和学生不时询问，《跬步集》的续集何时出版，我总说，不急不急。但今年开年以后，我好像突然感觉时间不等人了，再拖下去我将完不成之前做出的承诺：到了退休的日子，将《跬步集》续集作为给自己和学生们的一件礼物。于是乎，我赶紧放下手头其他事情，开始整理这部文集。

下决心以后所做的第一件事就是与程郁缀老师联系，请他践行我们之前的约定。这里有一个小插曲。三年多前的一天，我和院里的几位老师请程郁缀老师小聚，当时正好是《珍惜》（我在北大2017年新生开学典礼上的致辞）特"火"的时候。程老师说，"你应当整理出版第二本文集，书名就叫《珍惜》，你编好后我来为你作序"。

令我感动的是，程郁缀老师不仅爽快地答应了，嘱我将文集的目录和主要代表作发给他看，而且还为我的书名当起了"高参"。当程老师了解了我对书名的想法以后，他说，"如果文集取名《跬步集二》，虽然与第一部文集有连续性，但题目太平；但如果取名《跬步集续集》，也不大准确，跬步怎么续？不妨改为《珍惜——跬步集续》，这样既保持了连续性，又突出了本文集的主题，即'珍惜'"。我当时的感觉就是一个字：爽！程老师是北大中文系的著名教授，唐宋诗词领域的大家，他在纵论专业时的那种豪放与洒脱，会让人如醉如痴，跟着进入"微醺"状态。在他担任北大社科部部长期间，对我作为创始主任的"北京大学中国保险与社会保障研究中心"的成立及后续工作给予了鼎力支持。中心成立近20年来，连续三届荣获北京大学优秀科研中心的称号，我想，这应当也是对程老师的信任和支持的一个最好回报吧。

两部文集书名之所以都用了"跬步"这两个字，是遵从荀子"不积跬步，无以至千里"的教诲。从小到大，从做学生到当老师，从校园里的教书育人到参与社会的各项活动，我自己就是这样"积跬步"走过来的。我一直坚信，唯有一步一个脚印，踏踏实实地走，才能有坚实的基础，才能有持久的毅力，才能最终胜利达到终点。微观于个人，宏观至国家，这绝对是颠扑不破的真理。而这部文集之所以加了"珍惜"的主标题，当然是因为程郁缀老师的建议，也是因为《珍惜》得到了太多人的共鸣，但更重要的是，它也一直是我生活、工作的准则。我希望天下所有的人都能"珍惜当下，珍惜他人，珍惜自己特别是自己的健康，珍惜内心的渴望，珍惜我们这个伟大的时代"。

  谨以两部《跬步集》来缅怀和纪念我的父母。感谢我的家人、老师、同事、学生，以及在我的人生中给予我帮助、鼓励、支持和爱护的所有人！

孙祁祥
2021年2月于海南

目录·CONTENTS

演讲录

- 003　珍　惜
- 006　你的态度,而不是天资,将决定你的高度
- 009　选择、经历与责任
- 012　选择的困惑与智慧
- 018　做一个快乐的成功者
- 023　感恩你所得,奉献你所能
- 027　希望你们"好好学习,天天向上"
- 029　变化的社会、不变的嘱托
- 032　精神
- 036　笃行
- 040　一屋不扫,何以扫天下
- 042　我所理解的"学高为师,身正为范"
- 048　中国梦的实质与大学的职责
- 052　努力培养具有使命感和担当精神的创新人才
- 055　突破·传承·创新
　　　——中国特色社会主义经济学理论体系构建发展的几点思考
- 058　经济社会变迁与女性价值
- 062　突破自我　追求卓越
- 066　一个读书少的民族,不可能真正成为受世人尊重的民族
- 069　人生如海

- 073　创新人才的培养需要什么
- 076　平衡点在哪？有关绿色经济问题的思考
- 080　新经济中的艺术元素
- 083　关于信息社会的经济学思考
- 091　创新与金融品牌建设
- 094　伟大的理论产生于伟大的实践
- 097　大国的开放与开放的大国
- 103　向大师致敬
- 109　"一百天"与"一百年"
　　　——记2012年的那个春天
- 115　出国远行，请带上一面"镜子"
- 117　视野与近像
- 119　以史为鉴 可知兴替
　　　——《继承者：日本长寿企业经理秘籍背后的故事》序
- 123　政府与市场的边界
- 127　"三大规律"与"五合发展"

随笔录

- 131　甲午之年：中国改革再出发
　　　——2014年北京大学经济学院两会专家笔谈代序
- 134　"新常态"下的风险警示
　　　——2015年北京大学经济学院两会专家笔谈代序
- 139　攻坚克难，实现全面小康的伟大目标
　　　——2016年北京大学经济学院两会专家笔谈代序
- 143　中国如何引领经济全球化
　　　——2017年北京大学经济学院两会专家笔谈代序
- 148　四十不惑：中国在自省中走向未来
　　　——2018年北京大学经济学院两会专家笔谈代序
- 151　世界离不开我们
　　　——2019年北京大学经济学院两会专家笔谈代序

155	质疑声中保持自信　赞美声中保持自省
	——2020年北京大学经济学院两会专家笔谈代序
159	青山遮不住，毕竟东流去
	——2021年北京大学经济学院两会专家笔谈代序
162	全球化时代的"隔离"与"拥抱"
	——新冠疫情留给我们的思考
169	如何认识我们的体制优势
176	保险业需要在反思中成长
184	再论保险业的变与不变
	——关于新技术对保险业影响的若干思考
189	中国保险业更需提高"深层竞争力"
192	应重视对"保险周期"的研究
197	"老龄化社会"杂谈
201	保险业自身可持续与经济社会发展可持续
204	保险文化：释义与建设
207	经济结构调整和转型的关键是进一步坚定市场化改革的方向
210	加快养老产业发展正逢时
214	大病保险：有初更须有终
218	10年的变迁：500期的见证
	——写于"北大保险评论"第500期付梓之日
221	向污染宣战，保险业应当有位并有为
225	保险科技，路在何方
228	在防范风险中更好地发挥保险的功能
233	织牢织密健康保障网的关键
237	中国保险业：在不断开放中砥砺前行
242	高度重视新型传染病的危害与应对
	——由新冠肺炎引发的思考
247	快速适应与应对新技术对保险行业重塑的时代趋势

访谈录

- 259 成长、成才、成功
- 278 孙祁祥:站上国际领奖台的中国学者
- 283 跬步千里 燕园芳华
  ——记全国三八红旗手标兵孙祁祥
- 286 最爱是教书(时代先锋)
  ——记北京大学经济学院院长孙祁祥
- 289 "女掌门"孙祁祥:高山仰止 愿添一石
- 292 孙祁祥:从女学霸到百年学院掌门人
- 296 登上国际领奖台的中国教师
  ——记北京大学经济学院院长孙祁祥教授
- 300 孙祁祥:让最好的自己光彩夺目
- 307 "女子自立,方能更强"
  ——著名女经济学家孙祁祥的成才之路
- 312 孙祁祥:将优秀变成习惯
- 319 孙祁祥教授:愿你们成为知行合一的笃行者
- 323 北大教授谈"笃行"
  ——孙祁祥教授心声感动莘莘学子
- 324 对话孙祁祥:险资入市是大势所趋,但切忌投机投资
- 331 孙祁祥:为人师表,风雨躬耕

335 后记

演讲录

请珍惜当下。做好每天的事情,而不要给自己太多懈怠、拖延的理由。

请珍惜他人。在大千世界里,在芸芸众生中,我们能走到一起,真的就是一种缘分。

请珍惜自己,特别是你的健康。"健康是一种自由——在一切自由中首屈一指"。

请珍惜你内心的渴望,而不要忽视它、压抑它,甚至掐灭它。

最后,请珍惜我们这个伟大的时代。

——《珍惜》
北京大学2017年开学典礼上的致辞

珍　惜*

亲爱的同学们：

大家上午好！

非常荣幸作为教师代表，在今天这样一个热烈、庄重、喜庆的开学典礼上，欢迎你们来到美丽的燕园，开启新的生活篇章。

北大一直是中国最优秀学者成长的沃土，是莘莘学子心中的学术殿堂，是无数校友的精神家园。你们凭借自己的聪慧和勤奋，通过大考，来到北大，从这里眺望世界，走向未来。我和我的同事们，要向你们表示最热烈的祝贺！

同学们，从幼儿园到小学，从中学到大学，从大学到研究生，你们"按部就班"地走到了今天，应当说非常幸运。要知道，我这一代人在我曾经历过的那个青年时代，没有你们的这份幸运；这个世界上，还有许多青年人没有你们的这份幸运，所以，你们应当对你们得到的这份幸运格外珍惜。作为一名年龄比你们长、阅历也比你们更加丰富一些的人，今天，我想就"珍惜"给你们一些建议。

请珍惜当下。做好每天的事情，而不要给自己太多懈怠、拖延的理由。"明日复明日，明日何其多，我生待明日，万事成蹉跎"。人生真的就是一场马拉松，每一个到达终点的人，都是从第一步开始、从每一步积累的。我希望你们能珍惜当下，认真做好手头的每一件事情，并且在自己的能力范围内

---

*　在北京大学 2017 年开学典礼上的致辞。

尽量做到极致和卓越。养成这样的习惯，将会让你终身受益。

请珍惜他人。在大千世界里，在芸芸众生中，我们能走到一起，真的就是一种缘分。因此，要学会珍惜彼此：珍惜师生情、珍惜同学情、珍惜朋友情，不要把从别人，甚至你的父母那里得到的一切看作"理所当然"，而要心存感激，常思回报。当然，这种珍惜是对真的、美的、善的情感的尊重与顾惜，是在无关重大是非原则问题时表现出来的宽厚与宽容。如果触了底线，绝对不要迁就和纵容。

请珍惜自己，特别是你的健康。不要因为年轻就肆意透支你的身体。有一句格言说得好，"有两种东西丧失之后才会发现它的价值——青春和健康"。但青春逝去，未见得活力不在、睿智不在、优雅不在；而失去健康，即使青春犹在，年轻于你何用？财富于你何用？时间于你何用？我特别赞同瑞士心理学家亚美路对健康的洞见："健康是一种自由——在一切自由中首屈一指。"你可以像"潇洒走一回"那首歌中唱到的那样"我用青春赌明天"，但同学们，千万不要"用健康赌明天"。我希望你们一定平衡好学习和锻炼身体的关系，做德智体全面发展的青年人。

请珍惜你内心的渴望，而不要忽视它、压抑它、甚至掐灭它。做自己喜欢的、擅长的事情，而不要人云亦云、心浮气躁；不要去跟别人攀比，做最好的自己足矣。当然，选择自己心之所属并坚守，有时可能并不是一件容易的事，但如果你能做到这一点，你将会有更多的淡定和从容，更多的积淀和突破，更多的喜悦和快乐。

最后，请珍惜我们这个伟大的时代。40多年前，当我还是一名下乡的知青时，我绝对想不到，有一天自己能够进入大学读书，更别说攻读博士学位、出国学习、当上北京大学的教授。我常常想，我是幸运的，因为我赶上了改革开放的伟大时代，这个时代给予了我们每个人以机会。始于20世纪70年代末的改革，让中国在不到40年的时间里成为世界第二大经济体，人民的生活水平得到了极大提高，我们离中华民族伟大复兴的目标越来越近。但是，任何一个美好的时代，都不是凭空而来的，它是万千建设者们，筚路蓝缕、艰苦奋斗创造出来的。同学们，我们一定要珍惜这个伟大的时代，而最好的珍惜，就是为这个时代做出我们应有的贡献！在今年7月份经济学院举行的毕业典礼上，中国首位女航天员刘洋，在致辞中引用一位战斗机飞行员的话，"我最大的遗憾就是只能为祖国牺牲一次"，让所有在场的人热泪盈眶。这种摄人心魄的爱国主义宣言，也正是百余年来，与国家前途命运紧密相连的，我们北大人的情怀！

再次祝贺你们！欢迎你们！

你的态度，而不是天资，将决定你的高度*

亲爱的同学们、家长们、老师们、校友们：

大家下午好！

首先，请允许我代表经济学院全体教职员工向今天毕业的全体同学表示最热烈的祝贺，向辛勤养育你们的父母表示最诚挚的谢意和祝贺。

时间过得真快。前几天学工干部来找我给毕业生写临别赠言时，我才突然意识到，又一个300多天过去了，又一届学生要跟我们说再见了。学院毕业典礼上院长致辞，这是一个惯例。说些什么呢？这些年在毕业典礼和开学典礼上说了许多，好像该说的都说了。但既然要说，就跟你们聊一个有关"态度"的话题吧，这是由我最近经历的一件事情所引起的感慨。

不久前，北大与美国的著名女校卫斯理学院，也就是许多人都熟知的出过宋美龄、希拉里等著名优秀女性的那所大学共同组织了一场"女性领导力"论坛。学校国际合作部邀请我来主持当天上午的开幕式，同时也把有关会议材料发给了我。论坛召开的前两天，国际合作部的一位负责人给我短信，说是美方的联络人希望见我一面。她说她跟美方已经说得很清楚了，"孙教授已经答应了并且也知道这个论坛的背景，但美方联络人还是希望跟您当面谈谈"。这位负责人的潜台词是：我知道您很忙，不希望就这么点事再打搅您。我说"来吧，多了解一下背景也好"，于是我约美方的联络人第

---

* 2013年7月在北京大学经济学院毕业典礼上的致辞。

二天 11 点半来我办公室。

　　第二天见面时，她把这个论坛的情况向我做了详细介绍。两天以后，论坛如期召开，我在会场又见到了这位女士，她告诉我，那天从我那离开以后，她又马上赶到医学部，跟柯杨校长沟通开幕式致辞一事，因为柯校长一直在开会，她等了很长时间。我听了真的很感动。因为按照不少人的理解，不就是一个开幕式吗？不就是一个主持吗？不就是一个致辞吗？然而，在她看来，每一个环节、每一个出场的人物都关系到整个会议的效果。我感动于她对工作的投入、对细节的关注、对事情的认真。后来我才知道，她当时已经年届 80 岁，并且出生在一个既富且贵的家庭，她的继父是被称为民国第一外交家的顾维钧，她的母亲是严幼韵。她在自己的领域做得非常成功，甚至做到了通用汽车公司副总裁这样一个几乎都是男性主导的位置。

　　其实，在我看来，许多所谓成功的人士都有一个共同的特点，那就是认真的工作态度和生活态度，而这恰恰也是许多人缺乏的一种东西。不知在座的同学们是否读过胡适先生的《差不多先生传》，这篇杂文辛辣地讽刺了当时中国社会那些处世不认真的人。胡适先生写道："你知道中国最有名的人是谁？提起此人，人人皆晓，处处闻名。他姓差，名不多，是各省各县各村人氏。你一定见过他，一定听过别人谈起他。差不多先生的名字天天挂在大家的口头，因为他是中国全国人的代表。"鲁迅先生也曾经说过，"中国四万万的民众害着一种毛病。病源就是那个马马虎虎，就是那随它怎么都行的不认真态度"。

　　今天距离胡适先生和鲁迅先生抨击的那种做事不认真的现象已经快一个世纪了，但这样一种"差不多"的思想和做法在中国仍然很有市场，"差不多"先生仍很活跃。粗制滥造的产品、马马虎虎的工作态度、随随便便的做事风格充斥着我们的社会。中国人可以在一颗米粒上刻出一艘航母，但我们卫生间里的许多马桶用不了几天就坏了；中国人可以建造出精密无比的宇宙飞船，但我们生产的许多衣服拉锁拉了几次就无法用了；中国拥有世界上最威武雄壮的、几十个人步调分毫不差的三军仪仗队，但我们的许多工作程序杂乱无章。由此可见，许多事情我们不是做不到，是不想做、不愿做，缺的是认真、严谨、追求卓越的工作态度。

　　同学们，这就是今天我想送给你们的一个临别赠言：你的态度，而不是天资，将决定你的高度。这句话来自一句西谚："Your attitude, not your aptitude will determine your altitude"，我非常赞同且有切身体会。

　　这个态度当然是指做事的态度。让认真、踏实、严肃、严谨、严格成为我们的工作习惯吧，即使是不起眼的"小事""琐事"，最好都本着这样一种态度来做。诸葛亮曾说过："勿以恶小而为之，勿以善小而不为。"我想还可以再加上一句："莫以事小而随便之。"要么不做，要做就力求做到最好、做到最精，而不是随随便便，无所谓。这个态度更是指做人的态度。做人也要严肃、严格、严谨。当然，"三严"并不是对别人斤斤计较，并不是不合群，并不是没有生活情趣，更不是盛气凌人。不可否认，在我们的生活中，有些人心胸狭窄、喜欢抱怨，出了问题都是别人的错，从不检讨自己，狂傲自大，无法与人和睦相处，这些跟我这里所讲的"严肃、严格、严谨"风马牛不相及。人活一世，为什么要让自己和周围的人都不开心呢？为什么不能对自己多严加要求，对别人多加欣赏呢？为什么不能诚实守信、坦诚待人呢？我很赞同星云大师所言："你可以没有学问，但不能不会做人。"那么，如何做人呢？我也很赞同星云大师的"为人处世五不能"，即揭弊不揭短、整装不整人、自信不自满、轻松不轻浮、随缘不随便。

　　能考进北大经济学院的同学都是很聪明的，都怀有伟大的理想和抱负，都具有"为天地立心，为生民立命，为往圣继绝学，为万事开太平"的豪放胸襟，但在"仰望星空"和"脚踏实地"两者间，我更欣赏和推崇后者。我希望你们认真做人、严谨做事，从小事做起、从琐事做起，精益求精、追求卓越。不管你的天资如何，我相信我们每一个都能做出一番事业，都能活出自己的精彩。

　　再次祝贺你们顺利毕业，祝福你们事业有成、家庭幸福。谢谢。

选择、经历与责任[*]

亲爱的同学们:

大家上午好!

非常高兴见到大家。首先,请允许我代表经济学院欢迎校内外的同学参加经济学院的首届夏令营活动。

为促进我国高校优秀大学生之间的思想交流,加强青年学生对学科研究的了解,选拔优秀学生继续深造,我院特举办全国优秀大学生夏令营活动,通过此项活动选拔接收2015级的推荐免试研究生,它涵盖学院九个博士点的本科直博生项目和三个专业硕士点的硕士项目。今天是7月6日,我想,这一天将在北大百余年的历史上留下一笔,你们作为第一批申请者和入营者,也将留在这段历史上,这是一件非常值得庆幸的事情。在今天这样一个时刻,在对你们表示欢迎的同时,我也想跟你们分享三个关键词。

第一个关键词是选择。参加夏令营活动是一个双向选择的过程。我们都是学经济学的,都知道经济学是一门关于选择的学科。我们也知道经济学中的一个重要的术语叫作"机会成本",你选择一个就要放弃另一个,放弃的那一个的收益就是你选择的这个东西的机会成本。现在国内外有许多不错的经济学院,在众多的学院中你们选择了北大经济学院,所以我要感谢要你们对北大经济学院的信任,感谢你们做出的这一选择。当然,你们的这种选择

---

[*] 2014年在北大经济学院首届夏令营上的致辞。

是非常正确、英明的。因为北大经济学院有众多的优势。她是中国的第一个经济学科，始建于1912年；她是马克思主义政治经济学和西方经济学在中国最早的传播基地，在我国经济学学科发展、人才培养和经济改革中占有突出的、独特的地位。她是教育部确定的"国家经济学基础人才培养基地"和"全国人才培养模式创新试验区"。经过一百多年的发展，北大经济学院仍然是全国高中生心向往之的学习园地，每年的入学新生质量一直保持在北大第一梯队的位置；她是国家决策部门的重要智库、是国际交流的重要平台。由于工作的关系，我经常接待来自国外的政要、著名学者和成功企业家；并且也经常出国访问，进行学术交流。在这些国际学术交往活动中，我听到了我国港、澳、台地区的人们对北京大学、对经济学院的赞赏；我体会到了国外许多名校的学者对北京大学的教育和研究所给予的尊重；我看到了北大优秀的学生在国际交流活动中的杰出表现。经济学院每年都有20%～30%的学生毕业后去诸如哈佛、牛津、芝加哥、耶鲁等世界名校深造。曾有评论说："世界上没有一所大学像北京大学这样与国家和民族的命运联系得如此紧密；同样，世界上大学的经济学院也少有像北京大学经济学院这样与国家经济学科的发展密切相关。"北大经济学院辉煌的历史和现状是由一代又一代的精英创造的，它需要传承，需要永续，而这，只有由像你们这些优秀的后生加盟才能实现。

第二个关键词是经历。既然是选择，就会有收益和风险之说。我们这次夏令营申请学生之多有些超过了我们的预期。所以，同学们需要"一颗红心、两种准备"，需要坦然地面对最终的结果。不过我认为，人的一生要"经历"许多事情，有多少选择就有多少风险，就有多少承受，就有多少面对。有时候，选择越多，可能"风险"越多，甚至"痛苦"越多，所以我们要辩证地看待这种选择。不管最终你是成功地被经济学院接受了，还是因为名额有限与经济学院"失之交臂"，这都是一种人生经历。在人生当中，经历是非常重要的。只要你尝试过、努力过，你就没有给自己留下遗憾。况且，短短几天夏令营的体验可能会给你重新打开一扇窗。据说夏令营（summer camp）源起于美国，1861年夏天，一位来自康涅狄格州的教师肯恩

(Frederick W. Gunn)率领孩童进行为期两周的登山、健行、帆船、钓鱼等户外活动,来均衡孩童身心。通过10多年的时间,肯恩得出结论:夏令营是一个非特殊的环境,透过一群训练有素、专业热忱、细心耐心的工作人员精心架构出能培养孩子潜能的相关课程,让孩子在自然环境中关心别人;在克服困境中建立自信;在团队竞赛中与人合作;在学习过程中积累能力。我相信你们在经济学院的这个夏令营中会聆听到许多有内涵的讲座,能结识到许多优秀的朋友,能学到别人的许多长处,能认识到自己之前不曾意识到的许多不足。这是你们人生中一笔重要的财富和经历。

第三个关键词是责任。我想讲的是经济学人的责任。在前几天我们举行的2014届学生的毕业典礼上,我曾对同学们说,我们应当感到幸运,因为我们生活在今天这样一个时代,即使这个时代也带有狄更斯笔下18世纪时法国巴黎和英国伦敦的色彩和特征:"这是最好的时代,这是最坏的时代;这是智慧的时代,这是愚蠢的时代;这是信仰的时期,这是怀疑的时期;这是光明的季节,这是黑暗的季节;这是希望之春,这是失望之冬。"其实,任何时代都是这样,有好的、有坏的,有善的、有恶的,只不过目前中国这个时代的改革色彩更加浓烈。我说我们幸运是因为我们能够亲历这个改革时代,并有机会用我们的智慧和行动来破旧立新,来匡正祛邪,来惩恶扬善,来攻坚克难,来创造未来。我说我们幸运是因为我们选择了以"经世济民"为理想、为抱负、为行动的经济学。"经世济民",它不仅仅只是"古代贤士的立世准则",它也不仅仅只是体现了经济学人厚生、惠民的人本主义思想,它是中国全面深化改革的"底基",它是中国走向世界舞台的"高铁",它是实现中国梦的助推器。所以,不管你今后是否能够继续在北大经济学院学习,我都希望你们认真读书、认真思考,勇于实践,敢于创新,真正成为一支改革的中坚力量,成为创造新世界的主人。

祝夏令营活动圆满成功,祝你们学得开心、玩得愉快。再一次欢迎你们,感谢你们。

选择的困惑与智慧*

亲爱的 2015 级的同学们:

  一个繁忙的学期刚过去几天,我就收到学院《壹评》编辑部主编许弘毅同学的邮件,希望我抽空给你们写一封信。这些年来,《壹评》邀请我给新生写信已成为一种惯例,我也很感谢能有这样一个平台,让我机会跟你们聊一些话题。

  每年聊的话题都不大一样,但有一层意思总是相同的,那就是每年我都会对新生说:对于你们这样一群很聪明的、智商应当说很高的学生来说,如果想上大学,选择应当是很多的,而在国内外众多的著名大学中,你们选择了北大;在北大众多的著名学院中,你们选择了经济学院,你们的选择一定是有充分理由的。而我相信,学院的老师也都为能拥有你们这么优秀的学生而感到由衷的高兴。

  同学们,既然你们选择了经济学专业,我想你们一定知道,经济学是一门主要研究如何进行选择的学科。因为资源的有限性与人类需求的无限性之间的永恒矛盾,经济学研究如何进行选择才能更合理有效地配置资源,以最大限度地增进国民福利。这种选择也是体现在各个方面。例如,资源的配置主要采取计划的手段还是市场的手段,这涉及经济制度的选择;经济增长主要是依靠数量扩张、外延式发展还是技术进步、内涵式发展,这涉及经济

---

  * 给北大经济学院 2015 级新生的一封信。

增长方式的选择；是通过资本市场还是通过银行贷款来解决企业运行中的资金问题，这是一个直接融资和间接融资的选择；还有，在强国与富民的问题上，在虚拟经济与实体经济的关系上，在经济发展与生态保护的关系上，在经济建设与社会建设的关系上，在市场与政府的关系上，在如何参与国际竞争等各种各样的问题上，都无不涉及选择，无不需要经济学的分析。

但实际上，不仅仅是在经济领域有选择的问题。在我们的日常生活中，在我们的成长过程中，在我们的人生道路上，也无不充满着选择。就像你们现在来到北大经济学院，马上就要开始今后几年的学习，无疑在生活、学习、交友，甚至恋爱等各方面都会面临许多的选择。所以今天，我就跟你们聊一下"选择"这个话题吧。

去年我在参加北大校学生会主办的"北大教授茶座"后，应同学们的邀请，我写下了"做你自己命运的主宰者"的留言。我之所以写下这段话，是因为我感觉，现在的年轻人跟同样经历过18岁、同样有过青春岁月的我们这一代人相比，困惑、迷茫好像更多，所以我希望今天的年轻人能够更加有定力。

我们那一代人的困惑为什么相对少？我想其中一个很重要的原因可能是因为我们当时的选择少。比如说，我当年高中毕业后想上大学，但"文化大革命"期间没有大学可上，所以我只能"上山下乡"做知青了。我没得选择，所以想困惑都困惑不了。之后回到城里，给我一个工作机会我就很满意了，因为下乡以后我都不知道今后是否还能回到城里。现在不仅回到城里，而且还得到一份工作，这是我唯一的机会，当然就是最好的选择。但现在不一样了。改革开放给人们带来了很多的机会，但无疑，选择多有时候带来的困惑也就更多。想当年我们小的时候，每个家庭每月只有凭票供应的极少的物品，因此，我们不会有你们今天所有的、在众多物品中应当选择哪一个才更好的困惑。由此可见，"选择多"与随之而来的"困惑多"是相辅相成的，但这是社会富裕、进步的标志之一，我相信，绝大多数人不会因为困惑多了而愿意放弃更多选择的机会。

当然，今天我不是想跟你们谈"物品"的选择，而是要谈"做人"的选择。人们常说，要做事，先做人。从小到大，我相信你们的父母、你们从小学到中学的老师，可能没少谈"做人"这个问题。高等院校的最高宗旨就是教书育人。教什么样的书，怎样教书；育什么样的人，怎样育人，是学校和老师们考虑的头等大事。每年我都要对入校的新生说，经济学院的目标是为未来大师级的学者、大企业家、大科学家、大政治家注入优秀的"基因"，提供茁壮成长的环境。但重要的是，我们首先要培养的是具有健全人格的"大写的人"。那么，这个"大写"的人究竟应当具有哪些品质？这就是今天我想跟你们聊的主题。同学们，我希望你们在做人方面有如下的选择。

选择做一个感恩的人

感恩不应当是他人一个廉价的请求，而应当是你个人发自肺腑的吟唱。因为给你生命的人，因为帮助你成长的人，因为给予你各种关爱的人，才有你的今天。我很喜欢《感恩的心》那首歌曲，特别是每次听到其中"感恩的心，感谢有你，伴我一生让我有勇气做我自己；感恩的心，感谢命运，花开花落我一样珍惜"那一段的歌词时，尤为让我感动。在我看来，常怀感恩之心的人是天底下最幸福、最快乐和最富有的人，因为他们始终生活在一种被幸运、被爱所包容的感觉之中。如同英国哲学家洛克所说，"感恩是精神上的一种宝藏"；也如同德国哲学家尼采所言，"感恩即是灵魂上的健康"。

选择做一个谦逊的人

谦逊是一种美德，这种美德是一个人保持内心平和的"护身符"，是创造良好人际关系的"通行证"，是带给一个人智慧和力量的"擎天柱"。真正有实力的人才能做到自信，真正自信的人才能做到谦逊，真正谦逊的人才充满了个人魅力。两年前，我在给2013级新生的信中写道："从小到大，你们可能听惯了赞美之词，我不知这样会不会让你们不自觉地沾染上一些傲气。然而，傲气不等于才气，轻狂不等于大气。"40年前，我从城里去到农村做知青的时候，所获得的第一个常识就是："饱满的稻穗是下垂的。"对于经院的学生来说，你们应当具有荣誉感，并且应当努力维护和放大这种荣誉感并以此为傲，但绝不可以有优越感；可以特立独行，但不能刚愎自用。出身"名门"，理应通达知性，更当谦虚平和。今天我把这句话也送给你们，希望你们谨记。

选择做一个真诚磊落的人

"君子坦荡荡，小人长戚戚"。我相信我们都是读着孔子的这个名句长大的。然而在现实中，我们不时也会遇到一些圆滑功利、卑鄙龌龊、虚伪贪婪的小人。而且有些时候，这种人还有市场，其行为还能得逞。但即便如此，我仍坚信周恩来总理的话："最聪明的人是最老实的人。因为只有老实人才能经得起事实和历史的考验。"《伊索寓言》用母鸡下蛋的例子告诫人们："有些人因为贪婪，想得到更多的利益，结果却是连现有的都失掉了。"这不正是如今中国的许多贪官们的现实写照吗？2000多年前的伟大寓言所揭示出的正是万变世界中的不变真理。我相信，我们每个人都希望在离开这个世界的时候是问心无愧的，就像高尔基所说的那样，"走正直诚实的生活道路，必定会有一个问心无愧的归宿"。我相信，我们每个人都希望在这个世界上有尊严地活着，那就请记住古罗马哲学家西塞罗的训导："没有诚实，何来尊严。"我还想把两年前送给2013级新生的寄语也送给你们：我宁愿看到你青涩而不愿看到你世故；宁愿看到你率性而不愿看到你圆滑；宁愿看到你无为而不愿看到你功利。真诚待人会给你带来更大的满足感、安全感和信任感。当然，真诚并不等于鲁莽、不等于轻率、不等于愚昧。我相信你们有足够的智商来区分它们。

选择做一个信守承诺的人

不要随便做出承诺，但承诺一旦做出，就是"君子一言，驷马难追"，就是"三杯吐然诺，五岳倒为轻"。信守承诺的人是有责任感的人，是内心强大的人，是无欲则刚的人。在众多可能选择的情形下，有时信守一个承诺可能会丧失暂时的或者短期的机会和利益，甚至可能会产生很大的"机会成本"，但却会赢得人们永远的信任，由此可能得到更多、更好的机遇。谁能赢得"得黄金百斤，不如得季布一诺"的声誉，谁将拥有"守好家""立好业"的最大资本。

选择做一个对自己有严格要求的人

大凡成就一番事业的人，无一不是对自己有严格要求的人。这样的人是需要有责任感来确立目标的，是需要毅力来坚持的，是需要勇气来拒绝诱惑的。而一旦你做到了这一点，你就能够"富贵不能淫，贫贱不能移，威武不能屈"；你就能够"心底无私天地宽"，你就能够活得坦荡，你就能够将优秀变成习惯。

选择做一个以集体利益为重的人

不可否认，自利是人的天性，没有"理性人"的基本假设，经济学理论的大厦都无从构建。但自利不是"自私"，不是以"损人"为前提的利益获取。我们一定要明白一个道理："集体"是由"个体"组成的。没有集体利益的存在，就没有个人利益的存在；集体利益受损，个人的利益也会受损；集体好，个人才能由此更加受益。因此，努力为集体做出自己的贡献从而让这个集体变得更好；当自利的天性与集体利益发生矛盾和冲突的时候，以集体利益为重，是"理性人"的理性选择。

选择做一个敢于担当的人

敢于担当的人是有使命感和责任感的人，是不随波逐流、不人云亦云的人，是对违背原则的人或者事敢于说"不"的人，是一个善于"内省"的人。他们对社会上存在的问题不只是抱怨，而是躬身自问：自己做得怎样？自己是否是问题的一部分？并试图从自己入手来解决问题。

选择做一个有坚定意志力的人

没有人不希望生活中永远只有鲜花没有荆棘，只是顺境没有逆境。但不幸的是，现实总是或如陆游所哀叹的那样"人生十事九堪叹"；或如辛弃疾所感慨的那样"叹人生，不如意事，十常八九"。生活的难题在于，人是环境的产物，我们无法脱离环境。那么，应当如何面对这个难题？我们可以像中国近现代史上著名的政治家、教育家于右任先生那样选择，"常思一二，不想八九"。如果改变不了环境，那就改变你的心境，改变你的生活态度，欣然看初始，坦然看过程，淡然看结果。当然，我们也更应当像《老人与海》中的圣地亚哥老人一样选择：连续84天没有捕到鱼，却能在第85天驶向远方的大海。虽然历经各种劫难最终只拖回一副鱼骨头，但却彰显出"人不是为失败而生的。一个人可以被毁灭，但不能被打败"的豪气，这是我最欣赏的一种人生态度。

亲爱的同学们，在这个社会上，恐怕不应当有人强迫别人喜欢什么或者不喜欢什么；必须成为什么样的人，或者不成为什么样的人。因此，以上的言论只是我给你们的建议，选择权在你的手中。庄子寓言说，一位年轻人手握一只小鸟，让智慧老人猜这只小鸟是活的还是死的。老人明白，若答是生，年轻人就会掐死小鸟；若答是死，年轻人就会放飞小鸟。于是老人说，生命在你手中。

"生命在你手中"，好睿智的回答！既然生命在你手中，选择权无疑也在你手中，任何人的话只能是建议。但我确信，如果你们做这样的选择，选择做这样的人，在今后的学习生活中，在今后的人生道路上，我相信你们一定会走得更快、更稳，你们的内心也会更加宁静与充实。

再一次欢迎你们，期待九月份开学典礼上的见面！

珍惜——跬步集续

做一个快乐的成功者*

亲爱的同学、老师、家长代表、校友代表、嘉宾代表：

大家下午好！

今天对北京大学经济学院全体本科毕业生、学生家长和全体教职员工来说，都是一个重要、大喜的日子。首先请允许我代表学院向全体毕业生表示热烈的祝贺，向养育你们的父母表示衷心的祝福，向辛勤培育你们的老师表示诚挚的感谢。

4年前，我和我的同事在学院大楼三层的"泰康厅"欢迎你们；4年之后，你们长大了，学院也"长高"了，我们今天在六层的学术报告厅欢送你们。4年前，学院启动了"百年雄辩，经彩青年"——首届新时代中国青年经济论坛；4年来，你们陪伴着这个全国第一个经济学领域的本科生学术论坛一路走来，并将之做成了著名的品牌论坛。4年中，你们夺得过"北大杯"冠军；获得过北大"一二·九歌咏赛"的"三连冠"；你们143人次参加国际交流活动，足迹遍及世界各地；你们积极参加学校"挑战杯"系列赛事，20多人次获得奖励，其中4人次获得特等奖，7人次获得一等奖。3年前，我们师生共同迎来了北大经院100岁的生日。你们的同学张弛作为学生代表在庆典大会上发表了激情四射的演讲，给2000多名校友和嘉宾留下了深刻的印象。"一二·九歌咏赛"夺冠后，你们留言说："这是2011级同学们最激

---

* 在北京大学经济学院2015届本科生毕业典礼上的致辞。

情澎湃的回忆。近三个月的训练,大家从生疏到相识,从最初的不情愿到最后的依依不舍,每个人都留下了太多回忆。我们最终得了冠军,但比冠军更重要的是凝聚起来的气势与精神。当我们在百年讲堂呐喊'经院'的一刻时,我们更真切地感受到什么是经世济民。"我看后非常感动,并且为你们骄傲。因为4年前,当你们迈着青春的脚步走进北大经院的时候,我对你们说:"学院的目标是为未来大师级的学者、大企业家、大科学家、大政治家注入优秀的'基因',提供茁壮成长的环境。但更重要的是,我们首先要培养的是具有健全人格的'大写的人'。我们希望我们的学生成为'基础厚、视野宽、素质高、能力强、修养好'的优秀毕业生,我们希望我们的学生成为情商优秀、智商超群、勇于创新、敢于担当的北大人。"4年后,你们用德智体全面发展的出色业绩回报了学院和老师。

  同学们,我和我的同事真的感谢你们,感谢你们让我们能够享受"得天下英才而教育之"的快乐。感谢4年"教学相长"的过程不仅给了你们成长的机会,同时也给了老师们成长的机会。同学们,不要以为我说错了,怎么老师还在成长?老师当然也在成长!事实上,我始终认为,成长不是一个单纯的生理概念,它是一个人与自然、与社会、与其灵魂不断撕扯、对话和融合的过程。正是在这样的过程中,一个人从此岸走向彼岸,不断获得成功。

  说到成功,这正是今天我想跟你们分享的主题。同学们,在你们从北大经济学院毕业走向社会之际,我想送给你们的寄语是:做一个快乐的成功者。

  我相信,听到这个题目,你们的第一感觉一定是"熟"和"俗"。其实我本人从未看过有关"成功学"的书籍,也从未听过有关"成功学"的讲座,并且,非常幸运的是,我生长在一个父母从未对我们兄妹有过任何"成功"要求的家庭。而我之所以选择这样一个话题,是因为在目前这个社会,或者你们的家庭、你们未来的另一半,会让这个词汇在你们的耳畔常响。当然,可能你自己从小到大就一直被这个词汇所缠绕。在许多人的字典里,成功就是有名、有利、有声望。而我一直不以为然。所以,作为你们的师长、院长,我想谈一下我对成功的一些看法,供你们参考。

  我理解的成功有三个维度,即对他人有价值、对社会有贡献、自身感到幸福。这三个要素缺一不可。有些人可能对他人有价值、对社会有贡献，但他不开心，自身没有幸福感，这不能算是成功；而有些人自己很幸福、很快乐，但对他人没有价值，对社会更没有贡献，那他就是一个完全自我、自私的人，更不能叫成功。只有三者兼备才叫成功。

那么，如何才能做一个快乐的成功者呢？我也送给你们六句话：

重立志、做小事；重行动、不放弃；重自律、苛细节；重克难、拓潜质；重奉献、常感恩；重养心、强健体。

重立志、做小事

有志向是很重要的，如果你觉得你有能力，立大志也是可以的。当然就我个人而言，我常说，在"仰望星空"和"脚踏实地"之间，我更欣赏并且努力践行后者。"不积跬步无以至千里""一屋不扫何以扫天下"。我很喜欢这些古训，并希望你们用实际行动，用对"小事"的投入和认真，撕去社会上给名校毕业生贴上的"眼高手低""大事做不来，小事不愿做"的标签。

重行动、不放弃

"好的想法+实际行动+持之以恒"方能结出硕果。没有行动，再好的点子永远只能是空中楼阁，但有了行动，没有坚持，照样可能半途而废，无功而返。参观溶洞时，最让我感到震撼的景象就是柔软的水滴和坚硬的岩石所形成的"水滴石穿"，它完美地彰显了"坚持的力量"。

重自律、苛细节

在我看来，许多所谓成功的人士都有一个共同的特点，那就是做事有底线，做人有原则；对自己严要求，对细节很苛刻。我想，没有多少人不想卓越，但卓越必然是通过对细节的苛刻所达到的。所以，同学们，让严肃、严谨、严格成为我们的工作习惯吧。即使是不起眼的"小事""琐事"，最好都本着这样一种认真的态度去做。要么不做，要做就力求做到最好、做到极致。

重克难、拓潜质

小时候听大人说"困难像弹簧,看你强不强。你强它就弱,你弱它就强",不大理解其含义。随着生活阅历的增多,我越来越感觉到这是千真万确的道理。面对困难、面对挑战,你越坦然、越淡定,就越能充分发挥你的主观能动性,越能拓展你的潜力。其实很多时候,是我们自己给自己设定了框框,就如一则印度寓言。有个印度人在集市上买了一头小象,他用一根绳子把小象拴在一个小铁橛子上。这个小象慢慢长大,但这个小铁橛子从来没有变过。这个已经长大的小象完全可以拉断它并走掉,但它没有那么做。为什么?因为小象小的时候尝试过,但它失败了,经验告诉它,小铁橛子是拔不掉的。等它长大了有十倍的力量去做时,小象也没有想着去尝试一下。我希望同学们别做这头不敢拔小铁橛子的小象。特别是你们还这么年轻,"上帝"给了你们尝试、失败、再尝试,直至胜利的机会。

重奉献、常感恩

我非常喜欢美国前总统肯尼迪的名言:"不要问这个国家为你做了什么,问一下你为这个国家做了什么。"在实际生活中,我看到的是,怕付出的人、怕吃亏的人、斤斤计较的人不容易得到别人的信任,而愿意付出的人反而更容易得到机会和"回报"。我总是对学生说,不要把别人,甚至你的父母为你做事看作是理所当然,而要看作是对你信任、给你机会。如果你以这种心态处世,即使是一种雇佣关系、即使是一种交易关系,你也会感觉你自己很幸运、很幸福、很快乐,这样就容易建立起良好的人际关系。

重养心、强健体

养心即养心性,心性又谓性情或者性格。我很认同"性格即命运"的说法。如何养心性?我有四个建议。一是养成终身阅读的习惯。不要认为阅读只跟上学有关。阅读的功力之大,能让一个人从愚钝变为开化,从粗俗变为高雅，从平庸变为睿智，从羸弱变为强大。二是随心所动，不要与人攀比。尺有所短、寸有所长，每个人都有自己的长处和短处。你可以见贤思齐，你可以欣赏他人，但千万不要"羡慕、嫉妒、恨"，要记住，这是快乐、幸福的最大杀手。三是学会放下，学会转移，学会掌控自己的情绪。人生不是一帆风顺的，总有许多坎坷，但如果你愿意，好心情是可以创造出来的，那就是努力做到"两常、两大、两多"。"两常"是常念别人的好处，常看别人的长处；"两大"是大气一点，大度一点；"两多"是多想开心的事情，多交正能量的朋友。我很喜欢一句西谚："Nobody can take away your pain, so don't let anyone take away your happiness." 四是最好培养一种运动爱好。如果之前没有，那就从现在开始。运动真的会让你保持一个好身体和一个好心情。

  同学们，我希望你们拥有发达的大脑，但我同样希望你们拥有健康的体魄；我希望你们工作时全神贯注、心无旁骛，但我同样希望你们玩起来时，兴致高昂、水准了得。我特别欣赏那种会工作也会玩的学生。有些人为了挣钱，没有个人的快乐，没有和睦的家庭生活，甚至英年早逝。许多人在病中或者逝世前说，后悔没有早一点儿意识到健康的重要和生命的宝贵，但不幸的是，为时已晚。所以同学们，你们工作以后，一定要注意劳逸结合，平衡好工作和家庭的关系，别以为年轻就可以无限地透支健康。别做"前半辈子用命挣钱，后半辈子用钱保命"的人。我希望三五年或者更长时间以后，你们回来看望老师时，依然是意气风发，青春依旧，然后你们告诉我："孙老师，当年就是听从了您的忠告，所以我们今天才能如此！"

  当今社会通信发达，大家可以看到满天飞的各种毕业致辞。我很惭愧，我的致辞没有华丽的辞藻，没有深邃的大道理，有的都是一些常识的絮絮叨叨。不过大道至简，这些都是我自己几十年生活阅历的感悟与体会，我愿意与你们分享。我希望你们毕业以后，不仅自己能够快乐地工作、快乐地学习、快乐地生活，而且能让你的父母亲人快乐，让你的同事朋友快乐，做一名"快乐的成功者"——对社会有贡献，对他人有价值，自身感到幸福。

  再一次祝贺你们，祝福你们。

感恩你所得，奉献你所能*

亲爱的同学们：

你们好！

我相信，这个夏天一定是你们一生中最为快乐的夏天之一。经过多年的努力，终于进入了你们梦想的学校，即将开始一段新的人生。我能体会到你们接到北大录取通知书那一刻的喜悦，我能想象到你们在此之后疯狂刷朋友圈、开party、到处旅游时的那份开心……应当的，同学们，你们自己"挣到"了尽情享受的那个权利。我和我的同事们也都为你们高兴，为又有一批像你们这样优秀的学子加盟学院而高兴。在此，请允许我代表经院的全体在校师生向你们表示最热烈的欢迎和祝贺！

像往年一样，负责《壹评》杂志的同学嘱我给你们写封信，我欣然允诺。我想告诉你们，这个夏天，我也和你们一样，给了自己放松休假的理由——因为努力工作了一个学期。虽然还是需要完成手头的许多工作，但不上课、不坐班的日子还是蛮享受的。它允许我可以外出旅游一下，看看奥运会，有时甚至可以啥事都不做，发一会儿呆。我还饶有兴趣地观看了美国总统大选的两党大会，看希拉里和特朗普两位候选人和其支持者们如何在"厮杀"中表述各自的执政理念和价值观。当然，在这里我不是要跟你们讨论这些问题——那不是我的研究领域。我只是想告诉你们，美国第一夫人米歇尔

---

* 给北大经济学院2016级新生的一封信。

的演讲中那段话："Because of Hillary Clinton, my daughters and all our sons and daughters now take for granted that a woman can be president of the United States."其中的"take for granted"勾起了我的许多想法。所以，今天我就跟你们聊聊"理所当然"这个话题吧。

"take for granted"，我想米歇尔真正想表达的是，今天的孩子们认为妇女能成为美国总统这是理所当然的，"no big deal"，但这在妇女连选举权都没有的100多年前是不可想象的，即使是在1984年杰拉尔丁·费拉罗（Geraldine Ferraro）当选为女副总统候选人之前也是不可想象的。其实，不知你们注意到没有，在我们的生活中，对许多事情抱有"理所当然"想法的人并不在少数：父母对我的爱是理所当然的，别人对我的帮助是理所当然的，我所得到的一切都是理所当然的，我的抱怨是理所当然的……

无疑，每个人都有坚持自己所信奉的道理的权利，不过在我看来，这些"理所当然"的想法有时很有些"危害"。

首先，它容易让人迷失，导致理性判断力下降，想当然地看人待事，错判情势，由此或产生误会，或缺乏应对，或延误时机。比如，有些人认为进了名校，就理所当然地认为拥有了资本，今后可以轻松地得到一切——毕业后找到一份好的工作、拿到高薪、顺利升职……由此沉湎于自我陶醉中而不再努力。北大，包括经院不是没有这样的学生，其结果很令人痛心。这里，我想把我四年前写给2012级新生一封信中的一段话也送给你们：

"经济学院给了你入门的机会，但不会让你自然获得永远成功的通行证。从跨入经院大门的这一刻起，之前的一切成功都属于过去，你们需要从零开始，需要通过重新努力，用新的业绩去证明自己。而且，不仅是今天，包括从经院毕业以后。"

其次，它容易让人感到失落并心生抱怨，有的甚至由"心灰意冷"而"自暴自弃"。有劳有获是人们真诚、善良的期待，但现实生活中我们看到的是，"付出"与"得到"有时并不是一个恒等式。每年几百万中学生高考，与你们有同样天赋、同样勤奋的学生绝不在少数，但能美梦成真者毕竟屈指可数。决定"成功"（我这里的成功是泛指，不是一定说功成名就，而是说做成一件事情）的因素太多了，有时"天时、地利、人和"都不是"成功"的全部要素。因此可以说，"付出"是"得到"的必要条件，但绝不是充分条件。我年轻的时候曾下乡当过四年知青，我知道大自然这个"老天爷"对农村、农民的意义。早春时，我们在冰冷刺骨的稻田里"抢插"；盛夏时，我们冒着酷暑在稻田里"抢收抢种"，一年到头都非常辛苦，就盼着年底能有好的收成，来年能吃上饱饭。但有时一场冰雹，就会让我们损失惨重，有时甚至颗粒无收。这就是为什么农民对大自然的威力充满了敬畏之情，对"风调雨顺"之年充满了感恩之心。同学们，这也是为什么我们在感谢自己奋斗、努力的同时，也应当庆幸"幸运"的眷顾。

还有，同学们，因为现实与理想总是有距离的，"理所当然"的想法也会让你徒生烦恼。不知你们是否了解经济学研究中抽象、假设、规范、实证等术语的基本含义。当我们在分析市场时，我们"抽象"出一个市场，然后假设市场是完全竞争的：存在大量的买者和卖者；市场的任何个体都是价格的接受者；信息是充分、对称的；资源是完全流动的……但如所有人所知，这种完美的市场根本不存在，现实中只存在不完美的市场，虽然因为制度、体制、要素禀赋等的不同，市场不完美的程度各异。所以，经济学的"规范分析"强调，市场"应当"如此；而经济学的"实证分析"证明，市场"实际"如此。与经济学中"规范分析"与"实证分析"的逻辑类似，真实的社会与我们想象的理想社会总有差距。如果我们老是用"理所当然"的眼光来观察社会并评判个人的得失，就容易由失落、失望而产生抱怨，甚至滋生怨恨；或者由"心灰意冷"而"自暴自弃"，不再努力。

当然，承认真实社会与理想社会的距离，并不是要你们对现存的社会问题"不闻不问"，或者对不良的社会风气"逆来顺受"，恰恰相反。我出身于一个军人家庭，正直善良的父母在让我懂得应当疾恶如仇、爱憎分明的同时，也让我懂得恪尽职守、克己奉公的含义。是的，这个社会存在许多问题，但我们每一个人都首先应当问问自己，我做得怎样？我是否是问题的一部分？其次，可以问问自己，我能够做些什么，由此来改变现状，让这个社会变得更好。因此，同学们，我希望你们在懂得感恩、在"欣然看初始，坦然看过程，淡然看结果"的同时，更要懂得努力为这个社会作贡献。

我们每一个人都应当感恩。对给予我们生命的人感恩，对帮助我们成长的人感恩，对给予我们各种关爱的人感恩。

而谈奉献就从我们所在的集体做起吧。同学们，在去年6月份院里召开的经院"首届创新创业"大会上，一位年轻的校友与大家分享了这样一件往事。在他为自己的项目融资时，听说他来自北大经济学院，投资人"多看了他一眼"。而正是因为这一眼，给了他机会，让当时还在校园里读书的他就得到了首轮数额不菲的融资。

当然，不止这一位年轻学子因为北大、因为经院，而让人"多看了一眼"，由此获得了更好的机会，所以，我们应当感恩：感恩北大、感恩经院，给了我们一个较高的起点。但同时，我们每个人也都应当扪心自问，我给北大、给经院带来了什么？我们每个人都应当懂得这样一个道理：没有任何一个让人"高看"的集体是老天爷凭空赐予的"封号"！没有竞放的百花，何来满园的春色？而如果一个集体中的个体对这个集体只有索取而没有奉献，用不了多久，这个集体中的每个人都将经历"皮之不存，毛将焉附"的悲哀。我常对自己和同事说，作为一个有着一百多年光荣历史的学院，经院创造了许多辉煌和历史上的第一，这是先辈为我们后人留下的巨大财富。作为当代经院人，包括我们的老师、员工、学生和校友，没有任何权利可以"理所当然"地享用北大经济学院的声誉，而只能"理所当然"地为这个集体做出贡献，体现你的价值！

这些年来，经院的全体师生团结向上，努力奉献，取得了显著的成绩，但我们做得还很不够，我们还面临许多新的问题和困难，还是不断会有新的挑战等着我们。而真实的生活，真正有价值、有意义的生活，就是由困难和挑战构成的。雨果曾经说过，"所谓活着的人，就是不断挑战的人，不断攀登命运峻峰的人"。我相信有了你们这样一群敢于面对挑战的优秀青年的加入和奉献，经院一定会实现一个新的跨越。

让我们感恩我们之所得，奉献我们之所能。让我们从自己做起，从当下做起。我非常期待着9月份开学典礼上与你们的见面！

希望你们"好好学习,天天向上"*

同学们、老师们、嘉宾们:

大家上午好!

我和我的同事很高兴在教师节的前夕迎接你们这样一群充满青春活力的优秀学子的到来。首先,请允许我代表全体在校师生向你们表示最诚挚的欢迎。

假期的时候,应学院《壹评》杂志的邀请,我给你们写了一封信,希望你们已经读到并且能对你们今后的学习和生活有所帮助。学院学工和团委邀请我开学典礼之后再给你做一场报告,所以,今天我就不多说了,而只向你们表达一个很简单的希望,祝你们好好学习,天天向上。

"好好学习,天天向上",我相信你们从小到大对这句话都听腻了。但在我看来,这句毛主席于1951年的题词真的是大道至简,回味无穷,常说常新。我读小学、中学的时候,对这句话的理解就是学习好功课,学生成绩能不断得到提高。下乡以后,觉得学习的半径扩大了,要向他人学习。比如向农民学插秧、学割稻、学各种农活。之后回到城里做话务员,又学了一项新的技能。后来再回到学校读本科、硕士、博士,不断在学习、更新知识。越学习越觉得年轻时对"学习"的理解有些狭隘,越学习越理解了向他人学习、向社会学习、终身学习的道理;越学习越懂得学习的内容、学习的方式、

---

* 在北大经济学院2016级新生开学典礼上的致辞。

学习的境界、学习的目的都会随着你的阅历、经历的不同而有所不同。但有一点是确定的，那就是，学习既是一个记录个人成长的过程，更是一个让你明白生命意义的过程。

天天向上这个"上"又是什么呢？假期看了余秋雨先生的《君子之道》一书。在书中的《终极推荐》一文中，秋雨先生写道："一个又聋又哑的孩子，有什么途径让她完成教育，使她进入文明世界？不管怎么想，都没有途径。但是善和爱创造了旷世奇迹，不可思议的一条道路出现了，海伦·凯特走通了这条道路。"听过海伦·凯特故事的人都知道，帮助凯特走通了这条不可思议道路的人是她的恩师安妮·莎莉文。正是莎莉文的至善和大爱，让不可能变成了可能。所以，我特别赞同秋雨先生的结论："这是有关善和爱的最佳课本。"我想说，天天向上中的"上"就是崇尚"爱"和崇尚"善"。有了"爱"和"善"的力量，无坚不摧。

这种善和爱的故事还有一个令人震撼的述说者。同学们，不知你们是否看过《相约星期二》这本书，或者听说过这本书？美国的一名社会学教授，莫里·斯瓦茨先生在已年迈并罹患绝症以后，他16年前曾经教过的一个学生偶然在一家电视台的节目中得知此事。于是，就发生了后来老师单独给这位学生授课14个星期，老师谢世后，学生整理了听课笔记并以《相约星期二》的书名出版，结果该书轰动全美，连续44周名列美国畅销图书排行榜的动人故事。斯瓦茨先生在最后的课中一遍又一遍地重申："人生最重要的是学会如何施爱于人，并去接受爱。爱是唯一的理性行为。相爱，或者死亡。没有了爱，我们就变成了折断翅膀的小鸟。"我想，没有人能够漠视一个临终老人对"爱"的这一终极呐喊。同学们，我希望这种善和爱也能相伴我们一生。

再次欢迎你们，祝你们在经院度过人生的一段美好时光。希望我和我的同事以及我们所有的同学都能够"好好学习，天天向上"。

变化的社会、不变的嘱托*

亲爱的同学们,各位老师、家长、校友、嘉宾:

大家下午好!

今天对北京大学经济学院全体本科毕业生、毕业生的家人和全体教职员工来说,是一个大喜的日子。首先请允许我代表学院向2017届本科毕业生表示热烈的祝贺,向生你养你的父母表示衷心的祝福,向辛勤培育你们的老师表示诚挚的谢意。

同学们,四年一晃就过去了,你们从北大经院的新生一下子变成了北大经院的毕业生。时间真的过得好快!

不用一会儿,你们毕业的信息就会传播在世界各地了。生活在信息社会的我们,享受着信息社会带给我们信息分享的便利,这不禁让我想起我早年与信息有关的工作经历。41年前,下乡四年后的我回到城里当了一名话务员。我每天的工作就是和市话班的20多位话务员一起,用十几部程控交换机来连接全市600部电话,大家可以想象那时信息的传播速度。1994年,我去美国学习,到达目的地后,当地的美国友人对我说:"孙博士,你用我办公室的电话给你家人报个平安吧。"他理所当然地认为我家里有电话,而他绝对想不到的是,我当时居住的北大26楼整栋楼里只有一位老师家里有电话,这还是因为她先生在公司工作。40多年过去了,我仍然清晰地记得我们话务

---

* 在北大经济学院2017届毕业典礼上的致辞。

员为人们接通电话时的情景；20多年过去了，我仍然清晰地记得每次去装有一部公用电话的南门19号楼排队等电话时的那种窘境与无奈。再后来，几乎家家都安装了台式电话，再后来，我们每个人都有无数的联络方式，邮箱、QQ、短信、微信……有时我们自己都记不清哪条信息是在哪个载体上出现的。

我之所以跟你们分享这几个历史时刻和镜头，是想让你们这些从来没有经历过那种变化的"90后"，来听一个对你们来说如同天方夜谭的故事。同时，我也想告诉你们，在我这个对传统通信方式有着刻骨铭心记忆的老话务员，以一种欣喜拥抱信息社会——这个具有快节奏、喧嚣浮躁、瞬息万变等特征的社会的同时，也想在一定程度上"逆反一下"：让我们慢下来，让我们静下来，让我们以不变应万变，这就是今天我想跟你们分享的心得。

第一，在这样一个快节奏的社会中，我们要学会慢下来。当然，慢不等于不努力，慢不等于不勤奋，慢不能成为懒惰的挡箭牌。人生是一场马拉松，而不是百米冲刺。而其实，慢与快本来就是相对的，谁说"一曝十寒"的"快"就一定比"持之以恒"的"慢"更快？

因此，我希望你们在快节奏的工作和生活中，找到一种让自己慢下来的方式。无疑，每个人都可以选择自己喜欢的方式，而我特别向你们推荐的方式是找一种适合自己的体育运动，理由不仅仅是因为我笃信北大老校长蔡元培先生所说的"完全人格，首在体育"，也不仅仅是因为我非常赞同毛主席所说的"德智皆寄予体，无体是无德智也"，而且我真的认为我从体育运动中获得了身心的健康，并且体育运动让我不断领悟突破、进取和完善的含义，为下一步的"快"养精蓄锐。也许有的同学会对我说："孙老师，你真不知道今天年轻人在职场的辛苦，我们哪有时间运动？"那么好的，让我告诉你，同学，我也曾经历过这种满负荷的工作状态，并且，作为承担着教学、科研、行政和许多社会工作的老师来说，这至今仍是我的生活常态。时间绝对是可以挤出来的，如果你能做到自律，如果你能保持勤奋的习惯，如果你能拒绝"拖延症"，如果你学会取舍。

第二，在这样一个喧嚣浮躁的社会中，我们要学会静下来。静下来最好的方式就是多读书。如果说在校期间的读书多少有些"功利"的话，那么，工作之余静下心来读书、思考就是一种睿智的人生态度。有时客观境遇难以改变，但我们的心情是可以改变的，态度是可以改变的，行为是可以改变的。在喧闹的环境中，特别是在感觉迷茫、困惑的时候，以书为伴，与智者对话，让自己静下来，可能会让你感到"柳暗花明又一村"，获得一种新的人生感悟。

第三，在这瞬息万变的世界上，我们要学会以不变应万变。不管这个社会怎么变，仰望星空的美好初心不要变，脚踏实地的工作态度不要变。谦逊、真诚、内省的品质不要变。同学们，不知你们是否还记得，下面这几句话是四年前你们入校时我在开学典礼上说的，现在再次送给你们。"我希望你们保持谦逊的美德。谦逊是一个人保持内心平和的'护身符'，是创造良好人际关系的'通行证'。真正有实力的才能做到自信，真正自信的人才能做到谦逊，真正谦逊的人才充满了个人魅力。"

同学们，今年是北大经济学院105周年。五年前，在我们隆重庆祝学院100岁生日的时候，比尔·盖茨先生在为经院百年庆典的题词中写道："All lives have equal value, good economics for all"（所有生命皆有平等价值，好的经济学惠及一切生灵）。这些年来，在学院的发展过程中，在教书育人的过程中，我们也一直在思考，什么是好的经济学？如何让好的经济学服务中国和整个人类社会？我希望作为从具有深厚历史底蕴的百年经院走出去的你们，不管今后从事什么工作，都要把"经世济民"的伟大理想转化成报效祖国、服务人类社会的实际行动！

最后，我要特别感谢我们的校友代表田轩教授和嘉宾代表刘洋女士接受学院的邀请，前来参加我们今天的毕业典礼。田轩教授20年前进入北大经院，现在已经成长为一名出色的学者了。刘洋是中国首位女航天员，她身上有许多特别优秀的品质，非常值得我们学习。一会儿他们都要为大家送上毕业寄语，我希望经院的学生能够通过跟他们近距离的接触，感受榜样的力量，明晰未来努力的方向。

再次祝你们毕业快乐！祝你们心想事成！

精神*

亲爱的 2018 届毕业生，各位老师、家长、校友、嘉宾：

大家上午好！

今天是个大喜的日子。首先，请允许我代表学院向 2018 届全体毕业生表示热烈的祝贺，向辛苦养育你们的父母表示衷心的祝福，向辛勤培育你们的老师表示诚挚的谢意。

好像昨天你们才来到博雅塔下，今天就要跟未名湖说再见了，时间真的过得好快！按照惯例，在学生毕业的时候，老师都要再送上一些寄语和祝福，而作为一名老师，尤其是在过去的八年中，作为院长，在各种场合我已经说了够多了，毕业典礼上还能再说些什么呢？考虑良久以后，我决定按照年代顺序，跟你们讲几个我亲历的小故事吧。

第一个是关于王进喜的故事。40 多年前我读中学时，语文老师曾布置我们写一篇有关他的命题作文，从此，王进喜的名字和事迹就一直留在我的记忆深处。1959 年王进喜来北京参加国庆观礼时，看到行驶的公共汽车上背着"煤气包"，才知道国家缺油。作为一名石油工人，他感到一种莫大的耻辱，当即蹲在街头哭了起来。他说他恨不得一拳头砸出一口油井来，把"贫油落后"的帽子甩到太平洋里去。1970 年，王进喜病逝，享年 47 岁。然而，他的那句"有条件要上，没有条件创造条件也要上"的豪迈誓言，他的那种

---

* 在北大经济学院 2018 届毕业典礼上的致辞。

"宁可少活二十年，拼命也要拿下大油田"的铁人精神，不仅感动和激励了像我这样的一代人，而且有着永恒的生命力。

第二个是关于"选择"的故事。1993年底，北京大学经济学院经济管理系从经院分离出去，成立北大工商管理学院，即现在的光华管理学院，经院在原有经济学、国际经济与贸易、国际金融专业的基础上新增了保险学专业，院里把我从经济系调来组建这个新专业。1994年8月，学院送我去美国学习保险学。一年以后回国，一家猎头公司找到我，说一家美国公司开出了30万元的年薪诚邀我加盟，我不假思索地就婉拒了。猎头公司的人有些好奇地问："孙老师，这是一个开价，你可以提你的标准。"我说："不是钱的问题。""那是什么？"她问道。我说："一来是因为我喜欢当老师，二来学院把我送到国外去学习，是为了保险学科的建设，我不能违背这个承诺。"因为当时第一届学生已经入校了，而在专业初创期的三位老师中，一位年近70岁的老教师不带本科生的课，另一位还在美国做访问学者，如果我再离开，连教课的老师都没有了，遑论专业建设。当猎头公司的人得知我在北大的工资以后感慨地说："孙老师，你在北大的月薪只有400多，而这家公司给您开出的天薪是1000元。虽然我没有挖动您，但我敬重您。""言而有信，承诺的事情就必须去做，而且要想办法做到最好，否则就不要答应"，这是我父母从小对我的家教，这也是最朴素的契约精神。

第三个是关于德国的故事。2007年3月，我收到德国一家著名机构的邀请，去慕尼黑参加一场题为"2017之后的世界展望"的会议。请注意，我没有说错，是2017年，十年以后的世界展望，由此也可见德国人的远虑与前瞻。会议规模很小，只有该机构的所有董事会成员加上他们从世界各地邀请的8位演讲人。会议计划在10月份召开。6月份的时候，我又收到对方联系人的一封邮件："孙教授，听说您6月份要去美国参加国际保险学会的年会，恰好我们战略部的老总也会去，他希望能约您一块吃个早餐，当面再沟通一下会议的一些细节。"10月份，会议如期召开。我们来自全球不同国家的8位专家学者每人分别做了15分钟的演讲，然后是大家讨论。回国不久，我又收到了这家机构发来的感谢信以及所有会议材料的汇编。一个20多人参加的为期一天的会议，半年的准备时间，无数次的邮件沟通，会前见面……我真的为德国人的严谨所震撼。也就是从这件小事上，我懂得了工匠精神的真谛。

第四个是关于"两弹城"的故事。虽然之前我对邓稼先等"两弹一星"功臣们的事迹略有了解，但当2017年我怀着崇敬的心情去四川绵阳参观了"两弹城"以后，那种精神洗礼和震撼还是难以用言语来表达的。在20世纪50年代末中苏关系破裂，苏联撤走所有专家，并断定中国人20年也造不成原子弹的情况下，"两弹一星"的功臣们硬是在"一穷二白"的艰苦环境中，以信仰为动力、以生命为代价，仅仅用了几年的时间，就让全世界见识了中国人的坚韧与不屈、自信与豪迈。1964年10月16日，中国第一颗原子弹爆炸成功，1967年6月17日中国第一颗氢弹试验成功；1970年4月24日中国第一颗人造卫星发射成功。"两弹之父"邓稼先于1958年接受任务，临行前与妻子许鹿希有过这样一段对话：

"我要调动工作了"。

"去哪？"

"不能说。"

"去干什么？"

"不能说。"

"那我给你写信。"

"不能通信。这个家以后就靠你了，我的生命就献给这个将来要做的工作了。如果做好了这件事，我这一辈子就活得很值，就是为它死也值得。"

这是一段朴实得不能再朴实，但绝对撼人心灵的夫妻对话。"可以说，没有这些为中国'两弹一星'事业无私奉献的无名英雄，就不会有今天中国站在世界舞台中央的底气和魄力"——这是我当时在"两弹城"经济学院爱国主义教育基地举行揭牌仪式时，泣不成声说出的一段话。我希望北大经院的青年学子以及更多的青少年能够来这里致敬英雄、学习英雄、争做英雄，弘扬爱国主义精神和奉献精神。

第五个是关于"打工"的故事。现在社会上有句很流行、很时髦的话，就是"我在为谁谁打工"。我不知道是自己落伍，还是自己的位置没有摆对，因为我似乎从来没有过为别人打工的概念和意识。不管是我当年做知青还是当话务员，不管是当老师还是"双肩挑"的管理者，我一直都很珍惜自己得到的每一个工作机会，一直认为是在做自己应当做的事情。如果非要用"打工"这个词的话，那就是，我一直在为自己打工。我很欣赏日本著名实业家稻盛和夫的人生信条："始终以光明正大、谦虚之心来对待工作。敬奉天地、关爱世人、热爱工作、热爱公司、热爱国家。"我始终认为，如果我们每个人都能具有"主人翁"的意识和精神，认认真真做好自己的本职工作，那么，这个社会就会更加和谐有序、富足安康。

毛主席曾经说过，"一个人总是要有点精神的"。人无精神不立，国无精神不强。正是靠着这种精神，中国人民在战争年代浴血奋战，在建设年代披荆斩棘，在改革年代攻坚克难。中华民族从一个任人宰割的民族成为一个独立自主的民族；中国从一个贫穷落后的国家成为一个屹立在世界舞台中央的国家。

同学们，四年前你们来到北大的时候，我曾对你们说："希望你们带着独立、质疑、求新的精神来到经院学习。"今天，在你们即将离开学院的时候，我跟你们分享这五个小故事，是希望你们在未来的人生道路上，在继续以"独立、质疑、求新"的精神探寻真理、获取真知的同时，以铁人精神、契约精神、工匠精神、奉献精神、主人翁精神，来塑造人格、完善自我，来服务社会、报效祖国。

再次祝贺你们圆满完成学业，祝你们事业有成、家庭幸福！

笃行*

亲爱的学弟学妹，尊敬的各位老师：

大家上午好！

非常荣幸能在今天母校兰大的开学典礼上，作为校友代表欢迎你们。首先，我要祝贺你们经过自己的努力，考上了兰州大学这座具有109年光荣历史的名校。

我是1979年以第一志愿考入兰州大学经济系的，这里有我许多美好的回忆。最让我感念的一件往事，就是大一上"政治经济学"课程，有一次课间时，我问了张照柯老师一个问题，他想了一会儿，然后说，"我还真不是很清楚这个答案"。这事过去我也就忘了，但没想到当天晚上我在教室上自习，张老师来到教室跟我说："我回去查阅了一些资料，我想答案应当是这样的……"张老师住在校区外，在没有手机、微信的年代，那么多间教室，我真不知年过半百的张老师花了多长时间才找到我的。

张老师可能没有想到，那个晚上，他的那个举动——以严谨、求真、负责的态度来"授业解惑"——除了给我这个大一的学生以知识和感动以外，更多地，是给了我——一名日后成为学者、老师的人——最朴素和最具职业精神的教诲和学术研究的动力和兴趣。

我要感谢兰大，感谢兰大的张老师们为我们的成长所付出的心血与努力！

---

* 在兰州大学2018年开学典礼上的致辞。

接到母校的邀请后，我在选题上挣扎。与一位同事聊起此事，他说："去年北大的开学典礼您讲了'珍惜'，今年经院的毕业典礼上您讲了'精神'，这次何不讲个'笃行'，'知行合一'三部曲。"同事的建议让我豁然。"博学之，审问之，慎思之，明辨之，笃行之"，讲的是治学的道理和规律。笃行是"为学"的一个阶段，而"为学"又岂止一个时期、一种形式？人生是一个大舞台、长周期，我们需要不断地重复这相连互动的五个阶段。同学们不仅需要广泛地涉猎知识，带着批判质疑的精神、审慎思考的习惯和独立自主的判断来消化所学，更需要脚踏实地、心无旁骛地践履所学，也即"笃行"，这样才能不断完成对自己的超越。"一步实际行动比一打纲领更重要"，所以今天，我就想借用"笃行"一词，结合自己的人生感悟，送上我对你们的期许，并与你们共勉。

笃行，请带着坚毅

每个人都渴望一帆风顺，但真正的生活跌宕起伏。凡成就大业者，不会沉湎于顺境中的安逸，而会从容于逆境中的坚毅。坚毅就是百折不挠，就是像海明威《老人与海》中的圣地亚哥老人那样，连续84天没有捕到鱼，却能在第85天驶向远方的大海；虽然历经各种劫难最终只拖回一副鱼骨头，但却彰显出"人不是为失败而生的。一个人可以被毁灭，但不能被打败"的豪气。这是我最欣赏的一种人生态度。

笃行，请带着真诚

真诚是不谄媚的微笑、是不前倨后恭的举止、是不为获利的交友、是不为逢迎而做的改变。我总对我的学生说："我宁愿看到你青涩而不愿看到你世故；宁愿看到你率性而不愿看到你圆滑；宁愿看到你无为而不愿看到你功利。"真诚，会让你更加从容淡定并葆有幸福感。当然，真诚并不等于无拘无束、不等于鲁莽轻率、不等于愚昧无知。我希望并相信你们有足够的智慧来识别它们。

笃行，请带着善良

我一生中遇到过许多不带任何功利而帮助他人的人。他们的善行让我感动、让我温暖。虽然这个社会真的还存在许多丑恶和罪恶，但我仍然笃信"人之初，性本善"，相信世上还是好人多。一个社会当然必须有惩恶扬善的制度，否则国将不国。但在制度护佑的前提下，我们每一个人都应当保持善心、弘扬善意、彰显善举。其实，善良往往并不需要惊天动地的壮举。一个真诚的微笑、一个质朴的赞美、一个走心的问候、一个对并不相识的人伸出援手的举动，都会让人心生暖意，让这个世界充满爱。"勿以善小而不为"，让我们都从自己做起。

笃行，请带着自律

自律就是无人监督时的自觉，它基于一个人内心的自重。能成就一番事业之人，无一不是自律之人。自律的人是有责任感来确立目标的、是有毅力来坚持这一目标的、是有定力来拒绝各种诱惑的。一旦你做到了这一点，你就能够无欲则刚；你就能够"心底无私天地宽"；你就能够将优秀变成习惯；你就能够活得坦荡。

笃行，请带着敬畏

敬畏之心是人们主观意识对客观事物所持的一种尊重的态度，这种态度基于人的良心、善心和责任心。我特别赞同曾国藩对人类为什么要心存敬畏的诠释："只有心存了敬畏，才能有如履薄冰的谨慎态度；才能有战战兢兢的戒惧意念；也才能在纷繁复杂的社会里，不分心，不浮躁，不被私心杂念所扰，不为个人名利所累。"我希望我们每个人都能敬畏工作、敬畏职业；敬畏规则、敬畏法律；敬畏自然、敬畏生命。

笃行，请带着担当

我不否认这个社会还存在许多问题、矛盾和不公，但我相信行动可以带来改变。有行动，就要有担当。敢于担当的人是有使命感和责任感的人，是不随波逐流的人，是对违背原则的人或事敢于说"不"的人，也更是一个善于"内省"的人。他们对社会上存在的问题不是只有抱怨和指责，而是会首先反躬自问：我自己做得怎样？然后积极作为。由敢于担当的人组成的集体、社会和民族，必然能不断进步和超越。

最后，作为一名曾经深受母校张老师们教诲和真传的学生，在今天这样一个迎新的重要场合，我也要祝愿母校所有的老师身体健康，学问精进，桃李满天下。而同为老师，我还想特别跟我的同事分享一下我作为一名从教30余年老师的体会：为师者：要担得起使命，扛得起责任；为师者：要耐得住寂寞，守得住清贫；为师者：要不辜负学生，对得起良心；为师者：要胸怀全天下，甘愿做人梯；为师者：学高为师，身正为范。我们什么样，学生就会什么样！学生什么样，我们民族的未来就会什么样！

再次祝贺学弟学妹们！希望你们学有所成，做一个对社会有贡献、对他人有价值，自身感到幸福的人！谢谢！

一屋不扫，何以扫天下*

各位同学、老师：

大家晚上好！

很高兴受邀参加北大第三届研究生学术文化节。这次活动的主题是"全球视野，天下情怀，中国担当"。北大，作为中国的第一所国立大学，五四运动的发源地，我们培养的学生的确应当具有国际视野、天下情怀、中国担当。

我们生活在一个充满机遇与挑战的时代。可以说，世界上没有任何一个经济体能像今天的中国这样，将以下如此令人震撼的数据和事实交织在一起：五千年的厚重历史；计划经济向市场经济的转轨；世界第二大经济体、世界第一人口大国、世界第一大脱贫国家、世界第一大工业国、世界第一大货物贸易国、世界第一大外汇储备国；世界重要的维和力量、全球经济治理的重要参与者、国际规则的重要制定者与提供者、全球开放合作共赢的重要推动者；然而，人均 GDP 仅相当于世界平均水平的 82.33%，欧盟的 23.94%，美国的 14.83%（2017 年）；人类发展指数在世界 189 个国家和地区的排名中仅为第 86 位（2017 年）；每百万研究人员数低于世界平均水平，更是大大低于世界发达经济体……正是这些令人震撼的数据和事实，注定了 21 世纪中国的故事令世界着迷，并且也让生活在这个时代的我们，更具有职业的崇高感和使命感。

---

* 在 2019 年北大研究生学术文化节开幕式上的发言。

那么，怎样才能成为具有国际视野、天下情怀和中国担当精神的人呢？我认为，这些品质不是喊出来的，而是从"小事"中"做"出来的；不光是"一心只读圣贤书"读出来的，更是"两耳常闻窗外事""悟"出来的。在我看来，具有国际视野、天下情怀和担当精神的人至少都具有以下特质。

首先，他是一个愿意踏踏实实、认认真真做"小事情"的人。

"大视野"是由无数"小感悟"铸就的。我非常认同"不积跬步，无以至千里"的道理，甚至为自己的第一本自选文集起名《跬步集》。我从不否认仰望星空的重要，但也坚定地认为，如果没有脚踏实地，远大的理想永远只能是伟大的梦想。很难相信，一个连一屋都不愿扫的人，能够扫天下。

其次，他是一个有着悲天悯人之心的人。不仅仅只是认认真真地做好手头的每一件小事情，而且愿意帮助身边有需要的人。在我看来，越是有善良之心的人，越是愿意帮助他人的人，就越希望通过自己的努力去帮助到更多的人，从而萌发更大的志向。很难相信，一个自私自利的人，能够生发天下情怀。

最后，他是一个善于自省的人。对社会上存在的问题不是只有抱怨和指责，而是会首先反躬自问：我自己做得怎样？正如孟子曰："行有不得者，皆反求诸己；其身正而天下归之。"很难相信，一个整天怨天尤人的人，能够具有担当精神。

具有这些特质的人通常都有良好的家教，毕竟，父母是人生的第一导师。但毋庸置疑，这种品质的培养，与我们的学校教育、与我们的老师也有着直接的关系。从很大的意义上来说，学生是老师的作品。如果老师是一个有着国际视野、天下情怀和中国担当的人，那么，他/她的学生很可能就会"近朱者赤"；反之，如果老师是一个鼠目寸光、心胸狭窄、逃避责任的人，那么，他/她的学生很可能就会"近墨者黑"。

当老师很幸福，特别是在北大当老师，我曾经用 ABCD（ambitious, brilliant, creative and dynamic）来形容北大的学生。感谢你们让我们这些老师得以享受"得天下英才而教育之"的乐趣，你们的成长，不仅让我们体会到了教师这份职业的神圣，同时也让我们看到了自身存在的价值。

最后，预祝北大研究生文化节圆满成功，大家都能收获满满。谢谢！

我所理解的"学高为师,身正为范"*

各位新同事:

大家上午好!

上学期期末人事部的老师跟我联系,说是今年9月份,学校要举办2019年新任教职工岗前培训,想邀请我讲一次课,内容是关于北大的历史传统与人文精神,同时和新教工分享一下在北大工作、治学的心得体会。我说分享学习工作的体会没问题,但第一个问题太大了,怕讲不好。人事部的老师说:"没问题,孙老师,您可以从您的工作体会和治学经验来谈您对北大精神的理解。"这样一说让我轻松不少。

我从1989年来北大读博至今整30年了,北大的一切似乎已经融入我的身体中,甚至血液中了,但可能正如一位朋友所说,一个地方去得多了就没有新鲜感了。每次看到有游人不远百里、千里,冒着酷暑严寒,想方设法要到北大观光时,我就对我自己有时可能一年都去不了一次未名湖有一种莫名的负疚感,感觉自己太不珍惜了。然而实际上,在北大待得越久,对北大了解得越多,情感就越真挚和朴实。有句老话说得好,"平平淡淡才是真"。即使从物理概念上来说,没有常去北大许多声名卓著的景点,像"一、塔、湖、图",但所谓北大精神、北大魂早已在心里种下了。

北大是一所让人为之骄傲、敬仰的大学。2010年,我在就任北大经济学

---

* 在北京大学2019年新任教职工岗前培训班上的专题报告(节选)。

院院长发表的致辞中曾经这样写道：如果中国近代史缺了严复，将会怎样？如果中共党史缺了李大钊，将会怎样？如果中国经济思想史缺了马寅初，又会怎样？我相信，如果没有他们，中国近现代史，特别是中国经济史将在一定程度上重写，但真实的历史没有"如果"。而让我们感到自豪的是，这些如雷贯耳的名字与北大、与北大经济学院的前身——经济系的历史紧密相连。于我来说，我相信，于许多人来说也是一样，创立于1898年的北京大学已经不仅仅只是一所学校的名称，更是一个文化符号、一种精神象征。曾有评论说，世界上没有一所大学像北京大学这样与国家和民族的命运联系得如此紧密；徜徉在这片大师辈出的热土上，浸淫在学养深厚的历史传统中，享受着先辈们创造的这份荣耀，不能不让人生出一种强烈的使命感和责任感！

所以，很感谢学校给了我这个机会，跟各位新入职的教职工分享自己在北大工作的体会以及对北大精神的理解。接下来我想讲三个方面的内容：一是我为什么想当一名老师；二是如何做一名合格的人民教师；三是我的育人观。

我为什么想当一名老师

时间过得真快，一晃我从事教学工作已经30年了。实话说，在我这一生中，有过许多从政、从商，或者从事别的职业的机会，但都因为自己对教师这个职业的热爱而义无反顾地留在了这个岗位上。如果说当年选择教师这个职业更多的是受父亲影响的话，那么，从教之后，我从教师这个份职业中所获得的幸福感，从学生那里所获得的精神享受和感受到的人生价值，是我矢志不渝地在教师这个岗位上待下去的动力。在有许多选择的前提下，我为什么如此坚定地要选择做老师？下面我跟大家分享几件往事，你们就能明白我为什么会这样选择。

/往事一/

2003年"非典"肆虐北京，学校停课了好几周。我当时是负责教学的副院长，因此，也经常在网上跟同学们联系，一方面是保证网络教学的正常进行，另一方面也通过这种比较频繁的网上交流来分享信息，降低学生对不可预知事件发生的恐惧感。有一天我在网上跟学生进行在线交流的时候，传来了一位同学的问候:"孙老师,你好!虽然好多年过去了,但我现在还清晰地记得刚上大一的时候你给我们做的那场名为'为了明天的辉煌,要安于今天的寂寞'的讲座。我现在已经读博士了,谢谢您。"那位学生所指的那场讲座是我在博士毕业不久,应校学生会邀请所做的。当时北大学生会举办了一个"北大人与北大精神"的系列讲座,我记得邀请了季羡林先生、乐黛云先生等老中青学者给学生做讲座,我很荣幸作为青年学者也参与了那项活动。那天讲座之后,好多学生围着我谈了好久。他们真诚地感谢我为他们答疑解惑,其中一位学生说,"我是大三的学生,如果能早一些听到孙老师的讲座,我可能会少走许多弯路"。这是我第一次切身感受到作为老师能给学生带来的那种价值,这种感觉当时让我震撼,也让我很享受。让我没有想到的是,多年以后,学生还能清晰地记得那场讲座。

/往事二/

有一年已经毕业几年的一些学生回来看望我。大家在聊天的时候,极力赞赏一位毕业以后就去了一家国际著名会计师事务所工作的同学,说他才几年的时间就已经跃升到了其他人通常需要很长时间才能达到的位置。问及原因时,他略带腼腆地回答:"到了单位以后,我始终牢记孙老师在系里毕业典礼上送给我们的两句临别赠言。"我开玩笑地说:"我说的话多了,哪两句呀?"他说:"一句是'是金子总会发光',一句是'夹着尾巴做人'。因此,到了公司以后,我一直认真地做事,为人低调,在公司里待了好几年,许多同事都不知道我是北大毕业的,直到最近公司在面试一些包括北大学生在内的求职者时,面试者批评有些北大毕业生年少轻狂时,才无意中得知了我也是北大毕业生这个'秘密'。"我没有想到毕业典礼上对学生说过的一些话,却让学生牢记并且认真践行,还有什么能比这个让我感到作为教师的价值和幸福?

/往事三/

好多年前,系里举办周年庆典。一位已经工作多年的学生在发言中说:"每当在工作中感到有挫折,生活中有失意的时候,就会翻出当年孙老师给我们讲的东西,顿时感到很有力量。孙老师是我们的'精神领袖'。"当时我们的庆典活动也请了一些对我们系一直有帮助的企业家，其中一位企业家在之后的一个会上对大家说："孙老师被同学们称为'精神领袖'，这是一位老师可以得到的至高无上的荣誉，我很羡慕老师。"

在我 30 年的从教经历中，我一直感觉到，再聪明的学生也有在做人、做事方面的欠缺——可能因为缺乏阅历、可能因为缺乏良好的家庭教育，可能因为不良的社会环境的影响。他们应当得到教诲，他们也渴望得到教诲。作为一名老师，教书育人是至高无上的职责。在这些孩子们世界观形成的过程中，如果我们这些做老师的能够用自己过往的人生经历和人生感悟，给予他们以正确的引导和教育，无疑会帮助他们尽快成长。而从另一方面来说，每当我在认真思考需要给学生讲什么东西的时候，也是我自己内省的过程。在我希望同学们怎样做人、怎样做事的时候，其实我也在反躬自问：你自己做的怎样？也正是这样一个内省的过程，让我能够在与学生的"对话"中不断地得到自我提升与自我完善。

如何做一名合格的老师

我发现中国有一个很有趣的现象，即没有一个称谓能像"老师"这个称谓一样被使用得如此普遍。据我的观察，国外不这样。这从某种意义上来说，可能跟我们的文化有关，孔夫子不是说"三人行，必有我师吗"？从严格的意义上来讲，老师是对教师的一种称谓，但也泛指传授文化、技术的人或在某方面值得学习的人。于是，在有时不大清楚如何称呼别人比较合适的情况下，叫老师似乎是一种安全且显得尊重的方式。

我有过许多头衔，包括院长、主席、会长、主任、董事等，但教师这个称号是我最钟爱、最感到亲切的。我获得过许多奖项和荣誉称号，但我最看中的荣誉之一是"北京大学最受学生爱戴的十佳教师"。

那么，老师的内涵、职责、特征究竟是什么呢？我相信大家都很熟悉韩愈的说法："师者，所以传道受业解惑也。"教育家陶行知说："学高为师，身正为范。"教育家徐特立说，教师既要做"经师"，又要做"人师"，也就是说，既要教授学术、知识，又要培养人才品德。

我们来看看，这世界上还有那个职业像老师这个职业那样，能以自己的行为去影响别人，塑造别人？这就是为什么老师又被誉为"人类灵魂的工程师"。人类灵魂的工程师，一个人得有多大的教化才能担得起这个崇高的称谓呀！所以，我们当老师的需要"担得起使命，扛得起责任；耐得住寂寞，守得住清贫；不辜负学生，对得起良心；要胸怀全天下，甘愿做人梯"。这是我在荣获北京市师德榜样以后所说的一段肺腑之言，它是我从教30年的一个切身体会。

具体来说，一名合格的大学老师应当是一名优秀的学者，一名辛勤的园丁，一名率先垂范的先锋。

首先，合格的老师应当是一名优秀的学者。启功先生曾经说："学为人师，行为世范。"第一句话就是说，老师应该努力做好学问，有充足的知识来教导学生；第二句是说，要规范自己的行为，做个好典范，成为人们的楷模。可见，作为大学老师，首先要做一名好学者。

两年前，北大学生会发起了一个"百位北大教授推荐影响人生的书单+治学感言"的活动，我在谈到自己的治学感言时提出：做学问要有对学术研究的挚爱之情、敬畏之心、坚韧之力、质疑之能、超越之愿。

其次，合格的老师应当是一名辛勤的园丁。作为园丁的老师，应当具有责任之心、仁爱之心、宽容之心与感恩之心。

最后，合格的老师应当是率先垂范的先锋。要求学生做到的，自己首先做到。这也就是孔子所说的："其身正，不令而行；其身不正，虽令不从。"你自己懒散，你有资格要求学生勤奋吗？你自己马虎，你有资格要求学生严谨吗？你自己苟且，你有资格要求学生担当吗？你自己龌龊，你有资格要求学生高尚吗？你自己颓废，你有资格要求学生奋发吗？你自己平庸，你有资格要求学生卓越吗？

我的育人观

在30多年的教学生涯中，我始终坚持全人教育的理念。2010年我在就任北大经济学院院长时所做的致辞可以在一定程度上代表我的基本观点。

"我们的目标是为未来大师级的学者、大企业家、大科学家、大政治家注入优秀的'基因',提供茁壮成长的环境。但重要的是,我们首先要培养的是具有健全人格的'大写的人'。'独立、民主、自由、质疑、批判',被称为大学之精髓,被誉为大学精神之美,这种精髓、这种精神,无疑是人格塑造的优秀材质,是人类发明创造的重要引擎。我们希望我们的学生带着独立、求新、质疑精神来到经济学院学习,全方面地培养自己的生存能力、适应能力和自我发展能力。我们希望我们的学生成为'基础厚、视野宽、素质高、能力强、修养好'的优秀毕业生,我们希望我们的学生成为情商优秀、智商超群、勇于创新、敢于担当的北大人"。

具体来说,我们需要着力培养学生五个方面的特质和能力:好奇心、批判性思维、创造性、沟通能力和合作能力。这几个方面可以用英文字母的 5 个 C 来表示:即 curiosity、critical thinking、creativity、communication、collaboration。

中国梦的实质与大学的职责*

我今天发言的题目是《中国梦的实质与大学的职责》，我想讲以下四个问题。

第一，中国梦不是一个单纯的经济数字概念，而是综合实力的概念。

新近出版的英国《经济学家》杂志上发表了一篇题为《习近平和中国梦》（Xi Jinping and the Chinese Dream）的文章。作者开宗明义写道："1793年，英国使节马嘎尔尼公爵带着一些精心挑选的礼物前来觐见中国皇帝，谦卑地希望在中国设立大使馆。当时的中国占有世界 GDP 总值的 1/3。乾隆皇帝轻慢地打发了这位使节，并在给乔治三世的信中写道：'贵国的诚意与顺从已经明了，但中国根本不需要你们的产品。'19 世纪 30 年代，英国带着炮艇再次来到中国，以武力迫使中国开放对外贸易，而中国对改革的尝试也最终在衰败与耻辱中化为泡影。"

这可以说是一段非常发人深思的历史提醒。经过 30 多年的改革开放，中国目前已经成为在世界舞台上具有举足轻重地位的一个大国，国内生产总值从改革开放之初的 3645 亿元增长到 2012 年的 51 万亿元，人均 GDP 从 40 多美元增长到 2012 年的 6100 美元。汇丰集团曾预测到 2050 年中国经济总量将成为世界第一；之后高盛预计，中国将在 2027 年成为世界第一大经济体，花旗银行则预测是在 2020 年；再之后，国际货币基金组织的预测则更为大胆和

---

* 2013 年 5 月 17 日在北京大学五四理论研讨会上的发言。

乐观：到2016年前后，中国的经济总量就有可能超越美国，成为世界第一。不管这些预测结果的真实性如何及真实目的如何，有一点是可以肯定的，那就是从经济总量来说，中国已经成为一艘让西方社会心存畏惧的超大型航空母舰。

然而，中国还不是强国。因为强国的标志不仅仅只是庞大的经济总量，还必须看这个经济总量所反映的内容、结构以及人均水平。目前中国的经济总量虽然居世界第二位，但人均水平只占世界排名的90位左右。强国的标志也不仅仅只是经济指标，还必须包括思想、价值观、教育、文化、艺术，甚至体育等软实力对外所具有的强大的"吸引力"和"渗透力"。想当年，中国的GDP三分天下有其一，乾隆皇帝是何等的气派、气盛和气傲，但在英国等西方列强的船坚炮利之下，腐败的清政府溃不成军，毫无还手之力，1840年以后中国沦为殖民地半殖民地。因此，不是说中国的GDP占到全球第一了，民族就一定复兴，国家就一定强盛，人民就一定幸福。不是说硬件完善了，中国梦就实现了，它需要包括经济、军事、政治、社会、文化等在内的综合国力的极大提升。就这一点来看，中国还有很长的路要走，很多的挑战需要应对，对此，我们必须有清醒的认识。

第二，中国梦不是一个单纯的"物"的概念，而是"人"的概念。有创新意识、有责任感、使命感，特别是有良好道德修养的现代人是实现中国梦的根本依托和意义所在。没有人的现代文明，没有人的现代化，中国梦就没有根基。一个缺乏博爱、缺乏人文关怀、缺乏文明礼让的社会不是人们梦想生活的社会。

20年前，当我第一次随北京大学代表团赴日访问时，虽然我对日本发动侵华战争有深入骨髓的仇恨，因为它给我们中华民族带来了深重的灾难，也因为我父亲作为一名参加了抗日战争的老军人，头部、胸部等身体的多处部位都有日本鬼子的炮弹留下的伤痕，给他之后一生的生活都带来了痛楚，但这并不妨碍我被日本人在日常工作和生活中所表现出来的自律、严谨、克己、文明、礼让的良好素质所震撼并由衷的敬佩和敬重。我曾经非常信奉"衣食足而知荣辱，仓廪实而知礼节"的古训，但在我们的经济总量不断超越发达国家，人们的住房越来越大、食物越来越好、生活越来越舒适，国外名牌产品的购买力不断攀升，甚至跃居全球第一的同时，社会上出现的许多让人无奈、让人悲哀、让人愤怒的不文明、反文明的事例，包括一再发生的地铁、飞机等公共场所的斗殴，一再发生的哄抢事件、一再挑战社会公德底线的假冒伪劣和坑蒙拐骗，以及对需要救助者的冷漠、"中国式的过马路"，等等，让我们不得不深刻反思：到底是我们的古训错了，还是我们这个社会错了？如果一个社会的公民缺乏最基本的安全感和信任感，何谈幸福？因此，圆中国梦的前提是提升公民的法律、道德、文明水准，塑造现代文明人。什么时候中国人的文明程度更高、国民素质更好，中国的"软实力"才会大大提升，也因为如此，中国梦的实现才会更有根基。

第三，大学的宗旨：培养勇于创新、敢于担当、文明、礼让、修养好的合格公民。

既然中国梦不是一个单纯的"物"的概念，而是"人"的概念，那就跟我们所从事的教育这个职业息息相关，因为教育就是教书育人。当然，教什么书，育什么人，是有说头的。在我看来，不管是古代的教育还是现代的教育，不管是东方的教育还是西方的教育，除了需要根据社会的变化而与时俱进、更新知识体系、培养学生的生存能力和发展能力以外，还应向受教育者提供许多亘古不变的东西，如创新意识和批判精神的植入；品行、修为的培养；智商、情商和灵商的开发。无论时间如何流逝，空间怎样变化，知识如何更新，上述内容都应当始终存在于高等教育之中，成为学校培养目标的基石、灵魂和内核。如果人们在评价某一个人的时候说，"这个人一看就是一个受过高等教育的人"，这种评价的精髓是对由这个人的言行所表现出来的好品行、好修养、高智商、高情商和高灵商的一种褒奖。如果受过高等教育的人和没有受过高等教育的人在一起，人们看不出区别来，那么，这种大学教育就是有缺陷的，就是失败的。无疑，大学首先要培养的是具有正直、孝顺、善良、真诚等优良品质的，具有健全人格的合格公民。这种基本素质的养成无疑需要包括社会、家庭、学校在内的所有各方的积极影响，但更需要我们的教师去言传、去身教。由此可见，大学、教师在实现中国梦的道路上承担着重要的责任。

第四，中国大学改革的任务和方向。

近些年来，全国许多高校都在讨论建设世界一流大学的目标。无疑，成为世界一流大学是中国许多高校的"教育梦"。在我看来，世界一流大学之所以为一流，当然是在一流学生的培养、一流文化高地的占据、一流科研能力的展示等方面所具有的全方位的高水平。像哈佛、耶鲁、牛津、剑桥等之所以成为公认的世界一流大学，固然有许多原因，但最重要的是在其发展过程中，充分尊重和遵循教育自身的发展规律。如果我们的高等教育少一些"一刀切"式的评估，多一些多元化的发展；少一些行政干预，多一些学术自由；少一些"急功近利"，多一些"从长计议"。如果我们的高等教育既有知识体系的传授，更有创新能力的培养；既有学术的传承，更有新的突破；既有对智商的开启，更有对情商、灵商的培养；既有对探索的宽容，更有对真理的敬畏。那么，我们国家的高等教育一定会有一个更好的发展，成为世界一流也就只是一个时间的问题。

十年前，我在北大春节团拜会上作为教师代表发言时，曾经谈到我的"北大梦"：

> 我梦想在不远的将来，北大真正成为世界一流的高等学府。在这座学府里，教师不再为现实的生活压力所烦扰，而是都能"气定神闲"，潜心学术，并以此作为人生的最大乐趣；在这座学府里，学生不再为光怪陆离的功利诱惑所俘虏，而是都能沉浸于北大厚重的历史底蕴和宽广的现代文明之中，锻造自己，发展自己。

我的"北大梦"可能并不宏大，但我认为，这应当是高等教育应有的氛围和追求。"实现中华民族伟大复兴，是中华民族近代以来最伟大的梦想"，而民族复兴，以教育为本。从这个意义上说，"北大梦"、"教育梦"与"中国梦"是一脉相承、紧密相连的。"千里之行，始于足下"，我愿意从我做起，从小事做起，忠实地履行一位教师的神圣职责，为圆我的"北大梦"而殚精竭虑。

努力培养具有使命感和担当精神的创新人才*

尊敬的各位领导、老师、同学、嘉宾：

大家上午好！

非常高兴参加今天的座谈会，也很荣幸作为教师代表在这里发言。

刚才听了各位受到中央表彰的老师和校友的分享，感慨万千。改革开放，改变了中国，改变了世界，也改变了我们每一个人的命运。

40多年前，当我还是一名上山下乡知青的时候，我绝对想不到，有一天自己能够进入大学读书，更别说攻读博士学位、出国学习、当上北京大学的教授。我常常想，我是幸运的，因为，我赶上了改革开放的伟大时代，这个时代给予我们每个人以机会，所以，我们一定要珍惜这个伟大的时代，而最好的珍惜，就是为这个时代做出贡献。

这段话是去年我作为教师代表在开学典礼上，对着现场8000多名新生说的，它是一个经历过改革开放前后对比、见证了改革开放全过程的人发自肺腑的心声。在昨天观看了庆祝改革开放40年大会的实况和今天听了各位受表彰的老师和校友所分享的故事和感悟以后，这种感受更加强烈。

---

* 在北京大学学习贯彻习近平总书记"12·18"重要讲话精神师生座谈会上的发言。

始于20世纪70年代末的那场改革,让中国这个有着五千年悠久文明历史的、世界人口第一的发展中大国,仅仅用了40年的时间,就在从计划经济体制向社会主义市场经济体制的转轨中,告别贫困,实现温饱,走上小康,并越来越接近中华民族伟大复兴的目标。这真的是一个伟大的时代,这个时代是我们全体中国人民在中国共产党的领导下,艰苦奋斗创造出来的,而这其中,当然也包括我们全体北大人的努力。

在昨天庆祝改革开放40年的大会上,党中央、国务院授予100名同志改革先锋称号,并颁授改革先锋奖章,北大共有11位教师和校友入选,这是北大的骄傲。120年来,一代又一代的北大人,继承和发扬"爱国、进步、民主、科学"的传统,用奋斗拼搏的经历,诉说着一所大学与国家和民族的命运紧密相连的故事。这11位被授予改革先锋称号的教师和校友,是北大人的优秀代表,是我们学习的楷模。

我们有充分的理由为改革开放40年所取得的辉煌成就而无比的骄傲和自豪,而在纪念改革开放40年之际,我认为更重要的事情就是要在全面总结过去40年宝贵经验的基础上,坚持弘扬改革精神,继续深入推进改革开放,为中国未来的发展和腾飞提供不竭的动力。我们必须清醒地看到,中国虽然早已成为世界第二大经济体,但我们还不是强国,因为强国的标志之一就是创新能力。在过去40年的改革开放中,中国的创新能力有了极大的提升,但与世界发达经济体相比,我们还有不小的差距,科技发展需要的创新人才也相对缺乏。目前,每百万人中研发人员数的世界平均水平为1277人,发达国家超过4000人,韩国高达7000多人,而中国仅为1176人,低于世界平均水平。

世界经济的发展已经进入尖端科技和核心技术激烈比拼的时代,这需要大量创新人才。而创新人才的培养与教育特别是与高等教育有着密切的关系。经过40年的发展,我国的高等教育有了长足的进步。2017年,高等教育毛入学率达到45.7%,高于全球平均水平,中国已成为世界高等教育第一大国。但要从教育大国转变为教育强国,我们还需要进一步加快教育体制的改革,在尊重教育发展规律的基础上,提供让科研工作者潜心钻研、发挥专长的体制保障，创造尊重科学精神和创新精神的社会环境。只有创新人才不断涌现，科技发展才能有坚实的基础，科技引领未来才有可能，国家的经济发展和社会进步才有保障。

我们需要着力培养的创新人才一定是有着高尚道德情操的、合格的社会主义的建设者和接班人，能否做到这一点，取决于我们的教育，取决于我们的教师。"大学之道，在明明德，在亲民，在止于至善。"在几十年的从教经历中，我越来越深刻地体会到，为师者，一定要能担得起使命，扛得起责任；一定要能耐得住寂寞，守得住清贫；一定要不辜负学生，对得起良心；一定要胸怀全天下，甘愿做人梯。我特别赞同习近平总书记所说的"教师不能只做传授书本知识的教书匠，而要成为塑造学生品格、品行、品味的'大先生'"。我们老师什么样，学生就会什么样！学生什么样，我们民族的未来就会什么样！

谢谢大家！

突破·传承·创新[*]
——中国特色社会主义经济学理论体系构建发展的几点思考

尊敬的各位学者、嘉宾：

大家好！

很高兴参加今天的研讨会。作为一名见证了改革开放40年的经济学者，刚才听了几位同龄人的发言，很有感触。借此机会，我也简要谈一下我对中国特色社会主义经济学理论体系构建的理论与实践基础的认识。

总结过去40年经济学科的发展，我认为以下几个方面对构建中国特色社会主义经济学理论体系是至关重要的。

第一，解放思想，破除传统观念束缚，这是构建中国特色社会主义经济学理论体系的前提。没有这一条，一切免谈。

构建一套经得起检验的理论体系，需要有一个新的独特视角，一个新的方法论体系，一套自洽的逻辑体系，这都需要突破窠臼，大胆假设、小心求证。我们这一代人都记得，在改革开放前的30年间，中国奉行的是计划经济的苏联模式。1978年5月，《光明日报》发表特约评论员文章《实践是检验真理的唯一标准》，由此引发了一场关于真理标准问题的大讨论。这场讨论冲破了"两个凡是"的严重束缚，推动了一场全国性的思想解放运动。正是

---

* 2018年12月8日在北京大学经济学院"纪念改革开放40年论坛"上的发言。

因为有了思想解放，理论界才可能摆脱苏联模式，破除计划经济崇拜和所有制崇拜，展开商品经济、市场经济、股份制、产权理论等一系列大讨论，在激烈争辩中形成共识，由此坚定地推进市场化改革，并为中国特色社会主义经济学理论体系的建立提供了丰厚的土壤。

第二，以问题为导向，让实践不断叩问、涵育理论，让理论不断反哺、指导实践，这是构建中国特色社会主义经济学理论体系的过程。

经济学是一门致用之学，其理论来自实践又必须接受实践的检验。而判断一种经济理论是否有用，不仅要看这种经济理论是否可以说明和解释经济现象，而且要看这种理论是否能够有效指导实践。在从计划经济向市场经济的转轨过程中，理论界依据"实践是检验真理的唯一标准"的原则，不断地根据鲜活的改革实践所提出的各种问题进行理论探索。正是在这样一个市场经济理论与中国实际的耦合中，中国经济才逐步走上腾飞之路，并实现了长时期的持续发展。

第三，结合中国具体实际，学习、借鉴国际上先进的经济学理论，这是构建中国特色社会主义经济学理论体系的途径。

伴随着改革开放，中国经济学者以开放的姿态，学习、借鉴西方经济学的科学成分，不断丰富中国特色经济学学科体系的内容。从当年我们学经济学时的大量训诂、注释（例如资本论、政治经济学等课程的学习）与批判、借鉴（例如对西方经济学课程的学习），到试图创建既符合国际学术规范，又适合中国国情的学科体系。股份经济学、产权经济学、发展经济学、制度经济学、行为经济学、信息经济学、博弈论等大量现代西方经济学理论被相继引入；学术分析方式和工具也越来越多元化，从单纯的规范分析到实证分析、从单纯的质量分析到数量分析等多种分析方法被应用到中国经济理论当中。

第四，与时俱进，不断创新发展，这是构建中国特色经济学理论体系的要求。

任何一种理论的形成都有其特定的历史背景和客观环境，它背后的经济、政治、社会等因素都会给这个理论打上烙印。客观环境不同，但硬要

"生吞活剥"地用某一种所谓的大家理论来解释、指导实践，或者客观环境发生变化了，但仍然要拘泥于传统的理论，都一定会产生许多问题。与时俱进，理论随实践的发展而发展，这是马克思主义理论的基本精神，也是中国特色社会主义经济学理论构建的题中应有之义。

总体来看，在过去的40年中，我们秉持以上四个原则，在建立中国特色社会主义经济学理论体系方面做了相当多的努力，取得了很大的成绩，但也存在一些问题和不足，我将之概括为"四多四不够"：

工具、模型运用多，思想性、原创性的研究不够；现象描述、经验分析多，规律性的东西揭示不够；政策性解读、应用性研究多，基础理论研究不够；依据西方理论演绎的东西多，依据中国现实问题概括出一般原理的东西不够。

今后我们需要在这些方面有所改进。

当前，中国经济发展进入了一个新的历史时期，经济环境、社会环境、生态环境、政治环境和国际环境等都发生了很大变化，与改革开放之初相比更是有天壤之别。而我们需要清醒地认识到，这一切的不同基于一个更大的宏观背景，即信息化社会。人类社会从工业文明进入信息社会以后，基于信息资源特性基础上的信息经济的运作原理和运行规律导致我们生活的社会发生了一系列变化。知识和信息成为经济增长的主要因素，数字经济成为信息社会经济增长的新动能。在这个背景下，基于工业文明基础之上的传统经济学中的许多原理和理论，如资源有限性的假设、供求关系、财富的增长和分配、公共品、信息不对称、垄断等，在信息社会都呈现出不同的特点甚至"失效"。互联网、物联网、大数据、区块链、人工智能等现代技术不可能不通过对经济的影响进而影响到社会、政治、生态、国际关系等一系列领域。这无疑需要我们高度关注信息社会所导致的变化对传统经济学理论的挑战，根据信息社会所发生的许多重要变化做出相应的研究，从而完善和丰富中国特色社会主义经济学理论体系，并更好地指导我们的实践。

经济社会变迁与女性价值*

各位领导、专家：

大家上午好！

感谢大会组委会的邀请，很高兴参加这场论坛。刚才听了各位专家的发言很受启发。我们这场分论坛的主题是"文明进程中的女性能动力和发展"，这是一个颇有历史纵深感的话题。我不是专门研究历史和女性问题的学者，但从我对历史有限的认知中，我知道，女性价值、女性发展、男女平等都是经久不衰的话题。这一事实，一方面源自千百年来人类社会对女性的歧视和女性争取自己权利的斗争；另一方面也折射出经济的发展和社会的进步。虽然我们不得不说，女性遭受歧视甚至备受摧残的现象并未成为历史，从非洲一些国家至今还保留着的妇女割礼的陋习，我们可以看到妇女解放的艰巨性，但客观地讲，当今社会女性的价值有了极大的提升。当今天有些女性对女总统、女总理、女科学家、女校长、女航天员、女将军等称谓表示不满，有人甚至抱怨是一种"性别歧视"时，我却更愿意认为：

正是在这种对性别加职业的强调中，让我们看到了，许多曾经根本不可能为女性涉足的行业有了"半边天"的身影。正是在这种对性别加职业的强调中，让我们看到了，千百年来固化的职业性别标签被逐渐撕掉的现实。这

---

* 2019年11月3日在北京论坛上的主旨演讲。

是女性力量的崛起，这是人类社会的进步！

在庆祝中华人民共和国成立 70 周年的时刻，回顾、总结这 70 年，特别是改革开放 40 余年来中国发生的翻天覆地的变化，以及女性地位和作用的变化，让我们充满了自豪感。

我是做经济研究的，因此，我想从经济的角度列举一些权威机构提供的数据来反映这种变化。2017 年，全国女性就业人数 3.4 亿人，比 1978 年翻了一番，全社会就业人员中女性占比超过四成。根据国际劳工组织发布的数据，2018 年中国女性以 60.9% 的劳动参与率高居世界第一位，远超过 48.5% 的国际平均水平。同时，2018 年中国男女两性之间的劳动参与率差距缩小为 14.8 个百分点，低于国际平均水平的 26.6%。在《财富》杂志发布的"2018 年全球最具影响力商界女性排行榜"中，中国女性占 14 席，比例高达 28%，排名最高的位居全球第四。胡润研究院发布的"2018 全球白手起家女富豪榜"显示，榜单前 10 位中有 5 位均来自中国。

为什么女性在经济社会中的作用会发生如此巨大的变化？我认为在中国，至少有以下三个方面的重要原因。第一，来自人类的进步和社会形态的变化，这是包括中国在内的全世界各国女性地位提升的一个前提条件。为什么农业社会是一个"男主外、女主内"的家庭形态和"男耕女织"的劳动分工？因为它是基于男女生理上和体力上的要求。而只有当人类社会进入工业社会以后，才为妇女解放创造了一个前提。恩格斯曾经提出："妇女解放的第一个先决条件就是一切女性重新回到公共的劳动中去"。"而这只有依靠现代大工业才能办到"。因为在工业革命前，家庭与经济是合为一体的，工业革命瓦解了家庭经济，将以前从未离开过家庭的妇女解脱了出来，从而使她们能够以自由、独立的身份进入劳动力市场。而社会形态的变化在很大程度上源自科技的推动力量。韩裔英国经济学家张夏准曾经提出，对人类经济发展贡献最大的科学发明是洗衣机，而非人们通常所认为的飞机、计算机，甚至互联网。其原因是洗衣机将大量的妇女从繁重的家务劳动中解脱了出来，这相当于创造了全球 1/3 的人口红利，由此使得全球的劳动供给得到了质的飞跃。第二，它来自中国共产党和中国政府对中国妇女问题的高度重视。刚才全国妇联的谭琳书记在她的演讲中用大量翔实的数据，展示了中国妇女地位和作用的提升，我就不再赘言了。第三，它来自改革开放所带来的重大社会经济变迁。

40多年来，伴随着改革开放，从经济形态的角度来看，中国社会发生了以下五个方面的重要转变：第一，产业结构从以传统制造业、农业为主向高端制造业，特别是现代服务业转化；第二，要素的集约程度从劳动密集型向资本密集型和技术密集型转变；第三，劳动方式从体力劳动为主向智力劳动和技能劳动并重转变；第四，供求范式从生产者主权向消费者主权转变；第五，经济属性从实体经济为主向实体经济与虚拟经济并存转变。

上述转变导致的一个重要结果就是现代社会的劳动分工依据发生了重大改变，许多领域和工种对体力和生理方面的要求大大降低，性别对于劳动参与的约束也由此显著降低，这无疑为女性价值的呈现和作用的发挥提供了前所未有的机遇，用我们论坛的关键词来说，"能动力"得到了更加有力的释放。女性较为突出的品性，如细腻、韧性、耐性、严谨、钻研、刻苦等在许多领域，如管理、营销、金融、财会、法律、网络经济、国际文化交流等方面都有更为突出的表现。

当然，外部环境的改变只是女性作用发挥的必要条件。女性还必须通过自身的努力，才能真正适应快速变化的社会需求，在不断提升自己能力和实力的基础上，为国家和社会多作贡献。

在现实中，我们不时也会听到这样或那样的评论和抱怨，即女性在社会中的地位不够高。去年北大召开世界哲学大会时，我偶遇一位从北欧来参会的教授，当她得知我是北大教授时，忍不住跟我抱怨，"参加大会开幕式时，我发现坐在主席台上的是清一色的男性，这在我们国家简直不可思议"。前些日子，我也听到了一个我没有核实过的信息，前国际货币基金组织总裁拉加德被新任命为欧洲央行行长以后曾经说，今后将拒绝参加主讲人除她之外都是男性的会议。

不可否认，我们这个社会还存在着歧视女性的现象和问题，因此，我为这些主张女性权利的高知女性点赞。但与此同时，我又坚定地认为，我们不能为"平等"而平等。如果只是因为需要满足女性比例的要求而降低聘用、任用或者评价的标准，那么，这样一种表面的"平等"实则是不平等的，或者可以说是另一种歧视。而女性也会因为这样一种被"照顾"而感到不安甚至羞辱。我所理解的男女平等的精髓在于，任何事情不能因为性别而否定她获得与男性同样的权利。女性所获得的职位、地位或者荣誉，应当是由她自身的能力和价值带来的，而非他人的"恩准"与"恩赐"。

因此，在我们的社会中，倡导男女平等有一个最重要的前提，那就是女性不能被剥夺受教育、工作和晋升的机会。换句话说，女性要能得到与男性平等竞争的机会。当然，如果机会提供给我们了，能否抓住，那就全在我们自己了。舞台提供给我们了，能否绽放？也全在我们自己了。为充实、提升、完善我们自己，我们必须做到"吾日三省吾身"：我是否足够努力？我是否足够优秀？如果没有做到这一点，我们就必须更加勤奋、认真、踏实地学习、钻研，努力让自己变得更加优秀，由此得到更多为这个集体、为这个社会、为这个国家做出贡献的机会。

突破自我 追求卓越*

感谢大会组委会的邀请,很高兴参加品牌联盟主办的活动。

今年是五四运动一百周年。作为五四运动的策源地和新文化运动的中心,百余年来,北大不仅一直是坚守"民主与科学"精神、推动社会进步的中坚,更是女性率先垂范的先锋。从北大第一位女教授,也是中国第一位女教授的陈衡哲到中国第一位诺贝尔医学奖的获得者屠呦呦,120多年来,无数北大女性为人才的培养和学科的繁荣,为中国的改革开放和人类事业的进步,做出了重要贡献。

当然,不仅仅是北大。在整个中国革命、建设、改革、开放的进程中,中国女性都秉持着"自尊、自信、自立、自强"的精神,扮演着重要的角色,发挥着重要的作用。

自尊、自信、自立、自强,是中国妇女第六次全国代表大会于1988年提出的"新女性意识"的标志,并被写入《中华全国妇女民主联合会章程》。巧合的是,在全国妇联提出这个口号的20年前,也就是1968年,当年少的我因家庭出身不好,当兵的梦想被击碎,哭得稀里哗啦时,也是从小当兵出身的父亲对我说:"我和你妈从小都是自己闯出来的。你今后也要这样,不能依靠父母,要靠自己的能力在这个社会上立足。"自此,父亲这个类似"四自"精神的教诲伴随我走到今天。

---

* 2019年5月24日在第十二届"女性高峰论坛"上的主旨演讲。

不可否认，这个社会还存在男女不平等的问题，需要大家共同行动去根除。但我一直认为，我们女性自己更应当秉持"四自"精神，努力工作，以出色的业绩，让社会上莎士比亚式的"弱者，你的名字是女人"的讥讽不攻自破。

然而，"四自"不是凭空而来的。我想通过以下几个小故事，与在座的各位分享一下我所理解的形成"四自"精神的要素是什么。

一、突破自我，相信凡事皆有可能

美国电影《爱丽丝梦游仙境》中有这样一句台词："The only way to achieve the impossible is to believe it is possible."战胜不可能的唯一办法就是要相信凡事皆有可能。我很喜欢这句话，也笃信这一点，因为我有过这样的经历。

几年前我在游泳的时候，一位站在泳池边的救生员对我说："你能否一口气游半个泳池的距离？"这是一个25米的非标准泳池，一半的距离就是十二三米。"怎么可能呢？"我说。因为我不是专业运动员，连业余选手都算不上。然后他又说："一位泳技不如你的女士都能一口气游三分之二泳池的距离。"因为救生员的一再"撺掇"，我冒了一次险。而最终的结果让我大吃一惊：我不仅一口气游了一半泳池的距离，也不是2/3，而是整个25米。其实，在还剩下最后一两米的时候，我感觉自己整个肺都要爆炸了，然而，我真的不想放弃，于是，我坚持了下来，并突破了自己认为的极限。

这个例子告诉我们，在很多时候，是我们自己给自己设定了许多条条框框。实际上，人的潜力可能大到连你自己都不相信的程度。人生能有几回搏，为什么不去勇敢地尝试？

二、竭尽全力，将不可能变为可能

相信大家对比尔·盖茨都不陌生。好多年前，我在网上看到过一篇文章，说在盖茨十二三岁时，他们中学来了一位牧师，让孩子们背诵圣经中的一段经文。这段经文晦涩难懂，别说小孩，连大人甚至神职人员都很难流畅地朗读出来，更别说背诵了。一个星期以后，牧师再次来到学校，问这些孩子们谁能背诵出来。盖茨说，我试试，然后一字不差地背诵了出来。牧师很吃惊，问盖茨是怎么做到的。盖茨回答说："I tried my best."

虽然我不知道这个故事的真实性，因为现在网络上名人"被故事"的事情挺多，但我还是经常用这个故事激励学生和我自己。机缘巧合，2011年北大举行盖茨先生演讲会，我受邀担任主持人，于是，有机会向他做了现场求证。盖茨先生听了以后大笑了起来，说是有这么回事，但也没有那么难啦，我相信北大的学生都能做到。

这是一件很小的事情，但从这个"小事"可以看到，盖茨先生之所以能够实现其伟大的梦想，达成卓越的目标，源自他从小所信奉和践行的理念：做事竭尽全力，不达目的誓不罢休。盖茨的故事也告诉我们：一旦决定行动，就全力以赴，不遗余力，我们很有可能打开之前完全意想不到的一片新天地。

三、追求极致，将可能变为卓越

2013年，北大与美国著名女校维斯理大学共同举办女性领导力的论坛。国际合作部邀请我主持当天的开幕式。论坛召开前的两天，国合部的一位负责人给我发短信，说是美方的联络人希望见我一面，并且补充了一句："我跟美方说了，孙教授已经答应了并且也知道这个论坛的背景，但美方联络人还是希望跟你当面谈谈论坛的具体事宜。"我听出了这位负责人的话外音：我知道您很忙，不希望就这么点小事让他们来打搅您。出于尊重，也是希望多了解一下对方的想法，我约美方代表第二天上午来我办公室。见面以后，来不及寒暄，她便从包里拿出一大摞材料，详细向我介绍论坛的背景和一些主要演讲人的简历。

论坛开幕当天我才知道，这位女士当时已年近八旬。从我这里离开后，她又赶到医学部，与另一位副校长沟通开幕式致辞一事。她的名字叫杨雪兰。

我平生第一次跟杨雪兰女士打交道，但她对事情的认真，对细节的关注，深深地打动了我。无怪乎，她在自己的领域做得非常出色，甚至做到过通用汽车公司副总裁这样一个几乎都是男性主导的位置。

一直以来,我的同事和学生都认为我是一个非常"较真"的人,但跟杨雪兰女士相比,我自愧弗如。所以,在那一年的毕业典礼上,我以《你的态度,而不是天资,将决定你的高度》为题,与毕业生分享了她的故事,并希望我的学生不做则已,要做,就要做到极致和卓越。

以上就是我想跟大家分享的一些故事和我的感悟。我希望能给大家一些启示和教益。

我们很幸运,生长在一个"百年未有之大变局"的时代。这个时代既提供了机遇,也充满了挑战。我相信,只要我们秉持"突破自我、竭尽全力、追求卓越"的信念,就能够以"自尊、自信、自立、自强"的精神,抓住机遇,迎接挑战,成就自己的圆满人生。

一个读书少的民族，不可能真正成为受世人尊重的民族*

尊敬的各位领导、嘉宾、老师、同学：

大家下午好！

感谢主办方的邀请。早就知晓《博览群书》这一知识界的著名品牌刊物，但真正与之打交道并成为刊物的作者则是几年前的事情。2015年7月中旬，毕业典礼致辞的第二天，我接到了一个陌生电话，"您是孙祁祥院长吗？"电话那头的人问。"您是谁？什么事？"我疑惑地问道。"我是《博览群书》主编董山峰，读了昨天您在毕业典礼上的致辞以后很感动，所以给您打了这个电话。我们想刊发您的致辞，不知可否。"聊了一会儿以后，他还希望我将之前的一些开学、毕业典礼致辞发给他，并且问我能否再专门写一篇文章，题目都替我想好了，叫作《我为什么跟学生讲这些？》

一个多月以后，我的三篇文章《我为什么跟学生讲这些？》《做一个快乐的成功者》《选择的困惑与智慧》，同时在当年《博览群书》第9期上发表了。山峰打来电话告诉我，《博览群书》创刊30年来，在同一期上刊发同一位作者的三篇文章，历史上是第一次，"因为9月份是开学季，我希望全国的大中小学生有机会看到您的文章"。

---

* 2019年12月20日在光明日报社"传递阅读力量"座谈会上的发言。

说实话，虽然之前也经常有学生、同事，甚至家长索要我的典礼讲话稿，但《博览群书》这样一份知识界非常推崇的著名刊物的主编给我电话，并且非常诚挚地邀请我写些东西，以便让更大的群体能够阅读到，还是让我非常意外和感动的。

从读书到教书再到写书，偶尔也评书——我写过一些书序和书评，我的大半辈子都在与书籍打交道。不敢说"嗜书如命"，但对书绝对是"情有独钟"。这不仅仅只是因为深信"腹有诗书气自华"，更是笃信"读书使人生更精彩"。

我们这一代人生长于"读书无用论"甚嚣尘上的那个年代。我读小学三年级的时候，"文化大革命"开始。然而，靠从小给别人织毛活才勉强上过四年学的母亲却告诫我们兄妹："读书是有用的。"于是，尽管那个年代没有多少书可读，但在非常有限的文化课上，我还是非常认真地学习，始终保持着一种阅读习惯。"文化大革命"之后，我考上了大学，之后又读了研究生、博士生，那个时候，我感觉母亲说的真是对的，读书真的很有用，否则我上不了大学。

然而，随着时间的推移和阅历的丰富，我越来越认识到，读书不应当仅仅只是为了考学、晋级、升迁……30多年的从教经历，让我体会到发达国家与不发达国家之间最本质的一个区别在于国民素质的不同，而国民素质的高低在很大程度上可以用一个国家读书人群的数量以及阅读的目的、对知识尊重的程度、对他国优秀文化的吸纳和对本国优秀文化传承的力度来体现。作为一名大学教师，我最欣赏的读书画面是在许多发达国家的地铁上、飞机上乘客们静静阅读的场景；最感到温暖的读书画面是家人、朋友围坐，安静阅读的场景；最感到震撼的读书画面是躺在病榻上，生命即将终结的人平静阅读的场景。历史上曾战胜法国并俘虏法国皇帝的德国元帅毛奇曾经说过："普鲁士的胜利早在小学教师的讲台上就决定了。"这里且不去评价国家、民族之间战争的是与非，仅就文化所能释放出的能量来看，它是无法计量的软实力。正因为如此，英国前首相丘吉尔才发出过"我宁愿失去一个印度，也不肯失去一个莎士比亚"的感叹！

首次提出"软实力"概念的美国哈佛大学教授约瑟夫·奈认为，以经济和军事力量为基础的指挥权是硬实力；而一个国家通过其文化、意识形态等方面的吸引力和感召力所释放出来的无形影响力，就是文化软实力。历史和未来终将证明，国家综合实力的比拼，最终是体现在文化上的。现代社会最显著的标志之一就是将培根的"知识就是力量"的思想体现得淋漓尽致。超级竞争力、巨额利润的背后，比拼的是高科技含量，而高科技含量蕴含的是科学素质和人文素养，后者根植于深厚的阅读、思考习惯和质疑、创新精神。

被称为"日本现代企业之父"，一生创办了500多家企业的涩泽荣一，从干实业的第一天起，就把中国儒家经典《论语》当作自己的行动指南。他号召日本人做"一手拿《论语》、一手拿算盘"的企业家。

直面中国的现实，在人们的物质生活越来越丰富的同时，与世界平均水平相比，特别是与发达国家相比，中国人的阅读量总体来说较低，这是一个不争的事实。苏联作家布罗茨基曾经说过："一个不读书的民族，是没有希望的民族"。我希望再加上一句：

一个读书少的民族，是不可能真正成为受世人尊重的民族。

什么时候国人把爱读书、善读书、读好书作为一种时尚，什么时候读书不仅仅只是为了考学，为了晋级、为了升迁，而是为了内心的平和，为了思想的深邃，为了精神的富有；什么时候读书不是为了附庸风雅，而成为国人生活的必需，成为生命的一个部分，那么，中国人的形象就会更好，中国的国民素质就会大大提高，中国的"软实力"就会得到极大提升，也因为如此，"强国梦"的实现才会更有根基。

俄国作家陀思妥耶夫斯基曾经说过："真正伟大的民族永远不屑于在人类当中扮演一个次要角色，甚至也不屑于扮演头等角色，而一定要扮演独一无二的角色。"中国，这个有着5000年博大精深的历史文明的大国，要在当今全球化的世界中扮演这样一个独一无二的角色，需要全体国民努力吸取人类优秀的文明养分，修身养性，提升素质，以文化自信支撑我们的道路自信、理论自信和制度自信。

人生如海*

各位朋友：

晚上好！

非常高兴能与大家相识，也很荣幸能在今天的开幕式上发表演讲。既然是在海上，那我的演讲就以大海为主题吧，因为我相信，邮轮上的每一个人，肯定多多少少都与海有关联。

于我来说，虽然没有生长在海边，但我曾在约旦的死海体验过漂浮，在中国的南海驾驶过海上摩托艇，在海南的蜈支洲岛玩过潜水，在美国北卡的大西洋和印度洋上的马尔代夫岛游过泳，现在，我们就在从上海去日本的东海上航行……

我欣赏海上的日出日落，敬畏大海的惊涛骇浪，但更喜欢海洋的宁静美好。

其实，认真想想，人生与大海何其相似！

人生如海，充满了不确定性，我们无法回避它，只能智慧、勇敢地面对它

我曾在靠近大西洋的一个地方住过一段时间，大海每天的风云变幻让我

---

* 2018年10月30日在世界名校校友嘉年华开幕式上的演讲。

这位以风险管理为研究领域之一的学者，对不确定性有了直观的感受。不管你是一位风险回避者，还是风险爱好者，抑或风险中性者，在我们的一生中，都需要面对不确定性这样一个客观场景，我们无法回避它。

无法回避，就必须面对。而面对不确定性，我们能做的第一件事情，就是要保持一个通达、豁达的心态。我曾在给北大经院新生的信中送给他们三句话：欣然看初始，坦然看过程，淡然看结果。人生是由无数"初始"组成的，但谁能从"初始"就准确地预见"未来"？如果我们用消极的眼光和心态看待它，可能满眼都是"危机"，甚至不敢踏出第一步。但如果我们用积极的眼光和心态看待它，可能会发现许多"生机"，然后去尝试、去行动、去迎接挑战，其结果很可能是抓住了"消极者"坐失的机会，迈开了走向成功的关键一步。

但在做的过程中，我们应当坦然看过程——从容、淡定，不急不躁，不要太在意结果。有一种成功叫作"功到自然成"，如果能够这样，当然是一件很幸福的事情了，然而，真实的生活往往不是这样。

我常对我的学生说，每年几百万中学生高考，与你们有同样天赋和勤奋的学生绝不在少数，但能美梦成真者毕竟屈指可数，有时天时、地利、人和都不是成功的全部要素。因此可以说，"付出"是"得到"的必要条件，但绝不是充分条件。

我年轻的时候曾下乡当过四年知青，我知道大自然这个"老天爷"对农村、农民的意义。早春时，我们在冰冷刺骨的稻田里抢插；盛夏时，我们冒着酷暑在稻田里抢收抢种，一年到头都非常辛苦，就盼着年底能有好的收成，来年能吃上一顿饱饭。但有时一场大的狂风、冰雹，就会让我们损失惨重，有时甚至会颗粒无收。这就是为什么农民对大自然的威力充满了敬畏之情，对"风调雨顺"之年充满了感恩之心。

我很喜欢打一副牌的"升级"，赢了当然会很高兴，但我更享受打牌过程中能与对家精诚合作、与强手过招的那种感觉。赢牌与否，取决于许多因素——自己的牌技、与对家的合作，当然，还要看你对手的水平。而在很多情况下，是否赢牌，甚至取决于"牌运"——即使你水平再高，你与对家的合作再好，你对手的牌技再差，但你的牌运不佳，拿一手甚至可以闭着眼睛出牌的牌，你也可能输！假如只注重结果输赢而不注重过程的享受，打牌会失去许多乐趣和意义。因此，于我来说，我更欣赏"只问耕耘，不问收获"的人生态度与境界。

当然，"淡然看结果"并不是说在过程中不需要努力。恰恰相反，坚忍不拔、脚踏实地、追求卓越，是我特别看中的品质。只有通过不断的拼搏，才能一次又一次完成人生的超越。也就是说，面对不确定性时，除了需要保持通达、豁达的心态，更需要有毅力和韧劲。

我最喜欢的、有关海的作品是海明威的《老人与海》。我曾不止一次地引用过其经典描述，来表达我的人生感悟。

每个人都渴望一帆风顺，但真正的生活跌宕起伏。凡成就大业者，不会沉湎于顺境中的安逸，而只会从容于逆境中的坚毅。坚毅就是百折不挠，就是像圣地亚哥老人那样：连续84天没有捕到鱼，却能在第85天驶向远方的大海；虽然历经各种劫难最终只拖回一副鱼骨头，但却彰显出"人不是为失败而生的。一个人可以被毁灭，但不能被打败"的豪气。

人生如海，一个人唯有拥有大海一样的胸襟和气度，才能成就快乐美好的人生

海纳百川，有容乃大，这个"容"首先来自不与人攀比的心态。我最感谢我母亲的，就是她对我从小的教育："不要跟别人比，做最好的自己足矣。"每个人都有自己的长处和短处。我们可以见贤思齐，可以欣赏他人，但千万不要"羡慕、嫉妒、恨"，因为那是快乐、幸福的最大杀手。这个"容"还来自"放下"，来自"转移"，来自对自己情绪的掌控。

在遇到让你烦心之人和烦心之事时，或者试着换位思考；或者主动与对方进行交流沟通——因为有许多事情可能是因为误会产生的。学会理解、宽容，甚至是宽恕，有时可能会带来意想不到的结果。我非常赞同作家刘墉讲的一个道理："敌人、仇人都可以'激发'你的'潜能'，成为你的'贵'

人"；你也要知道，许多怨仇、不平，其实问题都出在你自己。你更要知道，这世间最好的"报复"，就是运用那股不平之气，使自己迈向成功，以那成功和成功之后的胸怀，对待你当年的"敌人"。

人生如海，回馈社会是我们每一个人应尽的责任与义务

大海是生命的起源与摇篮，大海为人类提供宝贵的水资源、化学资源、矿产资源、食物资源、能源……没有海洋，就没有人类社会的存在和发展。

今天邮轮上的我们，都被称作社会的精英人士。精英人士的职责是什么？我认为最大的职责就是用自己的才能回馈社会，就像大海回馈人类一样。

我是做经济学研究的，今年荣获诺贝尔经济学奖的罗默教授提出了资本、劳动、人力资本和新思想的四要素内生增长模型，在这个增长模型中的资本、人力资本和新思想等资源禀赋，不正是今天在这艘邮轮上的我们所拥有的优势吗？这个时代给了我们以机会，我们也应当努力回报这个时代。"穷则独善其身，达则兼济天下"，应当是所有我们这些被称为"成功人士"的信条。而何谓成功人士？在我看来，就是对他人有价值、对社会有贡献、自身感到幸福的人。

最后，我想以海子的《面朝大海，春暖花开》的著名诗词来结束我今天的演讲。我很喜欢这首诗，但我从未在大庭广众下诵读过。现在，我情不自禁地想起它，是因为我觉得这样的诗句与今天的场景太贴了，它最好地代表了我对每一位新老朋友祝福的心情：

给每一条河，每一座山，取一个温暖的名字，陌生人，我也为你祝福，愿你有一个灿烂的前程，愿你有情人终成眷属，愿你在尘世获得幸福。

创新人才的培养需要什么*

各位嘉宾、朋友:

上午好!

今天论坛的主题是创新与未来教育。作为一名高等教育工作者,我认为,在很大程度上来说,我们所培养的对象——青年,其特质早在孩提时代和少年时代就已经被塑造了。而少年对一个国家、一个民族的作用早在梁启超先生那里已经有了一个精辟的阐释:"今日之责任,不在他人,而全在我少年。少年智则国智,少年富则国富,少年强则国强。"而如何培养青少年,如何让青少年做到智、富、强,则是我们这个社会,我们每个家庭,特别是教育工作者需要认真思考的问题。

我想大家应当都认同这样的观点,即创新型人才需要具备好奇、专注、质疑、创造等素质。青少年,特别是孩子们天生是具有好奇心和想象力的。爱因斯坦曾说过:"想象力是比知识更重要的东西。因为知识是有限的,而想象力则拥抱整个世界。"青少年无疑应当放飞想象的翅膀,但如果没有飞翔的天空行吗?没有激发、保护孩子好奇心和想象力的家庭教育行吗?没有发现和培养孩子兴趣的中小学教育行吗?没有一种鼓励、赞赏学生去质疑、去批判、去传承的高等教育行吗?不行的。

但让人颇感遗憾的是,我们目前的家庭教育、中小学教育在一定程度上

---

* 2016年12月18日在首届东润创新与未来教育论坛上的演讲。

扼杀了这种好奇心和想象力。我们的一些父母将自己的理想强加给孩子，将自己的梦想强加给孩子，将自己的选择强加给孩子。这些年来，我听到了太多的学生跟我说，选择某个专业是父母"逼"的，选择某份工作是父母的意见。前些日子，我在院长接待日接待了一位学生，她向我倾诉说，"我们在中学里有强烈的目标导向，那就是考上好大学。而一旦考上了，我们就不知道下一个目标是什么了，我们感觉很迷惘"。

刚才杨乐先生提到"空心人"的那份问卷调查，我在前几天也看到过这个报道。这份调查显示，北大一年级的新生，包括本科生和研究生，有30%左右的学生厌恶学习，或者认为学习没有意义。还有40%的学生认为人生没有意义，认为现在活着只是按照别人的逻辑这样活下去而已，其中最极端的就是放弃自己。我当时看到这个报道的时候很吃惊，觉得不可能吧。所以打电话询问我们学院主管学生工作的老师，知不知道这个调查。他说知道，但他说，有一些心理学的同行不太认可，认为问卷的设计有些不太严谨。但不管怎么说，一个不争的事实是：从家庭教育到小学教育，从中学教育再到大学教育，我们的学生得到了太多的"被爱""被关注""被选择"，因此，别说创新，有些学生连日常的生活、工作都缺乏选择的定力、选择的智慧和选择的勇气。

以我比较熟悉的北大为例。大约十年前，学校办了一个北大—耶鲁班，我们院有一位海归老师是授课老师之一。教了一个学期以后，他在我们学院的教师经验交流会上分享他的感受。他说，从他的观察来看，北大学生与耶鲁学生相比，至少有三个不足。第一，学习主动性不强。耶鲁学生学习的主动性非常强，问问题、回答问题，对老师布置的各种参考文献都是很认真地阅读，而北大的学生这些方面相对就比较差。第二，创新批判精神不强，不善于或不敢于对一些现存的理论和观点提出不同的看法，而是全盘接受。第三，对现实了解不够，理论联系实际的能力不强。

为什么会是这样？从我近30年的从教经历来看，这些问题反映在学生身上，但根子却在老师、在我们的教育体制，从更深层次的角度来说，在我们的文化上。为什么说在老师身上？因为我们仍有许多老师习惯于照本宣科，单纯地进行知识"传授"而不注重启发式教学；在我们的教育体制上，因为我们的学生从小学到大学受到的教育就是要听老师的。在孩子成长的过程中,他们一直被灌输的是"听家长的话,听老师的话。听话就是好孩子,不听话、叛逆就是坏孩子",缺乏引导和包容。这种思维和教育方式在培养创新人才方面肯定会有一些问题。为什么说在我们的文化上?中国的传统文化讲"长幼有序",讲"尊师""尊老",这是中华民族的优良传统,我们必须发扬光大。但从另一方面来说,特别是从教育这个层面来说,它又在某种程度上抑止了学生的怀疑、批判精神。挑战老师、挑战权威可能会被认为"不恭"或"不敬"。在这样的环境中,许多老师不太敢鼓励学生问问题。

由此可见,我们的确需要在教育理念和培养方式上进行重要的改革。大学除了需要根据社会的变化而与时俱进,更新知识体系、培养学生的生存能力和发展能力以外,还应向受教育者提供根植于高等教育本质的许多"亘古不变"的东西,包括智商、情商、灵商、修为的培养,特别是创新意识和批判精神的植入。我非常赞同美国斯坦福大学前校长卡斯佩说的"大学的主要任务是对基本假设和惯例提出质疑和挑战"。除了教学理念、教学内容与方式以外,教育管理体制的改革也是非常重要的。

最后,我想就科学——当然,这个科学是包括自然科学和社会科学在内的——以及科学家谈一点认知。我认为科学是"美"并"寂寞"的,科学家应当是"专注"并"寂寞"的,但一个社会的政府、公众和媒体对科学和科学家不应当是"冷漠"并"寂寞"的。工作不分贵贱,但工作绝对有价值高低之分。改革开放之初,我们的国家存在严重的脑体倒挂,社会上广泛流传的"搞导弹的不如卖茶鸡蛋的""拿手术刀的不如拿剃头刀的"说法真实地反映了这种现实。现在这种情况应当说有了很大的改观,但还不够。我们的政府应当进一步为科研工作者提供更好的条件——包括生活方面和工作方面的;我们的社会应当给予科学家更多的礼遇和尊重。

总而言之,我认为创新人才的培养需要有能让青少年"放飞翅膀"的家庭教育和学校教育;需要有能让科研工作者潜心专研、发挥专长,有被尊重感的社会环境和体制保障。只有拥有了一大批创新人才,我们国家的经济发展和社会进步才有根本的保证。

平衡点在哪？有关绿色经济问题的思考*

各位专家、朋友：

很高兴有这个机会来跟大家交流一下有关绿色经济这样一个目前讨论得很热烈但仍然需要更多深入研究的问题。我本人不是环境问题专家，之前也没有做过这方面的研究。因为是论坛的主办方之一，因此，大会组委会也给我这个"外行"布置了一个演讲任务。不过，即使不是环境问题专家，但因为生活在这样一个社会环境中，总会有一些生活方面的体验和对这些问题的想法，因此，借此机会提出来向各位专家请教。

对于什么是绿色经济，学界和业界可能有一些不同的定义和说法。在此，我比较赞同英国经济学家皮尔斯和雅各布斯与波斯特尔等分别于1989年出版的《绿色经济蓝皮书》和20世纪90年代所提出的绿色经济学倡议中的核心观点，即绿色经济是一种全新的，包括效率、和谐、持续三位一体的发展目标和"生态经济、绿色新政、人本社会"三位一体的发展理论。它是继农业社会、工业社会和服务经济社会之后人类最高的经济活动形态，是人类历史的必然进程。

以我粗浅的认识来说，如何看待和处理以下几个方面的关系，对于理解、倡导和实施绿色经济具有重要的意义。这些关系包括目的与手段、政府与市场、收益与成本、公平与效率、短期与长远、局部与全局等。因为时间

---

* 2011年5月在世界绿色论坛上的主旨演讲。

关系，我想就前三对关系谈点自己不成熟的看法。

第一，目的与手段。

在我看来，倡导环境保护，实现低碳经济、循环经济、绿色经济应当是一种手段，而目的是让我们每个人都能生活在一个环境优美、气候宜人、生活舒适便利的社会中，用中国的语言来说，即"天人合一"这样一种境界中。简言之，我们既不能为了生活的便利和舒适而破坏环境，也不能单纯为了环境保护而牺牲舒适便利的生活。在这两种之间应当取得一个平衡。我非常反感一些人为了摆阔，极尽奢华之能事，由此浪费大量宝贵生态资源的做法，我也反对厂家设计产品时"买珠还椟"式的豪华设计和商店出售货物所使用的过度包装。但说实话，我也不能忍受我朋友的一种做法：为了节水，每天在家里不大的卫生间里放上许多盆子，洗完脸的水存起来洗抹布，洗完抹布的水冲厕所，这无疑会降低生活质量。如果我们每天的生活必须这样来过，我认为许多人会对环境保护和绿色经济产生一种抵触情绪，因而很难达成倡导绿色经济的共识。

第二，政府与市场。

环境领域是一个外部性很强的领域，因此，如果没有强制，没有政府干预，完全听凭企业自由经营，私人企业环境污染成本社会化的外部性问题就会非常严重。但制定了法律和规则是否就一定会产生有效的结果也不一定。我国虽然在1989年就颁布实施了《中华人民共和国环境保护法》，2007年颁布了《中华人民共和国大气污染防治法》、2008年颁布了《中华人民共和国水污染防治法》等，但在此期间，环境污染问题不仅没有得到有效遏制，反而还有恶化的趋势，其中的原因值得深究。

现代社会工业化的发展导致环境污染问题呈现出以下特点：一是环境污染事故的发生在很大程度上具有客观必然性，有些污染也不一定是违法行为所致；二是许多由环境风险产生的环境侵权具有污染过程的复杂性、缓慢性、累积性、损害程度在范围上的广阔性等特点；三是在许多国家，随着环境问题引起人们越来越多的关注和重视，环境侵权领域发生了一系列有利于受害人求偿的变化，如诉讼资格的放宽、被告范围扩大、采取无过错责任原则、举证责任倒置、因果关系推定、巨额赔偿等。由于以上几个方面的特点，如果由污染企业独自承担赔偿责任，可能的结果是，巨额赔偿将使许多企业面临濒临破产的风险，这样将不利于现代工业化的发展；但如果污染企业不对受害人进行及时、有效的赔偿，后者又将面临生存和生活的危机。面对这种状况，已有一些学者指出，改变原有的环境责任承担模式，构建责任社会化机制势在必行。所谓责任社会化即是将因特定侵权行为所造成的损失进行转移，在全社会范围内或特定的社会群体范围内分散损失金额这样的一种赔偿责任机制。而实践证明，环境责任保险，又被称为绿色责任保险是责任社会化中的一项重要制度安排。

在以美国为代表的工业发达国家，环境责任保险制度已发展到较为成熟的阶段，它在分散排污企业环境风险、保护第三人环境利益和减少政府环境压力等方面发挥了重要的作用。具体来说，环境责任保险至少具有以下三个方面的独特作用：一是保险公司可以通过费率的厘定和调整来敦促被保人加强环境方面的保护手段；二是企业可以通过固定的保费支出来"锁定"其未来不确定的巨大损失，由此有利于被保人的财务健全及长期投资计划；三是无辜受害者可以获得合理赔偿，由此减轻政府的财政负担以及减少相应可能产生的社会问题，达到社会稳定的目的。

环境责任保险是责任保险中的一个重要险种，但在中国，责任保险占财产保险的比例本身就很低，仅有3%左右，而环境责任保险所占比例就更是微乎其微。20世纪90年代，我国保险公司和当地环保部门合作，首次推出了环境污染责任保险，但投保率始终不高。2007年4月，为加快建设我国环境污染责任保险制度，国家环境保护总局与中国保险监督管理委员会组成联合调查组，并于2008年2月联合发布《关于环境污染责任保险的指导意见》，决定开展新一轮的环境污染责任保险先期试点。环境责任保险这种"叫好不叫座"现象的产生有诸多原因，比如，跟我们国家保险业整体水平较低有关，加之环境责任的经验数据匮乏，使得环境责任保险的承保风险比其他险种更高，与此同时，国人的风险意识与保险意识普遍还不强。但我认为，更重要的是，我国对造成环境污染的行为处罚太轻，由此使得企业污染环境的成本太低。因此，如果真正要让绿色保险承担起它的角色。首先，政府必须制定严厉的规则并保证严格执行，这样才能让环境责任保险具有发挥作用的空间。其次，实施以强制责任保险为主、以任意环境责任保险为补充的环境责任制度。对于严重危害环境的行业，应采用强制保险的方式；而对于一些污染较轻、污染事故发生率较低的行业，则可实行任意环境责任保险。

第三，收益与成本。

气候变暖对人类的影响到底如何，现在看来还没有一个非常确切的结论。有些人说会产生很大的消极影响，有些人则怀疑这种结论。例如欧洲著名的环境学者波恩·伦伯格就曾经说过，气候变化不大可能对中国本身构成威胁。气候模型表明，至少到21世纪末，中国其实会从全球变暖中获益。温暖的气候会增加农业产量并使人更加健康，在热浪中死亡的人数会增加，但同时在冬季被拯救的人数则会增加得更多，变暖对寒冬最低温度的影响要比对盛夏最高温度的影响大很多。许多环境活动者们不断强调，应对气候变化的唯一方式就是减排。但理查德·托尔教授指出，猛烈快速减排是一个有很多缺陷的策略。他的研究发现，如果像八大工业国许诺的那样把气温升高控制在摄氏两度以内，则需要在21世纪中叶减排80%。按常规估算，这样可以在整个世纪避免气候造成的约1.1万亿美元的损失。然而，它的结果则是使全球经济增长每年减少40万亿美元。换句话说，直到21世纪末，我们每年花40万亿美元的成本换来的只是1万亿美元的好处。所以，波恩·伦伯格说，这种激烈减排对生活质量造成的损失比气候变化本身要大很多。这样看来，我们有关绿色经济的讨论一定是涉及成本与收益的问题的。而据我所知，环境经济学家们对是否能用收益与成本的概念来讨论环境问题历来是有争议的，不同意运用成本与收益概念的人认为，成本是容易测量的，但测量收益很难。从某种意义上来说，这样说也不是完全没有道理的，但我在想，是否可用保险中由保费"锁定"的未来不确定性损失来作为收益额？同时，在运用成本与收益方法来讨论环境问题还有一个平衡点的确定。不同的国家、同一国家在不同的经济社会发展阶段，面对不同的环境问题，是否应当有一个成本与收益之间关系的不同考量标准。

新经济中的艺术元素*

尊敬的各位嘉宾：

感谢大会组委会邀请我来参加艺术馆的开馆仪式和今天的论坛。在哈尔滨这座城市举办"艺术推动新经济"这个论坛很有意义。因为哈尔滨是中国著名的历史文化名城，一直享有"东方小巴黎""最具欧陆风的中国城市"等美誉。而与此同时，作为东北重要的老工业基地，被称作"共和国长子"的哈尔滨，这些年来由于各方面的原因，经济发展有些滞后。东北经济如何转型？如何破局？已经成为中国区域经济中最重要、最关键的问题。中央对此非常重视，围绕东北振兴，多次出台文件和政策。特别是2016年国务院再推14项措施，彰显了中央对东北经济困境的改革决心。

我本身不是搞艺术的，对艺术与经济之间的关系也没有什么深入的研究，但像生活在这个社会上的任何一个人一样，回避不了文化艺术带给我们的潜移默化影响，因此也会有一些粗浅的思考，现提出来与大家分享。

众所周知，艺术是用形象来反映现实但比现实更有典型性的社会意识形态，她包括文学、书法、绘画、摄影、雕塑、音乐、舞蹈、戏剧、电影、曲艺等形式，属于上层建筑的范畴。因此，溯本求源，我们探讨艺术推动新经济这个议题，本质上讨论的是上层建筑与经济基础之间的关系。

艺术与经济虽然分属上层建筑和经济基础这两个完全不同的领域，但从

---

* 2016年12月11日在哈尔滨"艺术推动新经济"论坛上的演讲。

历史来看，它们的"结合"已经有很长时间了。有研究指出，虽然1966年被学界普遍认为是"文化艺术经济学"这一概念的诞生之年，但实际上早在亚当·斯密之前，就有一些经济学家对文化艺术这一领域有过兴趣和研究。1977年，威廉·亨顿教授创办了一份名为《文化经济学》(The Journal of Cultural Economics)的刊物。从研究方法来说，学者托斯曾在2003年总结提出，经济学中的许多理论及方法，如微观经济学、宏观经济学、公共选择理论、制度经济学、法经济学等都被用在了文化艺术领域。

不仅经济学的分析范式和分析方式早已被广泛应用于文化艺术产业中，而且从"人性"的角度来看，我们还可以发现，经济分析与文化艺术功效之间有许多相通之处，这至少可以从"效用"和"激励"这两个方面观察得到。

首先来看"效用"。英国大文豪萧伯纳曾经说过，"经济学是充分利用人生的艺术"(Economy is the art of making the most of life)。我不知道萧伯纳是在什么语境下说的这句话，但美国经济学家、诺贝尔经济学奖获得者加里·贝克尔教授在其《人类行为的经济分析》一书中曾引用这句话来表达经济学的人性意义，我觉得还是很值得玩味的。人的欲望是无限的，而资源是有限的。在既定的有限的资源中做出合理的选择，达到效用的最大化，这是经济分析的重要目的之一。贝克教授认为各种人类行为都可以归源为效用最大化，经济分析可以对人类行为做出统一的解释。而我相信，我们每个人在阅读文学作品、观看电影戏曲、欣赏绘画书法、从事摄影雕塑时，也都是为了获取艺术享受，满足其精神上的需要。由此可以看出，从"效用"的角度来说，经济学的价值与艺术的价值颇有异曲同工之妙。

再从"激励"来看。哈佛大学经济系曼昆教授在他那本风靡全球的经济学教科书中写道："就什么是经济学这个问题来说，它毫无神秘可言。经济学所研究的就是人们在自己的生活中彼此发生的互动关系。"也就是说，经济学所关注的不仅仅只是物质商品的生产、分配、交换和消费的问题，而且还涉及一般意义上的人际关系以及个人据此做出决定的各项原则。在这些原则中，最重要的原则之一就是激励。从当代经济学的发展来看，关于激励措施的讨论也是越来越热烈。芝加哥大学的两位经济学家在他们的畅销著作

《魔鬼经济学》中甚至提出,"激励措施乃是现代生活的基石","经济学在本质上就是对激励措施的研究"。

艺术的激励作用是毋庸置疑的。以脍炙人口的《白毛女》为例。这个作品在抗战时期和解放战争时期的政治影响是巨大的。战士们观看演出后纷纷要求为杨白劳和喜儿报仇;有些被俘的蒋军士兵看了演出后立即掉转枪口加入人民队伍;还有许多人都是看了演出后便投身革命的。由此可见文艺作品的重要激励作用。

昨天下午我们参观了艺术博物馆的开馆仪式,非常震撼,颇有感触。我认为,用蚂蚁精神来作为这一文化创意基地的象征,可谓匠心独具。大家知道,哈尔滨在20世纪50年代创造出了工业奇迹,被毛主席称赞为"蚂蚁啃骨头的精神"。别看蚂蚁很小,但它具有积极进取、全力以赴、永不放弃的特质,更为重要的是,蚂蚁具有良好的团队精神和合作精神,圣地亚那大森林里就流传着这样的歌谣:"羚羊在奔跑,因为狮子来了;狮子在躲闪,因为大象发怒了;成群的狮子和大象在集体逃命,那是蚂蚁军团来啦。"60年前的"蚂蚁精神"创造了当时的奇迹,今天,哈尔滨仍然需要这样一种"蚂蚁精神"的传承来重振哈尔滨的雄风。我认为,这样一种艺术手法必然对当地民众起到一种很好的激励作用。

回到艺术推动新经济这个问题上来。何谓新经济?这个词汇最早出现于美国《商业周刊》1996年12月30日发表的一组文章中。它是指在经济全球化背景下,信息技术革命以及由其带动的、以高新科技产业为龙头的经济。文学艺术的繁荣和发展一方面会带动文学艺术产业的发展,因为它们本身就是国民经济的组成部分,比如,动漫产业。英国作家罗琳的魔幻系列小说《哈利波特》所带动的出版、电影等产业的发展就是一个很有力的论据。另一方面文学作品会给人以灵感。很难说19世纪以后出现的许多高科技产品,包括汽车、飞机、飞船等的出现不与凡尔纳的充满科幻元素的文艺作品有关。同时,由优秀的文学作品所传递出来的正能量会对经济增长的重要因素之一——劳动者产生激励,由此推动经济的增长。

我相信,繁荣的文学艺术作品和蓬勃发展的文化艺术产业,一定会成为我国新时代经济发展的重要推动力量。

关于信息社会的经济学思考*

感谢大会组委会的邀请，让我有机会来杭州参加计算机界的盛会。我通常对不熟悉领域的问题是不敢妄加评论的，而这次我之所以"斗胆"接受邀请做大会特邀报告，一个重要的原因是大会主席梅宏院士跟我谈到的大会背景和主题。作为一名40多年前的话务员，可以说，我对"信息"有着直观的感受，对信息技术的变化格外欣喜。大数据与数字经济虽非我的专门研究领域，但与生活在这个时代的每个人一样，我也能强烈感受到大数据对人类的思维、生产、生活、学习、交往等所产生的影响。目前世界各国都在大力加强大数据的研究和应用。"大力实施网络强国战略、国家大数据战略"，也是"十三五"期间中国的重要任务之一。因此说，今年计算机大会讨论的问题非常重要，我很高兴能有这样一个学习机会，向各位计算机专家讨教，同时也跟大家简要分享一下我对信息社会的一点粗浅思考。

人类社会发展至今，大致经历了农业社会、工业社会和信息社会。大约在一万年前的新石器时代，人类有了农业、畜牧业。在此后相当长的一个时期，土地是主要的生产资料，人们用畜力、自然力延展或者部分代替劳动者的体力，由此形成了农业文明。17世纪末，伴随着蒸汽动力的发明和应用，人类社会开始步入工业社会。这一时期，资本成为关键的生产要素，工厂成为人们劳动的主要场所，机器用来延展或者部分替代劳动者的体力，由此形

---

* 在"2018中国计算机大会"上的主旨演讲。

成了工业文明。20 世纪后半叶，伴随着计算机和互联网等电子信息技术的发展，人类逐渐步入信息社会。在这一社会形态下，信息开始成为重要的生产要素，计算机和数字技术成为信息社会的主要劳动工具，电脑延展、甚至在一定程度上取代人脑成为信息文明的最主要特征。

国家信息中心今年发布的《2017 全球、中国信息社会发展报告》指出，全球 126 个样本国家中的 57 个国家——主要都是发达国家，已经进入信息社会。中国的信息化社会虽然仍处于全球中下游水平，但近年来的增长速度明显高于全球平均增速，甚至高于 G20 国家和金砖国家的平均发展速度。报告预测，到 2020 年，我国将整体进入信息社会的初级阶段。

人类进入信息社会以后，基于信息资源特性基础上的信息经济的运作原理和运行规律导致我们生活的社会发生了一系列的变化。我想从以下五个方面来讨论一下这些变化和由此变化所引发的相关问题。

一、信息社会的资源特性和供求关系

经济学是研究资源有效配置的一门学科。这门学科立足的基础，就在于人类社会资源的有限性与人们需要的无限性这样一个假设。构成经济学核心分析框架的供求分析也正是基于这样一个假设。但在信息社会，供求分析所基于的资源有限性的这一核心假设发生了一些重要的改变。

首先，信息社会在一定程度上改善了生产要素供给的有限性。

农业社会和工业社会分别以有形的土地和资本为核心生产要素，它们具有总量上的有限性。微观经济学厂商理论中的生产可能性曲线，就是用来表示社会在既定资源和技术条件下所能生产的各种商品的最大数量组合，据此反映出资源的稀缺性与选择性。而信息的计量单位是比特，比特具有 2 的幂次规律，因此，数据的增长也呈幂次规律，即指数级变化。由此可见，信息，以及人类基于对信息的加工、提炼和系统性的探索所产生的知识，作为信息社会的核心生产要素，具有共享使用和无限增长的特性。有关资料显示，在 19 世纪，人类的科技知识每 50 年增加 1 倍，20 世纪中叶每 10 年增加 1 倍，进入 21 世纪以后则是每 3~5 年增加 1 倍。信息的共享边际成本为零，意味着信息拥有明显的规模递增性质，这将前所未有地拓展生产可能性边界。

其次，信息社会在一定程度上改变了供需空间格局，在更高层次上构建了新的供求关系。

无论是农业社会还是工业社会，点对点的区域性市场是基本的供需空间格局。而在信息社会，信息技术的发展冲破了地域的障碍和限制，极大改变了传统社会的供需空间格局。从供方来看，现代信息技术的发展使得智能制造、零库存、共享经济等成为可能，提升了供方的竞争优势；从需方来看，买家可以通过互联网等工具更全面、迅捷地掌握产品信息，并在交易中占据主动地位，进而"倒逼"生产者提供更好的产品和服务。由此可见，现代技术的发展共同提升了供需双方的能力和水平，进而在更高层次上构建了新的供求关系。

最后，信息社会急剧提升了财富增长的速度，增加了收入分配格局调整的灵活性。基于上述变化，价值的产生、分配也在一定程度上发生了改变。

在农业社会和工业社会，土地、资本、劳动力等有形生产要素具有相对固定的产权归属特性，因而具有明显的排他性，由此也产生了较为固定的收入分配关系。没有掌握土地、资本等生产要素的劳动者，往往只能提供无差异或者差异较小的一般性劳动，社会财富的分配结构在较长时期内难以发生较大改变。而在信息社会，知识信息是其主要资源，而其更迭的周期又越来越短，这不仅意味着谁掌握了最新的知识信息，谁就能拥有更大的机会掌握经济收益的控制权；而且意味着相比农业社会和工业社会来说，信息社会中财富积累的速度急剧提升，收入分配格局的变化和调整更加灵活和快捷。美国石油大王，约翰·洛克菲勒于1858年开始创业，用了半个多世纪的时间打造了其石油帝国，到1910年，洛克菲勒的个人财富达到10亿美元。Facebook创始人马克·扎克伯格于2004年创办社交网站，仅用了14年的时间，就以735亿美元的身价跻身2018年福布斯全球富豪榜第5名（考虑到了通胀因素，1910年的10亿美元大致相当于现在的230亿美元）。

二、信息社会的经济增长

经济增长是一国取得经济成就的最重要的标志。以亚当·斯密等为代表的古典经济增长理论认为，在传统的农耕文明和工业社会初期，土地、资本和劳动力是影响经济增长的决定因素。而由于这些生产要素在总量上的有限性和使用上的排他性，理论上为经济增长设立了极限。20世纪70年代轰动一时的罗马俱乐部报告《增长的极限》指出："在地球和人类社会的系统没有发生重大改变的情况下，人类社会生产的增长最迟将在2100年停止。"这一判断得出的重要依据就是"有限资源以及地球生态的限制"。

而伴随着工业社会的发展，特别是信息社会的出现，索洛等新古典经济增长理论学派开始将技术进步作为驱动经济增长的核心变量。此后，卢卡斯等新经济增长理论学派认为，以信息形式存在的知识要素驱动了经济增长。而依靠信息驱动的知识经济增长的边界难以估量，主要是基于信息社会知识投入的规模报酬递增的性质。

在传统经济学中，生产要素通常被假定为规模报酬递减的。例如，资本或劳动力投入越多，其在边际上的产出就会越低。这样的特征决定了经济增长的过程最终只能导致人均产出的均衡，而不会出现持续增长。但如果有某个要素的规模报酬是递增的，那情况就不一样了，它的积累将会导致持续的增长。今年荣获诺贝尔经济学奖的美国经济学家保罗·罗默的主要贡献，就在于揭示了知识如何成为驱动经济长期增长的不竭动力。而知识要素之所以可以实现规模报酬递增，主要有以下几个方面的原因。

一是从广义上来说，知识是一种公共品，具有非竞争、非排他的特性：一个人使用知识，并不妨碍别人使用知识（这里不讨论付费知识的获取）。当知识这种要素被作为投入品时，就会产生强大的正外部性，从而导致规模报酬递增的出现。而一旦有了规模报酬递增，持续的增长也就成为可能。

二是知识赋能的信息技术，大大缓解了因信息不对称、不完全所造成的市场失灵。在传统的农业社会和工业社会，受包括信息技术等在内的各种因素的限制，信息不对称、不完全的现象十分严重，由此降低了资源配置的效率和效益。而互联网和信息技术的应用，能够迅捷地分析、整合供需双方的海量信息，由此大大提升了全社会资源配置的能力和效率，满足了多样化、个性化的社会需求。例如大家熟知的爱彼迎等公寓的在线预订、网约车软件的应用等。

三是知识赋能的信息技术,成为实现规模经济的重要前提。规模经济是指通过扩大生产规模而使得经济效益提升的现象,它的原理在于:随着产量的增加,长期平均总成本下降。但由于人的体力和管理能力的限制,单靠人力难以管控大规模的机器生产。而信息技术的应用使自动化的生产方式能够替代传统的机械化生产方式,由此为人类管控大规模的机器生产提供了可能,进而实现规模效益。

四是知识赋能的信息技术,能大大优化各种生产要素的配置和管理。信息技术的一个显著特征就是技术含量高、渗透性强,可以在很大程度上优化对各种生产要素的配置和管理,从而提高要素的组合效率,即全要素生产率。以社会公共服务为例,电子信息技术显著提高了社会的运行效率。如近年来北京地铁通过信号系统的"开颅手术",缩短了多条线路的列车间隔,综合运力提高了10%左右。

三、信息社会的垄断问题

垄断理论是现代经济学中的一个重要范畴。垄断,特别是行政性垄断,遏制竞争、滋生腐败、导致低效。在传统工业社会,政府可以通过反垄断法规制实体经济的垄断行为。例如,20世纪80年代,美国司法部依据反托拉斯法,将AT&T公司分拆为专营长途电话业务的新AT&T公司和七个本地电话公司,美国电信业从此进入了白热化的竞争时代。

在信息社会,有一个流量不等值定律,即大众熟知的"互联网721生存法则",行业排名第一的市场份额一般为70%,第二位的一般为20%,其他为10%,但排名第二的价值(估值)一般不及市场排名第一的1/10。这条定律也被称为"马太效应",即强者愈强、弱者愈弱,最后形成赢家通吃的局面。由此可见,公司和数据的本质属性改变了传统竞争的定义,数据垄断成为垄断的新内容,具体表现在以下几个方面。

第一,信息公司或互联网公司对用户具有明显的锁定效应。信息平台已有的用户优势会吸引更多的潜在用户加入进来,新用户的增加又进一步对已有用户产生锁定效应,而用户的集中也意味着数据的集中。

第二,数字经济具有明显的网络效应。由于产品价值是随着购买这种产品的消费者的数量增加而增加的,这使得规模经济效应和范围经济效应愈发明显。消费者越多,公司就越拥有完善产品和服务的能力,从而吸引更多的用户,产生更多的数据,如此循环往复。

第三,数据收集平台拥有多边市场。互联网平台在为用户提供免费产品服务的同时,收集用户数据,并将数据运用到其他市场进行盈利,从而构成所谓的多边市场。

综上所述,由于信息资源的特性,拥有丰厚数据资源和较强数据分析能力的企业,往往占据更加有利的地位。那么,在这种情况下,是否会造成一种新的信息不对称,由此产生一种新的市场失灵?具有市场支配地位的企业是否会滥用市场势力,从而损害消费者的利益?

传统反垄断法在控制合并的措施上,通常以企业的规模为依据,但在信息时代,数据的功能延伸程度并不一定与企业的规模成正比,而且,市场的边界也越来越模糊,具有市场支配地位的企业所提供的许多产品和服务不仅没有出现经济学中所谓的"垄断价格",而且多是免费的,这就使得以垄断价格作为判据有时难以成立。

总而言之,由于信息的特性所导致的一系列相关的变化,传统社会的反垄断措施在当今的"数字经济"时代恐难完全适用,信息社会"垄断"的形式、垄断的后果以及反垄断的措施等,无疑是需要我们认真研究的一个问题。

四、信息社会的安全问题

信息的价值和成本是经济学的分支——信息经济学的重要内容。安全问题属于信息潜在的成本。信息的载体多以数字化的形式呈现,其可复制、易接触、便储存且分散广泛的属性,使得信息资源较传统物质资源更易被窃取。同时,信息网络已深入经济、国防、科技与文教等各个方面,广泛的信息接入增加了网络安全的脆弱性和复杂性,网络系统一旦崩溃或遭受攻击,所带来的经济损失将无法估量。

与此同时，个人隐私和信息安全也受到严重威胁。随着人们对互联网依赖程度的加深，大量恶意程序、各类钓鱼和欺诈呈高速增长态势，黑客攻击和大规模的个人信息泄露事件频发。今年9月，中国消费者协会发布的《App个人信息泄露情况调查报告》显示，遇到过个人信息泄露情况的受访者占到85.2%。2011年至今，全球已有11.27亿用户隐私信息被泄露。前些时候Facebook发生的波及8700万人的信息泄露事件，相信大家都还记忆犹新。

如果信息社会的发展是以网络安全和个人隐私受到严重威胁作为代价的话，那么我们不禁要问，人类社会进入信息社会的意义何在？不过我也笃信，问题与解决问题的方法从来都是携手前行的，这是人类社会发展的规律。既然我们有能力发明出造福社会的技术，也就应当有能力发明出抑制其可能产生弊端的技术。当然，保护网络经济安全和个人隐私，不仅需要先进的技术手段，同时需要经济的、法律的手段。

五、信息社会的技术使用问题

当人类文明从农耕社会发展到工业社会再到信息社会以后，科技发展的规律显示，从科学原理和规律的探索、揭示到产业化之间的周期越来越短；科学技术一体化的趋势越来越强；科技发展速度的数量级明显提升。毫无疑问，现代科学技术的发展给人类社会带来了空前的繁荣，但我们也必须认识到，如果运用不当，现代科技的发展也可能带来负面影响，包括我上面提到的经济安全和个人隐私受到威胁的问题，包括生态危机、人的异化、恐怖主义活动等。工业社会如此，信息社会可能更是如此。

20世纪90年代轰动全美的、FBI历时18年之久才告破的邮包炸弹案的凶手泰德·卡辛斯基曾在其《论工业社会及其未来》的文章中写道："工业文明极大地提高了发达国家的人口预期寿命，但也破坏了社会的稳定性。剥夺了人类的尊严，导致了心理疾病的扩散，还严重地破坏了自然界。"简言之，"工业文明带给人类的是极大的灾难"。

作为16岁考入哈佛大学的数学天才，卡辛斯基在长达17年间寄出了十多枚邮件炸弹，炸死3人、炸伤23人，袭击对象主要是大学理工科教授。卡辛斯基的思想无疑是非常极端的，行为是极其冷酷的，但我们不得不承认，他偏激的观点也给我们今天信息社会的发展带来警醒。

当年，在美国向日本投下原子弹的时候，爱因斯坦曾痛心疾首地说："当初致信罗斯福提议研究核武器，是我一生中最大的错误。"爱因斯坦是科学家，灾难的发生不在他发明的武器或者技术，而在于武器和技术如何使用、被谁使用。历史反复证明，经济的发展离不开技术的进步，但技术的进步同样回避不了"双刃剑"的问题。现代经济学之父亚当·斯密在出版其经济学的奠基之作《国富论》之前，发表了其伦理学巨著《道德情操论》。斯密看到了工业革命带来的技术进步和市场经济所释放的经济活力，但他也看到了金钱欲爆发之后的种种罪恶，由此去探讨人类社会赖以维系、和谐发展的基础以及人的行为应遵循的一般道德准则。在他看来，市场经济必须是一个讲道德的经济，它不仅建立在"利己"的基础之上，还必须是"利他"的，二者本质上一致。

由此可见，我们不能就经济谈经济、就技术谈技术，这个社会需要我们各方面的专家学者共同努力，通过建立和完善制度，实现人与技术、人与社会、人与自然的和谐共生，最终实现人类社会发展的最高境界——人的全面发展。我想，这也应当是我们今天计算机大会的宗旨和目的。

最后，我想借用几个"小数字"来为"大数据"的研究提一点建议。《道德经》讲："道生一，一生二，二生三，三生万物。"不管是"小数据社会"还是"大数据时代"，纷繁复杂的万物世界都是"大道至简"、有规律可循的。数据是死的，但数据背后的经济、社会现象是鲜活、灵动的。如何不被"大数据"迷惑，正确区分运用因果分析和相关分析，去粗取精、去伪存真，由此及彼、由表及里；如何从庞杂的大数据中抽出清晰的发展脉络和线条，从现象看本质、从结果找原因、从偶然寻必然、从当前观长远，这需要我们运用唯物辩证法的思想精华来廓清我们的研究思路。"玄生万物，九九归一"，我希望我们有关大数据和数字经济的研究能够站得高、看得远、拎得清。

创新与金融品牌建设*

在当下这个时代,如果让大家挑选几个最热的关键词,我相信"创新"一定是绝大多数人的共同选项。那么,什么是创新呢?它的字面意义不难理解。约定俗成的中文释义是:以新思维、新发明等为特征的一种概念化过程,通常包括三层含义,即更新、创造和改变。英文的许多释义也大同小异。然而,如果细究起来,在实践中,有关创新的一些问题其实还是值得深入思考和商榷的。比如,更新、创造以及改变是否一定就是好事?创新是否应当有客观的评断标准和所遵循的原则?创新的动因是什么?去年我在参加中国金融品牌第二届论坛时曾提出:品牌建设需要从制度、诚信、创新、文化四个方面发力。今天,我想就其中的创新问题进一步提出我的一些思考。

第一,创新的前提是敬畏客观规律。

人的能耐再大,也一定不能在违背客观规律的基础上搞所谓的更新和改变。创新必须秉持"天、地、人""政、经、法""文、史、哲"的多维视角,而不能只是单维度。比如,从经济合理的角度做出的一些"创新",从自然环境的角度来看未必是一件好事,甚至可以说是一件"糟糕的事情"。我曾于20世纪80年代中期去过国内一处著名的景点,时隔20多年后再去时发现,感觉完全不像第一次那样震撼。这其中固然有故地重游、新鲜感减弱的缘故,但恐怕更重要的原因是当地人对鬼斧神工造就的大自然景观进行了

---

* 在2020年中国金融品牌年会上的演讲。

所谓的"创新",加入了许多人为元素。类似的情况在我国曾经非常普遍,包括对许多自然环境、古文物等的更新改造。那么,这种"创新"是否应当越少越好?

第二,创新需要尊重和满足约束条件。

从一般意义上来说,最重要的约束条件包括技术手段、发展阶段与监管环境,不满足约束条件的话,可能会出现"橘生淮南则为橘,生于淮北则为枳"的问题,或者出现"真理"变成"谬误"的后果。比如,金融衍生品因其具有提升资金运用效率、转移不确定风险等功效而被誉为金融发展史上的一个伟大创造,但以担保债务凭证为代表的金融衍生品则成为2008年金融危机的祸首。这一悖论产生的原因就在于监管的不到位。关于创新的约束条件,不同领域、不同类型的创新可能有不同的要求,但都应当遵循合规合法、公平竞争的基本原则。不讲原则、不论前提地突破约束条件,创新活动可能误入歧途。20世纪的某个年代,英国的一家保险公司推出过"吸毒者保险",其理由是,吸毒者也是人,他们在吸毒过程中也都可能遭受各种意外或死亡、伤残等风险,因此,他们也需要保护。但该保险推出后,英国社会舆论哗然,许多人认为这是有悖公序良俗的,这一做法无异于是对这种败德行为的纵容。最终,该公司不得不停止了这款产品的销售。

第三,对创新活动需要观其形,更要察其果。

马克思曾经说过,假如必须等待积累去使某些单个资本增长到能够修建铁路的程度,那么,恐怕直至今天世界上还没有铁路。但是,通过股份制公司,转瞬之间就把这件事完成了。

从形式上来看,股份制这样一种"以入股方式把分散的、属于不同人所有的生产要素集中起来,统一使用、合理经营、自负盈亏、按股分红"的经济组织形式与查尔斯·庞兹于1919年首创的"庞氏骗局"这二者在形式上具有很大的相似性。比如,都是集资入股、都是以少聚多、都是按股分红,但股份制成为人类历史上最具革命性、力推经济发展的重要创新,而"庞氏骗局"及之后出现的许多拙劣衍生品,包括"麦道夫"骗局等,则成为危害社会的毒瘤。形式上相似的两者实际上有着本质区别,即资金的用途不同、资金循环的载体不同以及投资回报的来源不同，由此造成的后果天壤之别。

由此可见，社会在倡导、鼓励和支持创新的同时，必须谨防出现和杜绝名为创新，实则危害实体经济、损害百姓利益、阻碍国民经济发展的活动，否则后患无穷。

需要指出的是，创新虽然是当今最热的词汇和现象，但很难说它一定是人类的天性。被誉为"创新思维之父"的爱德华·德博诺曾经这样说道："人的大脑本身是不热衷创新的。因为如果大脑时刻充满创造性，生活将成为一件不可思议的事情。"许多研究表明，大部分人属于风险回避型而不是风险偏好型。

一个为人们所熟知的说法是"穷则思变"，越穷，要求改变的欲望就越强烈，但观察现实，这似乎也不是绝对的。一些穷困地区的农民宁愿衣不遮体地蹲在破屋檐下晒太阳也不愿意去改变那种"日出而作、日落而息"的生活状态；而越是"白骨精"，改变现状的欲望似乎愈发强烈。为什么会是这样？

撇开个案，总体来说，这是源自竞争的压力让人们看到了"不创新，即死亡"的现实，促使人们产生改变和更新的强烈欲望。

在当今科技科学技术一体化的趋势越来越强，科技发展的速度越来越快，技术迭代不断加速的环境下，竞争将日趋激烈，人们的创新激情也将不断高涨。中国还是一个发展中国家，发展仍然是"硬道理"，创新，特别是金融创新仍然是经济发展中的重要驱动力。但这种创新应当是在敬畏客观规律、满足约束条件的基础上所做的更新、创造和改变；是在遵循合规合法、公平竞争原则的基础上所做的更新、创造和改变；是必将提升国民福祉、促进社会进步的更新、创造和改变。当然，创新也可能带来新的问题、产生新的风险，但我们绝不能因噎废食。市场主体如何本着企业责任和公民良心，通过创新活动来赚取利润、创造价值、造福社会；监管部门如何根据变化了的实践与时俱进，修订和完善监管规则，在防范各类风险的同时，为市场主体培育有利于创新的环境，提供更大的创新空间，是各方面需要认真思考和解决的问题。

伟大的理论产生于伟大的实践*

各位尊敬的专家：

首先请允许我代表经济学院对各位光临我们学院表示热烈的欢迎，对荣获经济理论创新奖的各位同仁表示热烈的祝贺，感谢他们为中国经济理论的繁荣所做出的贡献。

今天的活动很有意义，这不仅仅是因为它是第四届中国经济理论创新奖的颁奖典礼，还因为这是自该奖项设立以来，第一次在一个与该奖项的赞助方也有关系的一个场所举办。我们这个报告厅是泰康人寿保险股份有限公司捐赠命名的。在那次命名大会上，我说过："从今以后，北京大学经济学院多功能厅这个名称将成为我们院史上的一个美好记忆，替代它的泰康报告厅将继续见证经济学院发生的各种重大事件——国内外著名学者、商界领袖和政界精英在此的聚会；许多重要的学术思想在此的碰撞；经济学院青年学子们在开学典礼、毕业典礼的隆重仪式中从这里的扬帆启航……泰康报告厅将继续承载我们的光荣与梦想，记录我们学院全体师生为中国经济改革和经济学科发展所做出的各种努力。"应当说，我没有失言。自泰康厅启用以来的短短3个多月的时间，其间还包括一个暑期，我们已经在此举行了50多场学术活动。包括诺贝尔经济学奖获得者在内的国内外著名学者在此发表真知灼见。就在本月初，在G20会议和北京论坛召开的前夕，我们邀请了蒙代尔先

---

* 在2012年第四届中国经济理论创新奖颁奖仪式上的致辞。

生在此纵论世界经济形势和欧元区的前景。当时来了900多人,但因为大厅最多只能容纳300多人,2/3的人没能够进来。今天,我们又齐聚在此,隆重举行中国经济理论创新奖的颁奖典礼,我想,我们学院、陈东升先生和泰康公司以及各位嘉宾都一定会认为这是一件很有意义的事情。

今天活动的主题是褒奖、赞颂经济理论的创新。经济理论研究的目的是什么?不是一帮子人吃饱了没有事干,因此在那里自说自话一通,孤芳自赏一通,它是为了解释现实和更好地指导实践。我认为,一个好的理论应当是深刻但同时又是简明的。纵观世界经济理论发展的历史,对推动经济理论的发展和指导实践起到了重要作用的、我们大家都耳熟能详的许多经典理论和实证研究,如"看不见的手"、科斯定理、路径依赖、菲利普斯曲线、库斯涅斯曲线等,都是深刻而简明的。中国经济理论的探索和发展的历程也证明了这一点。我很早就听过这样一个有趣的故事,可能在座的同仁也都听说过,说是中国的农民们用他们自己最生动、最易于理解的语言将中国改革开放的理论概括为"一块石头(摸着石头过河)、两只猫(不管白猫黑猫,抓住老鼠就是好猫)、三条鱼(三个有利于)、四只鸡(四项基本原则)"。想想看,还真是非常准确和贴切。正是在这样深刻而又简明的理论指导下,中国理论界拨乱反正、艰辛探索和创新,由此结出了累累硕果,有效地指导了中国改革开放的伟大实践。像这次经济理论创新奖推出的众多候选理论也都具有这个特点。

但需要指出的是,目前经济理论研究有一种过度追求技术和工具的倾向,有些文章甚至是为模型而模型,缺乏深刻而又简明的理论,这是在我们今后的理论研究中应当力求避免的。

2008年金融危机之后,有不少人提出,我们需要重新审视我们的经济理论,现有的一些经济理论有缺陷、经济分析工具也有问题。我认为,有些理论的确有假定条件过分脱离实际、过于主观的问题,但在很多情况下,如果说现有的理论没能够有效解释当下的实践以及解决当下的问题,可能不是那个理论的错,而是运用那个理论来解释当下问题的人的偏颇。我们今天生活的时代不说与亚当·斯密、马克思生活的年代有天壤之别,就是与凯恩斯、弗里德曼生活的时代也有很大的差异。经济学是一门致用之学，其理论来自实践又必须接受实践的检验。如果实践发展了，理论也必须随之发展变化，必须与时俱进，这是马克思主义理论的基本精神，这也是我们理论工作者的基本职责。

因此，在研究当今社会经济问题的时候，我们绝对不能忽略它的时代背景特征——全球化的深入，高度发达的信息科学的广泛运用，人口老龄化、高龄化对经济、社会各方面所产生的巨大影响，金融经济、虚拟经济不可阻挡的发展趋势，这一切都使得我们今天生活的时代呈现出高度、复杂的联系，经济、政治、社会等各种因素交织在一起，不确定性增大、风险传递、蔓延的速度加快等特点，任何一隅的问题都会很快地演变为全局性的问题，美国的次贷危机、欧债危机、全球流动性管理、温州民间借贷问题等都是典型表现。这就需要我们理论研究必须注重动态性、全局性、系统性和前瞻性四个维度。而目前我们经济中出现的许多问题和矛盾都反映出我们没有很好地遵循这些原则，而是"头痛医头、脚痛医脚"，有时甚至发生治反了的情况。因此，在看待、分析目前中国的经济问题时，我们一定要处理好治标与治本、政府与市场、长期与短期、局部与全局以及经济与政治、社会、文化等之间的关系。理论研究，特别是宏观经济的研究一定要建立在对整个经济的运作机理和国内外的客观环境具有深入而全面的把脉的基础之上。

谢谢各位，预祝今天的活动圆满成功。

大国的开放与开放的大国[*]

尊敬的各位嘉宾,女士们、先生们:

大家上午好!

很高兴我们今天在北京大学经济学院西南分院召开第七届北京大学经济国富论坛。首先,请允许我代表经济学院向各位表示热烈的欢迎和衷心的感谢。

北大经济国富论坛是北京大学经济学院一年一度的学术论坛,2011年发起设立,至今已经成功召开了六届。今年是中国进入"十九大时间"的首年;今年也是重庆设立直辖市的第20年;今年还是北大经济学院成立的第105年。在这样重要的日子里,北大经济学院在重庆设立了西南分院,并且由西南分院来承办此次国富论坛,由此来看,今年的国富论坛具有时间和空间的特殊意义。

明年是中国改革开放40年。40年的改革开放,将中国这样一个世界上人口最多的大国从一个封闭、贫穷的短缺经济体送上了日益富强的世界第二大经济体的位置。从1978年到2016年,中国的GDP从占全球经济总量的1.74%跃升至14.81%;占美国GDP的比重从6.3%上升到60.31%;人均GDP从155美元提高到8123美元。近些年来,中国对全球经济增长的贡献率都在30%以上。

---

[*] 2017年12月10日在第七届北京大学经济国富论坛上的致辞。

与此同时，中国的国际影响力迅速提升。特别是党的十八届三中全会以来，全面实施共建"一带一路"倡议，发起创办亚洲基础设施投资银行，举办首届"一带一路"国际合作高峰论坛、二十国集团领导人杭州峰会、金砖国家领导人厦门会晤等。中国在全球治理体系中的地位愈发关键与醒目。而在世界的另一头，西方发达国家的GDP占全球总量的比重从1980年的64%下降到目前的42%。一些西方发达国家的大国保护主义抬头，民粹主义、保守主义、孤立主义等呼声四起。

以中国为代表的新兴国家的群体性崛起与国际力量对比的深刻变化，提出了对世界多极化、发展机制包容性和全球治理机制有效性的诉求。世界格局在发生重大变化，新型全球化在呼唤新的推动力量。

《金融时报》首席经济评论员马丁·沃尔夫指出："目前全球化正停滞不前，在一些领域还出现逆转趋势，发达国家对全球化的推动力已不存在，未来全球化动力将主要源自发展中国家，特别是中国、印度等亚洲国家。"

世界对中国提出了期待，中国应如何回应？

习近平总书记在2016年亚太经合组织第二十四次领导人非正式会议上指出："经济全球化遇到波折，国际贸易和投资低迷，保护主义抬头。中国要坚定不移引领经济全球化进程。"党的十九大报告提出，"中国要主动参与和推动经济全球化进程，发展更高层次的开放型经济"，"对外开放是中国的基本国策。中国开放的大门不会关闭，只会越开越大"。

无疑，获益于改革开放和经济全球化的中国将继续分享由新型全球化带来的机遇，但与此同时，她也因需要承担更大的责任、面临更多的挑战而必须审时度势，更加自立自强。

首先，开放的大国必须要有强大的综合实力。这些年来，随着创新驱动发展战略的实施，我国的建设成果丰硕，天宫、蛟龙、天眼、悟空、墨子、大飞机等重大科技成果相继问世；在软实力的塑造方面也取得了长足的进展，从中文的兴起，到"一带一路"倡议、亚投行等，可以看出中国文化的吸引力、政治价值观吸引力和塑造国际规则和决定政治议题的能力在不断上升。但我们必须清醒地看到，中国虽然是第二大经济体，但还不是强国。进入 21 世纪以来,反映技术进步、规模经济和效率改进的全要素生产率虽然增长较快,但与世界第一大经济体的美国相比,差距仍然较大。中国的劳动生产率从 2000 年的 2023 美元跃升至目前的 8253 美元,而美国的劳动生产率早在 2000 年时就已达到 81316 美元,2017 年突破 10 万美元大关。2015 年,由预期寿命指数、教育指数和人均收入指数三项基本指标构成的人类发展指数显示,在接受排名的 188 个国家和地区中,中国居第 90 位。因此,如何在坚持中国特色社会主义道路自信、理论自信、制度自信和文化自信的前提下,进一步学习、吸收、借鉴国际上的有益经验,为我所用,让中国的"硬实力"更硬,"软实力"更强,是我们必须认真思考的重大课题。

其次,开放的大国必须有处理国际事务的高超能力。中国一直遵循互利共赢、多元平衡、安全高效的开放原则,这既是一种对外承诺,也是一种制度自觉。但问题是,在新的世界格局中,原有的国际平衡被打破,国与国之间可能产生新的诉求、新的摩擦,甚至新的争端。因此,对于重回世界舞台中央的中国,必须面对和警惕"修昔底德陷阱"和"金德尔伯格难题"。怎样处理好内部张力与外部压力之间的关系;如何利用世界话语在平等互利的前提下开展对外交往,塑造国际形象;如何在坚守"共同但有区别的责任原则"的前提下,逐步实现从"差别原则"到"共同责任"的转变;如何应对各种复杂的局面,化解各种矛盾和冲突,是我们必须直面和解决的重大问题。

最后,开放的大国必须有成熟的心智。经过 40 年的改革开放,中国取得了举世瞩目的成就,但我们仍然还是一个发展中国家,还处在社会主义初级阶段。对此我们必须要有清醒的认识。在质疑声中,我们不能妄自菲薄而必须保持足够的自信;在赞美声中,我们更不能自我陶醉而必须保持足够的自省。只有保持这样一种成熟的大国心智,我们才能行稳致远。

预祝论坛圆满成功,祝各位身体健康、事业顺利!

随笔录

　　经院是一座让人仰止的高山，是无数英雄豪杰托起了这座山峰；经院是令人眩目的大海，是无数夺锦之才汇成了这片汪洋。我总在对自己说，这世上优秀的人太多了，凭什么你在北大经济学院获得了这份教职？你为这座高山增添了什么样的石？你为这片大海贡献了什么样的流？因此，唯有努力工作、努力奉献，才能对得起这份荣幸，对得起百年辉煌的经院！

——摘自2012年北大经院百年院庆纪念文章
2012年2月26日

向大师致敬*

北京大学马上就要迎来 120 岁的生日了，很荣幸再次受邀为《精神的魅力》撰稿。转眼我在北大已经快 30 年了。从一名学生成为青年教师，从青年教师成为老教师，从一名老师成为"双肩挑"的学院负责人。变化的是身份，不变的是对北大深厚的感情。

我于 1989 年考入北大经济学院攻读博士学位，1992 年博士毕业后留校。1993 年，当时经济学院三个系中的经济管理系从学院分出去，成立管理学院，经济学院新增了保险学专业，院领导决定由我来出任保险学专业的主任。我当时博士毕业刚一年，感觉压力很大，于是很坦诚地对当时找我谈话的院长晏智杰老师说："谢谢院里对我的信任，但从教龄来说我还是一个年轻老师，教学和科研任务很重，恐怕难以承担这个重任，我能否不做？"晏老师说："对于一个年轻老师来说，的确应当主要把教学和科研做好。不过我们也征求了许多老教授的意见，大家都认为你做得很不错，当这个主任没有问题的。"

1994 年 8 月，我在当时美国林肯国民保险公司的资助下去美国印第安纳大学商学院学习保险学。春节的时候，晏老师给我写了一封很长的信，主要谈院里学科的发展。一年以后我按时回国去见他的时候，他对我说："当时有些人认为不应当放你出国，因为许多老师出去以后都没有回来，而你的条

---

* 收录于《精神的魅力》，北京大学出版社 2018 年版。

件不错，出去以后肯定也不会回来的。我当时跟他们说，孙祁祥会按时回来的，但说实话，心里也没有底，现在你按时回来了太好了。"之后他还在全院大会上表扬了我。后来我回想起那封信，信中虽然没有一句话提到希望我按时回国的事情，但我体会到了晏老师的那份良苦用心，我真的非常感谢他对我的信任，给了一个毕业才一年的青年教师为院里作贡献的机会。

1994年，北京大学中国经济研究中心成立。此时，经济学院、光华管理学院和中国经济研究中心被外界比喻为北大经济教学科研领域的"国有企业、合资企业和外资企业"，这一说法很形象。在现代经济学迅猛发展的时候，相比这些兄弟单位，由于历史的原因，经济学院教师队伍年龄的老化、知识结构的固化、机制的相对僵化等问题是比较突出的。一大批当时很有学术声望的老教授逐渐退休，而新的教师又不能马上顶上来，出现了明显的断层。而从硬件条件来讲，当兄弟单位的同事们都在被称为中国甚至世界上最好的办公环境中备课、做研究的时候，我们学院还与其他一些院系合用一座办公楼，一个系所有的老师共用10平方米左右的办公室，学院也没有能力为教师配备基本的如电脑、打印机之类的教学、科研设备。

我在做系主任的时候，经常遇到一些非常尴尬的情形，我想其他人也都肯定遇到过类似情景：正在堆满各种东西、非常简陋的办公室接待一位客人，另一位老师突然开门进来，因为他并不知道具有公共产权的办公室此刻正被其中一个人用着，进行一项重要的接待活动。当然，此时进来的老师通常反应都会很快，会很策略并很有涵养地说"对不起，走错房间了"。但客人很不解，"怎么，你们的房间大家共用一把钥匙？"后来当了副院长以后我有了一间5平方米左右的办公室，那绝对说得上是经济学院里的小康水平，因为其他教师仍然是系里所有老师共用一间办公室。即使这样，有时候接待外宾或者一些重要客人的时候，他们还是免不了感叹，"堂堂经济学院，一个副院长怎么才有这么一间简陋的办公室呀"。而在这个时候，我往往都会用原清华大学梅贻琦校长的"大学者，非大楼之谓也，有大师之谓也"的名言来"教育"他们，或者用"我应当很知足了，因为许多大教授包括我的导师萧灼基老师都没有自己单独的办公室"来宽慰自己。

经过全体师生的不断努力和学校、社会的大力帮助，学院的情况可以说发生了很大的改变。我们现在有了自己独立的现代化大楼，办公的硬件条件也大为改善。经院不仅原有的学术传统和优势学科得到了进一步的发展，而且新建了一批适应中国经济发展和制度变迁要求的新兴学科。2010年，在学院100岁生日的时候，我们隆重举行了包括杰出校友论坛、陈岱孙经济学基金发展论坛、新时代中国青年经济论坛、百年图片展、中国经济学教育论坛、庆祝大会、大型联欢晚会等几十场大型活动，出版了包括《百年图史》《百年华章》《先贤文集》《陈岱孙纪念文集》《北大校报经济学院百年院庆特刊》《北京大学经济学院优秀学术论文选编》等在内的十数种出版物，共计数百万字。纪念活动过后，我百感交集，写下了《一百天与一百年》的纪念文章。我感慨道："人的生命是短暂的，而我们短暂的生命却与具有辉煌厚重历史的经院的百年盛典产生了交集，让我们成为其见证者和亲历者，成为继往开来的一代，我们是何等的幸运！"

说到经院，不能不说到她的老师们。从我进入经院以后，他们在我的成长过程中对我的直接影响和间接影响都很大。在十年前出版的《精神的魅力》一书中，我曾经写过我的导师萧灼基教授，这里我想跟读者分享一下陈岱孙先生、石世奇先生和张友仁先生的一些往事。

当年，有关陈岱孙先生的话题和故事在燕园从来都是最有吸引力的故事之一。我进北大时，岱老年事已高，没有给我们直接上过专业课，但在四院的时候偶然也能见到他。1994年，当在新华社当记者的我的先生要去采访岱老的时候，我高兴地跟着"蹭听"去了。岱老当时已经是94岁高龄，但在接受我先生采访的一个多小时中，其思想之锐利、思维之敏捷、语言之精炼、风度之洒脱、心态之平和、境界之高尚，不得不让人折服，真是让我见识了什么是大家风范。当我先生问岱老"今后还有什么新的打算"时，岱老说了很长的一段话，我抄录在此，与大家共享："个人的年华，如逝水一般，于不知不觉中迅速地流失，不可否认，自己已经垂垂老矣。但我要承认我还挣扎着不肯服老，总想还能做些力所能及的工作。人们常说，'老骥伏枥，志在千里'，对此，我不敢奉为座右铭，因为年纪大了，再谈'志在千里'太空洞，何况自己当年是否是'千里马'还是个问题。还有个说法是'老马恋栈'，这是要引以为戒的。我认为'老马识途'或许可以为我所用。老马是在走了多少错路、弯路后，才迷途知返地认识了归程。回顾我60多年的教书治学的历史，的确走了不少弯路、犯了不少错误、收到不少教训，我希望今天的青年朋友们不要重蹈我的覆辙。为青年人在治学上提供这些覆辙的教训，这也许是我今后所能做的一种力所能及的事情。"作为享誉学界的泰斗，陈岱孙先生的坦诚、亲和、谦逊，让人无比敬仰！1997年，我荣获"首届陈岱孙经济学论文奖"，这也算是我对先生最好的纪念。

石先生是80年代末我在经济学院读博期间的院长。因为我不是他那个专业的学生，所以平日里并没有什么接触，只是因为后来发生了一件事情我去找过石先生，才有了一些接触。石先生退休以后身体一直不大好，我每次去看他的时候，他都很关心院里的发展，提一些建议。我当了院长以后去拜访他，请老院长传授经验，他对我说："我非常高兴你当院长，我知道当初你有从政的机会，但因为喜欢当老师而留校，我们就是要让没想当官的人来当院长。"他又说他当年是从北京市委调到北大来的，也没有想到自己会当院长。但既然当了，就要好好干。在他去世前的一两年中，他的身体状况更差了，但仍然非常关心院里的发展，在病榻上写下了"1977年以来主持北大经济系工作的五点体会，并'祝北大经济学院越办越好，人才济济，成为全世界最好的经济学院'"，字里行间饱含着对经济学院的深厚情感。我给先生回信说："看了您在病榻上写就的文字，我感动至极。您在文中所提到的五点体会对我们今天的工作具有非常重要的意义。从我做学生起到留校当老师，您一直是我极为敬重的先生。您用自己的言行诠释了教书、育人的真谛；彰显了正直、善良的人格。我衷心祝愿您能战胜疾病，早日康复。让我们在百花盛开的五月，共同庆祝百年经院的盛大节日。"但遗憾的是，先生没能挺过来。在百年院庆大会召开的前一个月，他永远地走了。得知他去世消息的时候我正在开会，当时禁不住泪流满面。在之后写的《缅怀》一文中我写道："有些人活着，其实早就死了。有些人死了，永远都还活着。"这话用在石世奇先生身上再贴切不过了。

张友仁先生是经济学院政治经济学专业的主要奠基人之一。他是2015年6月离开我们的。在好长的一段时间里,我都不敢相信,那样一个快乐、身子骨硬朗、笔耕不辍的"年轻老头"怎么说走就走了?说他是老头,是指他的自然年龄,93岁高龄的耄耋老人当然是"老头";说他年轻,是说他思维敏捷,精神矍铄。每次院里老教授聚会,他吃饭的时候,你感觉他都能把饭菜的美味"飘送"出来。

2012年,我们在北大为张先生举办了一场简朴但隆重的生日宴会,庆祝张友仁先生90岁诞辰。校方对张先生的寿辰非常重视。朱善璐书记因为参加党的十八大不能亲自前来,专门写来贺信,当时还是北大副校长的刘伟教授代表学校前来祝贺,厉以宁先生、张先生的学生林毅夫教授等都参加了生日聚会。当时厉先生深情地讲述了他与张友仁先生几十年结下的深厚情谊,高度赞扬了张先生的人品。

我代表学院的全体师生向张先生的90寿辰表示热烈的祝贺,向出席寿宴的学校领导和各位老师表示衷心的感谢,并特别借这样一个机会,以一个学生的身份,向先生表达了崇高的敬意和谢意。因为20多年前,张先生是我的博士论文的评审专家和论文答辩委员。我感谢先生对我的指导,并一直珍藏着跟先生的合影。20多年来,先生一直对我多有提携、帮助和指教,包括在我获得一些奖励的时候,先生会写上一封祝贺信从我办公室的门缝塞进来;当先生发表了有关学院历史或者人物的史料,也会放到我的信箱里。每每收到这些回忆文章,我除了惊叹他的记忆、他的勤勉以外,更敬佩他对学问、学者、学院的那份挚爱之情。在2012年举行的百年院庆的纪念大会上,先生作为教师代表发言,以他90年的丰富人生经历和90岁老人的睿智、风趣、幽默和热忱,震撼了全场,让人们领略到了北大经济学教授的风采。

先生仙逝之前的十多天,我还带着班子成员去朗润园他的家里看望他。当时先生躺在床上,精神还蛮好的,就是吃饭不大好。我嘱咐他的家人,尽量给他做些好吃的。临走时,先生跟我们招手,一再感谢我们去看望他,笑得那么灿烂。那个笑容至今仍定格在我的脑海中。过了几天,他的家人给院里电话,说是先生还是有些不适,需要住院。我当时想,先生就是工作太忙了,他需要静养几天。没想到,先生就这样永远地离开了我们。

北大经济学院之所以有今天这样的地位和声望,正是有像陈岱孙先生、石世奇先生、张友仁先生等一代又一代的辛勤园丁们,几十年如一日,坚持真理、刚正不阿、笔耕不辍、著书立说,言传身教、薪火相传。

说完老师再说说学生。我从1992年9月第一次在经院教书开始,至今已经教授过25届学生。我一直认为我非常幸运,能在中国最好的大学当老师,永远面对的是中国十八九岁到二十几岁的一批最优秀的青年,看着他们成长、成才、成功。这些年来,总有朋友问我为什么不见老。我说"老还是老了,可能变老的速度慢一些"。我想最主要的原因就是经院优秀的学生让我所拥有的满足感。我在许多场合都说过,虽然到目前来说,我这一辈子有过一些做其他事情的机会,如进政界或商界,但可能由于骨子里那份对校园的喜爱、对学生的喜欢,让我拒绝了一些在许多人看来不错的"诱惑"。但实际上,我应当说,正是自己的这份"清醒"、这份"坚守"与这份"执着",才使我有幸在北大度过与这些优秀学生相伴的岁月,让我有一份宁静和独立对专业问题进行自己的思考,由此为自己的人生带来许多的感动和感悟。

在经院的时间越长,对它的感情就越深。每每谈起中国这所最早的经济学科的辉煌历史,想起那些曾在此工作的、让人肃然起敬的前辈们,我总有一种朝圣般的敬畏之感。我常对自己和同事说,经院是一座让人仰止的高山,是无数英雄豪杰托起了这座山峰;经院是一片令人眩目的大海,是无数夺锦之才汇成了这片汪洋。这世上优秀的人太多了,凭什么你在北大经济学院获得了这份教职?你为这座高山增添了什么样的石?你为这片大海贡献了什么样的流?因此,唯有努力工作,努力奉献,才能对得起这份荣幸,对得起百年辉煌的经院!

"一百天"与"一百年"*
——记 2012 年的那个春天

北京大学经济学院百年院庆庆祝大会已逾半年之久。慢慢消退下去的骄傲、感动、兴奋的思绪,又被《壹评》杂志主编谢禹韬同学最近的来信勾了起来。他告诉我,《壹评》编辑部策划出版"经济学院百年院庆特刊",以经济学院院庆活动为主线,发掘百年院庆活动中同学、老师的欢笑、感动、体悟,全景展示各位同学、老师为经济学院百年院庆的付出和贡献,使之成为百年院庆留给经院师生的一份厚重回忆。这何尝不是一件我们一直想做,但苦于院庆之后事情特别多,所以一直还没有来得及做的事情。我感谢《壹评》杂志的同学们主动挑头来做它,使我有机会重拾过去一百天的回忆,与大家一起来分享一些院庆活动中的花絮和感悟。

策划实施

有关北大经济学院百年院庆的考虑在 2011 下半年就开始了,但真正密集地准备和正式启动主要是从 2012 年 2 月中旬开始的。3 月 15 日,北京大学朱善璐书记带队来院里调研,我们向他汇报了百年院庆活动的计划安排。朱书记当场表态:经济学院大师辈出,底蕴深厚,声名卓著,其百年院庆不只是经济学院的事情,而且是北大的一件大事,一定要办好。之后,北大两办

---

* 《壹评》"经济学院百年院庆特刊",2017 年 5 月 25 日。

（党委办公室、校长办公室）为此专门召开各部门的协调会议，要求各方认真配合，协助经济学院做好百年院庆活动，主管文科的北大副校长刘伟教授亲临指导，并参加了院庆期间的许多重要活动。可以说，没有学校、学校各职能部门和社会各界的大力支持，院庆活动不可能进展得如此顺利。

从 2012 年 2 月中旬到 5 月下旬这一百天左右的时间里，我和同事们召开了无数次会议，讨论包括活动内容及形式、人员邀请、宣传路径、礼品设计等在内的各种细节。在此期间，我们共举办了杰出校友论坛、陈岱孙经济学基金发展论坛、系列出版物发布会、首都十八所高校经管学院辩论赛、新时代中国青年经济论坛、百年图片展、中国经济学教育论坛、经济学博士与博士后论坛、招待酒会、庆祝大会、大型联欢晚会等 20 多场大型活动。加上学院各系、研究所（中心）主办的院庆讲座和论坛，共达百余场之多；出版了包括《百年图史》《百年华章》《先贤文集》《陈岱孙纪念文集》《北大校报经济学院百年院庆特刊》《北京大学经济学院优秀学术论文选编》等在内的十多种出版物，共计数百万字。全院的许多老师和学生为此奉献了大量的时间和精力，特别是我们学院党政班子的所有成员、老师、学生及校友。从学生艺术团的重组到教师合唱团的创建，从独具匠心的院庆礼品的设计到精美院庆视频的制作，从各种大型论坛的召开到各类出版物的发行……可以说，没有全院师生和校友的共同努力，就没有院庆活动的圆满成功。

名人题词

院庆活动中的一项重要工作是出版《北京大学校报经济学院百年院庆特刊》。大家一起商定了"特刊"的内容以后，各部门就各司其职，开始动手了。我的任务是作为院长写一篇压题文章，同时，还要请一些人书写题词。最初我们准备请好几十位，名单都列出来了。但后来觉得，还是少而精吧，这样易于操作和掌控时间。定下方案以后，我们"精选"了后来出现在"特刊"上的、很有代表性的 14 位题词人，其中还有两位外国人，一位是诺贝尔经济学奖获得者莫里斯教授，一位是微软的创始人比尔·盖茨先生。

我跟盖茨先生曾有过交往，那是在 2011 年夏天盖茨先生访问北大时，我主持了他的专场演讲会,反响热烈。他回国以后,还很客气地给我写过一封感谢信。经济学院百年院庆,我想是否可以请他为我们题词。于是,抱着试试看的心态,我通过盖茨基金会北京代表处给盖茨先生写了一封信。说实话,盖茨先生是世界名人,可以想象他每天有多少重要事情需要处理,我们诚意相邀,但也不敢奢望一定能够如愿。没想到邀请函发出后不久,我们就收到了盖茨基金会北京代表处寄来的快件,里面是盖茨先生写在一张卡片上的亲笔签名题词。看到卡片上写的"All lives have equal value, good economics for all",这句话,我的第一感觉是,这哪像题词?语句如此平实和平凡,跟百年院庆似乎毫无关系。然而,越琢磨越有味道,越琢磨越感觉其内涵的深刻。这里"good economics"和"for all"非常有说头。既然盖茨先生强调"好的经济学",那他一定暗示有"坏的经济学";既然有"所有"之说,就一定有"部分"之指。盖茨先生用这样一句话来为我们的百年院庆题词,或是赞许百年北大经院是"好的经济学"的发源地,或是希冀北大经济学院能够认真研究一下什么是好的经济学,怎样能让好的经济学造福天下和所有生灵?总之,我感觉他的题词似无却有,似虚却实,很有特点,含义深邃。

百年图展

百年图展绝对是院庆系列活动中最耗时费力,但也最让人感到震撼的活动之一。在学院发出征集老照片的通知以后,许多老师、校友,甚至经院家属都积极响应,提供了许多珍贵的照片。从5月21~26日,精心制作的大型图展在北大图书馆隆重展出。透过这精选的几百张珍贵照片,大家领略到了经院人"铁肩担道义、妙手著文章"的英雄气概;听到了经院人"一二·九"的爱国呐喊;看到了经院人上下求索的艰辛努力;感受到了经院人诲人不倦的蜡烛精神。一批批来自校内外的师生们驻足在一张张照片、特别是那些发黄的老照片前,静神凝思,体会着经院这座百年学院的深厚底蕴。

庆祝大会

5月25日上午在北京大学百周年纪念讲堂举行的百年院庆庆祝大会应当

说是整个庆典活动的高潮。那天,天气特别给力,艳阳高照,晴空万里,整个燕园充满着喜庆的气氛。校内外领导、嘉宾与2000多位来自世界各地和各行各业的校友代表以及在校师生代表都像过节一样地开心、快乐。那天的一切活动都非常顺利。党委书记章政绝对具有"金牌主持人"的范儿,从头到尾的主持在时间的把握、气氛的烘托上恰到好处。精心制作的院史视频带着观众穿越100年的时光。全国人大常委会副委员长司马义·铁力瓦尔地、全国政协副主席阿不来提·阿不都热西提亲临现场,朱善璐书记宣读李克强副总理的贺信,除我代表学院致辞以外,教育部鲁昕副部长、周其凤校长、校友代表上海市副市长屠光绍、兄弟单位代表清华经管学院钱颖一院长、教师代表90高龄的张友仁教授和19岁的学生代表张驰等都发表了精彩的致辞,9位老教授代表上台接受教育部领导和书记、校长颁发的"教书育人终身成就奖"牌匾以及各界校友代表的献花……整个庆祝大会大气而不失精谨,庄严而不失亲切,隆重而不失清雅。结束以后,各方好评如潮。

　　李克强副总理的贺信在庆祝大会上掀起了一个高潮。他在信中愉快地回忆道:"北京大学是我的母校,我在这里做了10年的学生,其中有6年时间是在攻读经济学院的硕士和博士。北大的校训学风和学养深厚的大师,使我受到了深深的熏陶,终身受益,同学们苦读钻研、激扬讨论的场景至今仍历历在目。"同时,李克强副总理还对经济学院的"新的百年"提出了殷切的期望,"希望学院继续弘扬北大优良传统,在传承中创新,在砥砺中奋进,坚持宽视野、厚基础、重实践,育有志有为肯担当的人才,出经世济民居一流的成果,更紧密地融入中华民族伟大复兴的历史进程之中,不断实现新的超越"!李克强副总理的贺信让经院全体师生和校友倍感温馨和振奋!

　　宣读贺信期间还发生了一个小插曲。当朱善璐书记宣读李克强副总理贺信时念到"善璐、其凤并祁祥同志"时,会场上突然想起了一些掌声。我们在台上的人开始还以为是观众对贺信抬头称谓的回应,后来才知道是因为朱书记念到此时,张友仁先生正由两位工作人员搀扶到台上,走向他的席位,观众实际上是对张先生的到来报以掌声。先生通常是一位很守时的人,按道理说,这么大的一个会议,他是不会迟到的。会议结束后我了解了一下情况,才知是信息沟通方面的失误。在随后作为教师代表发言时,张友仁先生以其既风趣幽默又主题鲜明的讲话给观众留下了深刻的印象。三年以后,先生在北京仙逝。但他的音容笑貌永远定格在百年院庆的纪念大会上!

联欢晚会

在最初的活动策划中是没有大型联欢晚会的。但后来讨论时有人提议,上午是庆祝大会,大会结束后大家可能会意犹未尽,如果有个晚会可能使整个庆典活动会更加完整。大家接受了这个建议,这台晚会也成为整个院庆活动中"叫好又叫座"的重要活动之一。

经济学院举办的高端研修班中有一个导演班,其中有不少名导。他们自告奋勇,主动提出帮学院策划这台晚会。大家热情很高,也开了很多次会议,光我个人出席的策划会就达五六次之多。我希望我们的晚会能够体现"从简朴中见大气、从喧嚣中见深邃、从杂样中见逻辑"的风格;以学生和老师为主角,并邀请一些"大腕儿"来助兴。从最终的结果来看,应当说达到了这个目标,晚会总导演游佳松先生是一位非常敬业和专业的人士。晚会以100年前的上课钟声开始,学生再现的北大"一二·九"运动、经院教师《燕园情》和《青春之歌》的合唱、著名歌剧表演艺术家金曼的领唱、著名歌唱家蔡国庆的独唱、校友的演唱、北大舞蹈团的群舞等贯穿其中,以全场合唱《走向复兴》收尾。在我看来,舞台布景美轮美奂、节目大气磅礴,它是我们全体演职人员精心合作的成果。晚会大获成功,获得广泛好评,许多没能现场观看的校友和学生们后来都向院里索要光盘。

演出过程还出现了"惊心动魄"的一幕。按照演出计划,我先是要身穿专为院庆制作的院衫跟三十多位老师一起合唱《燕园情》和《青春之歌》。然后再换上正装,在蔡国庆演唱完之后,由主持人邀请上场,回答主持人的问题。之后再走向舞台中央,指挥全场观众齐唱《走向复兴》。当我跟同事们的合唱结束以后,我去找刘洁要我的套装。她麻利地从包里取出衣物给我。我一看东西,问了一句:"这咋穿呀?"因为打底衫(吊带)不在里面。我一问,她也傻眼了。于是冲出房间,在走廊中大叫:"谁有吊带,谁有吊带?"这时,金曼正好走过来,她冲上去对着金曼大叫:"你有吊带吗?"搞得金曼惊愕不已。时间过得飞快,台上的节目一个接一个,马上就快到我了。在蔡国庆演出完之前的最后几分钟,刘洁终于在她的车里找到了打底衫。我赶紧换上套装,惊魂甫定,马上就被主持人请上了台。由于最后这些天每天睡得很少,上台前又突然来了这么一出,开始还真担心脑子会乱。谢天谢地,后来一切都很顺利。我"镇定自若"地回答了主持人的问题,然后走向舞台中央,指挥全场齐唱《走向复兴》。晚会结束以后,几个同事和学生把我请到家门口的咖啡店庆祝晚会成功时,我累得完全麻木了,想说的话太多太多,但是却一句都说不出来了。

继往开来

　　整个院庆活动结束以后,我和我的同事们收到了许多领导、校友、学生、朋友的来信与来电,盛赞庆典活动。一位校领导对我说,经院举办的庆典活动,论其规模、水平和影响,在院系一级堪称北大之最。在院庆大会之后好长的一段时间里,许多领导和朋友见到我时,还要不时地提到院庆活动。但我清楚地知道,这次院庆活动之所以留给大家如此深刻的印象,不是因为"百天的策划",而是因为经院"百年的积淀";不是因为"百天的热闹",而是因为经院"百年的凝重";不是因为"百天的震撼",而是因为经院"百年的影响"。

　　人的生命是短暂的,而我们短暂的生命却与具有辉煌厚重历史的经院的百年盛典产生了交集,让我们成为其见证者和亲历者,成为继往开来的一代,我们是何等幸运! 一百天在一百年的历史长河中是那样的微不足道,以至于我们可以完全忽略不计。然而,2012 年春季的这一百天却是如此的立体和充盈:在这一百天中,我们以 100% 的虔诚回望历史;以 100% 的敬重缅怀先辈;以 100% 的真诚反思成长;以 100% 的坚毅眺望未来。我们真的感谢上苍,给了我们这一百天,来穿越经济学院那风云激荡的一百年! 但是,这一百天的意义绝不能仅仅用时间单位来衡量,它,给了我们全体经院人以强烈的自豪感、荣誉感、使命感和责任感;它,开启了经院下一个辉煌百年的巨幅帷幕!

出国远行，请带上一面"镜子"*

我怀着极大的兴趣一口气读完了这本 12 万多字的《北大经济学院学生对外交流成果汇编》。同学们从美洲到欧洲再到亚洲的游历，从耶鲁到牛津再到港大的学习，把我的记忆带回到自己第一次、第二次乃至第 N 次的出国经历。那种满心期待、那种惴惴不安、那种对异国他乡的新鲜感、那种思乡的愁绪、那种对比、那种反思……我都曾经历过。

说实话，现在的年轻人很幸运，许多人在青年甚至少年时代就有可能开始"行万里路"。而我在他们这个年龄的时候，别说身体力行地远渡重洋，连想都没想过。不敢想，也没有念想的基础。

1994 年，在我已经"一把年纪"的时候，第一次去美国做访问学者。《中国青年报》为我开辟了一个名为"域外学闻"的专栏，我为这个专栏写的第一篇文章就是《美国：一个真实的国家》。不长时间的观察、接触和了解让我感到，美国有美国的问题，但她比我想象的更发达、更先进。在美国经历的许多事情跟我去美国之前自己的主观想象大相径庭，这就是为什么说"百闻不如一见"。之后的 20 多年里，我去了包括北美洲、南美洲、大洋洲、欧洲、亚洲的几十个国家和地区。出国的经历让我看到了自己国家的美好，当然，更看到了中国与其他国家的差距。

出国游历，是一个开阔视野的过程，是一个提升自己各方面能力的过

---

* 作于 2014 年 5 月 20 日。

程，更是一个反思成长的过程。如同刘笑语同学所述："短暂的游学让我看到了人生更多的可能性。现在的自己，面对未来的选择更沉着。"也如郑雨薇同学所思："我变得更宽广了，更懂得包容了。"更如高庆昆同学所悟："当我离开这个国家的时候，不是告诉其他人，美国有多么完美，而是应该真正地审视过这个国家的利弊与大千，告诉身边的人，我们应该怎么做才能做得更好。"对同学们的所述、所思和所悟，我深有同感。

出国游历，还应当是一个爱国意识提升的过程。14年前，我去美国哈佛大学经济系和美国国家经济研究局做访问学者，租住在离单位很近的 Mass Avenue 大街的一处公寓里。回国前去办理退租手续时，房东对我说："在你之前好多国家的人都在我这个房子住过，你是最好的房客。今后我很愿意把房子租给中国人。"我想了想，我也没有做什么特别的事呀，无非就是一天都不差地交房租，从不带一群人来在房间里开 party，小心地使用着房间里的家具和用具，退房前把房间认真打扫了一遍。这不都是很正常的、应当做的事吗？但房东对我，进而对中国人的赞赏让我感到高兴。我们每一个中国人都应当意识到，在海外，你不是"张三"、不是"李四"，不是"王五"、不是"赵六"，你是中国人。张三驾豪车成为"中国学生"摆阔的标志；李四随地吐痰成为"中国人"素质低的证据；王五问鼎学业最高奖项成为"中国人"聪明智慧的象征，赵六诚实守信成为"中国人"忠信礼义的范本。总之，我们每一个个体到了海外，你的所言所行往往就成为外国人评判"中国人"的依据，在中国难道不也是这样吗？当一位"老外"做了为人不齿的事情，人们记不住他是比尔还是汤姆，人们记住的、斥责的，是那个"什么什么国家的人"。现在讲社会主义核心价值观，公民层面的核心价值观的第一条就是爱国。爱国的方式多种多样，你通过你的所作所为让外国人看到中国人的真善美，这就是爱国的一种具体体现。我们北大经济学院的学生一定要有这种强烈的爱国意识和集体荣誉感。在外好好学习、好好工作、好好生活，通过自己的良言善行，通过自己的骄人业绩，为祖国增色、为北大增光、为经院添彩。

我总是鼓励我的学生，有机会的话，一定要到国外走走，或留学、或访学、或交换学习，或者就是旅行。但不仅仅只是带着现金，更重要的是带上一面"镜子"——照自己，正衣冠；照国家，找差距；照未来，思进步。

视野与近像*

在各种新媒体如雨后春笋般出现之时,《后 E 视野》承载着"北大后 EMBA 精神家园"的使命横空出世。她跨越微信、期刊、手机报、电邮等多种媒体业态,以深刻而客观的洞悉、富有前瞻性的战略思维立志,期冀做中国社会思想界的引领者。对此,我充满敬重和期待。

当看到这个名称的时候,我想读者一定会如我一样,用规范经济学的术语问上一句:后 E 视野,这应当是什么样的一个视野?

我想,"后 E"无疑应当具有全球视野。在全球化的今天,"think globally""act locally"早已成为人们行动的指南。"后 E"无疑应当具有创新视野。物竞天择,适者生存。在竞争越来越激烈的环境中,不在创新中发展,就在故步自封中灭亡。"后 E"更应当具有人文视野。经济发展是手段,人类社会的终极目标应当是人的全面发展。

当代科技的发展让我们视野的加宽、更广变得如此简易——只要我们真的愿意学习、真的愿意思考。但随着"视野"的宏大,有时我们对"近像"却变得麻木、漠然、甚至冷酷。

美国知名科技作家兼思想家尼古拉斯·卡尔曾经说过,战士把望远镜放在眼前的时候,他能看到的只有镜头允许他看到的东西。他的视野变远了,却对近处的景象视而不见。

---

* 2014 年 5 月 4 日为北大经济学院《后 E 视野》作序。

互联网或许是"罪魁"之一。现代社会真如有人所描绘的那样,"当天涯成了比邻,比邻就成了你的陌生人"。现代通信工具使得信息几乎可以做到全球同步传播,国界的概念在网络时代趋于淡化。但当我们的"视野"投向了地球的另一端时,我们却不知道,或者不关心身边发生了什么!

然而,指责互联网成为忽视"近像"的根源,就如同指责科学家发明了武器,由此造成人类杀戮一样荒谬。虽然我不赞成美国人持枪的政策,但我赞成美国步枪协会的争辩:"Guns don't kill people, people kill people."工具没有错,错在使用它的人。

由此可见,对"近象"麻木、漠然甚至冷酷的原因,在很大程度上要从我们所处的社会环境中寻找,从制度中去寻找。当"老人摔倒了该不该扶"成了一个全社会讨论的话题时;当"不要与陌生人说话"成为孩子成长中的谆谆教导时;当一再挑战社会公德底线的假冒伪劣和坑蒙拐骗肆虐时;当一再发生的对需要救助者的冷漠时;当人们一边高喊环境保护的重要性,一边任意踩躏我们赖以生存的地球时……我们不得不反思我们的教育制度,反思我们的经济和公共政策,反思我们的社会机制。如果我们光讲大视野,空谈大道理,不去采取具体措施和实际行动来解决这些问题,那么,这些"近处的景象"就会蔓延发展成为社会的沉疴。

毋庸置疑,凡成就大业者,无不具有远大的理想、宏伟的抱负和宽广的视野,但脚踏实地的精神、从小事做起的志向、关注"近像"的情怀,托起了大业的底基。这些东西,应当是"后E"们的特质,也应当是《后E视野》的名签。

以史为鉴 可知兴替*

——《继承者：日本长寿企业经理秘籍背后的故事》序

大年三十，筱卉通过微信送来她的新年祝福，同时发来《继承者：日本长寿企业经营秘籍背后的故事》（以下简称《继承者》）一书的导论、内容概要等。大年初一，她又发来18万字的全书成稿，并一再道歉，"真不好意思，明明知道您那么忙还要耽误您的时间，特别还是大过年的……"

我是去年5月与王筱卉女士在日本相识的。当时恰逢《中日和平友好条约》缔结40年，我应邀在东京大学发表演讲，筱卉友情出场，担任我的日语翻译。她的敬业、专业、优雅、热情，给我留下深刻的印象。临别时，她提到自己来日本快25年了，一直在做中日文化方面的交流工作，目前正在和后藤教授合作撰写一本关于日本长寿企业秘诀的书籍，希望成稿之后我能为之作序，我当时欣然允诺。

春节期间本无做任何文字工作的动力，但看了书稿以后，我重燃工作的热情——虽然有着写序这一"硬任务"的"压力"，但更多的是书中的内容所带给我的那份感动和敬佩，那种欲言的冲动。

日本，这个人口寿命居世界前列的国家，也是世界上长寿企业最多的国家。《继承者》的作者用权威的数据和翔实的事例，向我们展示了日本长寿

---

* 作于2019年2月14日。

企业的风貌：从创立于公元578年，至今已有1400多年历史的株式会社金刚组（大阪市天王寺区四天王寺）算起，根据2014年公开发表的权威统计数据，日本的"百年老店"企业2.5万家，以占全球136个国家和地区百年以上历史企业的40%而雄踞世界第一。这些长寿企业虽然仅占日本260万家企业总数的约1%，本书收录的50多家更是一个"小众群体"——许多甚至不一定是大型跨国公司和世界500强，但它们却以其悠久的历史、卓越的声誉，服务着日本乃至全世界的消费者，并为我们观察日本经济发展史、思考企业的价值，辨析"守成"与"创新"、"传统"与"现代"、"多元化"与"专业化"、"大"与"小"等之间的辩证关系，提供了一个绝佳的视角。

可以说，没有一个真正的企业家在创立企业的时候就想着几年后歇业。但即便创业者胸怀鸿鹄之志、经营管理者渴望基业长青，现实中的"百年老店"依然是凤毛麟角。无疑，任何一家"百年老店"能代代相传，都经历过"九死一生"的考验。然而，创立于1752年的料亭锷甚的第16代女将锷正美却表示："为什么持续经营了这么多年呢，其实并没有什么特殊的秘诀，我们就是每一代都跑好接力赛把接力棒传给下一代，就这样传到了第16代。"

一个历经260多年却依然兴盛的企业，没有什么特殊的秘诀？好一个风轻云淡！但我却从这个"风轻云淡"中读出了锷甚家族成员骨子里的那种坚韧与洒脱。

麦肯锡在2001年做过一个调查，发现1914年最早评选出的100强企业只剩下柯达、通用、福特、杜邦、宝洁等18家公司。物竞天择、优胜劣汰，这是自然界和人类社会通行的生存法则，因此，指望所有"出生"了的企业都能"长生不老"似乎是不现实的。但问题是，为什么这18家留下了？

因此，长寿企业一定有其秘诀！

感谢后藤教授和筱卉女士通过50多个真实的案例，为我们展开了一幅日本长寿企业波澜起伏的历史画卷。作者以独具慧眼的观察、细致生动的叙述、出凡入胜的分析，从企业内部、外部、意愿和志向，以及日本特有的思想文化因素四个方面，揭示了日本企业长寿的秘诀。从中我们看到，这些企业不管处于什么领域，不管规模大小，它们都具有共同的基因：诚信经营、恪守承诺、坚忍不拔、客户至上、变革求新、追求极致……

那么，这些特质又从何而来呢？

作者在第二章以一个整章的篇幅探讨了基于传统思想文化之上的商业精神，这是我最喜欢的篇章之一。作者设问："日本为什么会成为世界长寿企业大国呢？究其最重要的原因，是企业利他之心的思维方式。"于是，我们从作者的梳理中看到，从被誉为"创造了日本资本主义理论的人物"铃木正三到"石门心学"的鼻祖石田梅岩；从日本著名的思想家二宫尊德到被誉为"日本资本主义之父"的涩泽荣一；从被誉为日本"经营之神"的松下幸之助到被誉为日本"经营之圣"的稻盛和夫……尽管这些享誉世界、对日本各个时代的商业精神有着巨大影响的人物处于不同的时代，但他们都具有一个共同点，即都极力推崇"摒弃一己私欲、体恤他人、持利他之心"这样的一种商业精神。

我特别欣赏松下幸之助之所言："企业是社会的公器。"他提出，"企业必须和社会一起生存和发展。如果仅仅是自己的企业繁荣昌盛的话，那只是一时的现象，不可能持久的"。这是自然的道理，更是社会规律。自然和人类共荣共存是原本应该有的姿态。让员工深刻认识到企业存在的社会责任感和使命感，并且要有为实现这个使命的计划日程。这也是为人们所大力称道的松下幸之助的"水道的哲学"，即"要让电器产品像自来水龙头的水一样，以很便宜的价格送到消费者手上，这是松下电器的使命"。

循着这样一种商业精神，我们再跟随作者去探访日本这50多家百年老店，你可以看到这些企业创业时的艰辛甚至挣扎磨难，守业时的坚韧甚至遍体鳞伤；你更可以看到企业的匠人精神、诚信经营，对产品的精益求精、对顾客的有情有义、对社会的慷慨回报；但你绝对看不到商业欺诈、看不到弄虚作假、看不到粗制滥造、看不到敷衍塞责。这里没有什么大道理，但你得天天坚持、百年坚持，甚至千年坚持，这，就是成就长寿企业的精义所在。

当然，这种商业精神也可以在中国的许多"老字号"中找到，它们均源于中国博大精深的优秀传统文化。中日两国一衣带水，在漫长的历史岁月中，中国的孔、孟、老、道，《大学》《中庸》《论语》《春秋》《心学》等，都在各个历史阶段对日本产生过重大影响。一生创办过 500 多家企业的涩泽荣一，从干实业的第一天起，就把中国儒家经典《论语》当作自己的行动指南，并号召日本人做一手拿《论语》，一手拿算盘的企业家。清代启蒙思想家、政治家魏源的《海国图志》也对日本产生了巨大影响。日本著名作家井上靖曾指出："幕府末期日本学者文化人等，例如横井小楠的思想起了革命，倾向开国主义，其契机就是读了中国的《海国图志》。"晚清名臣、学者徐继畬的《瀛寰治略》一书被日本学者誉为"通向世界之指南"，对日本的明治维新具有启导之功。

坦率地说，由于我父亲是 1938 年参加革命的老八路，我从小对日本有着一种复杂的情感。但在 1993 年第一次随北京大学代表团访问日本以后，我不得不由衷地敬佩日本人的敬业、严谨、礼让、信守承诺、恪守规则。社会发展的历史一再证明，学习、吸收、借鉴人类一切优秀的文化历史传统，是一个民族强健自身的重要因素。在这一方面，日本是我们的一面镜子，中国应当认真向日本学习。

筱卉和后藤教授很客气，说是我能答应为这本书写序是他们的荣幸。但我想说，能享受先睹为快的乐趣并获益良多，这是他们给我的一份荣幸。读罢《继承者》一书，我的感受是：想要冷静洞察世事变化的人，想要掌握企业成功秘籍的人，想要铸就"百年老店"的人，想要了解日本历史文化传承的人，甚至，想要从智者那里获取人生智慧的人，都能从此书的阅读中获益。

是为序。

政府与市场的边界 *

长期以来,人们在批评政府干预经济活动的时候,喜欢用一个说法,叫作"政府越位、错位、缺位现象严重"。这实际上隐含了一个前提,即在现实中存在一个市场和政府作用的边界。这就好比画了一条公认的线,线的这边是政府应该做的事情,线的那边是市场应该做的事情。如果说我们能够清晰地画出这样一个边界,那事情当然就容易多了。然而,经济活动是非常复杂的,不像体育竞技比赛那样。但这并不妨碍我们提出一个大致的标准。我认为这个标准有三个维度,即政府不能做什么、政府可以做什么或者应当做什么以及政府必须做什么,以此来判定政府的行为是否越位、缺位和错位。

客观地说,"政府不能做什么"没有一个严格的标准和答案。但如果是搞市场经济,那么,在正常情况下,政府都不应当直接干预经济活动。这是市场经济与计划经济最本质的区别。

那么,政府为什么不能够直接干预经济生活呢?第一是管不了,第二是管不好。市场经济是一个涉及千百万生产者和消费者基于瞬息万变的信息作出决策而发生的生产、交易、消费活动,政府根本不可能有足够的精力和能力去管理这么细微、烦琐和日常的经济活动。即便政府有足够的精力,美国公共选择学派的代表人物布坎南等的研究也告诉我们,国家不是神造的产物,它并没有无所不能的天赋。国家只不过是一种人类组织,在这个组织中

---

* 发表于《中国金融》2014 年第 11 期。

作出决策的人和其他人并没有什么差别，既不更好，也不更坏，也很可能犯错误。并且，由于这些人所支配的权力是垄断的，权力本身又可以"无穷透支"，这些人所犯的错误往往对社会危害更大。如果政府一定要插手日常经济活动，那就势必会出现美国供应学派的代表人物乔治·吉尔德所分析的那种情况。吉尔德认为，"政治在很大程度上是一门涉及保险的科学，国家的中心任务就在于管理与分散风险。作为保险业管理者的国家如果不能谨慎地设法使保险与风险取得平衡，那么，它自己将被置于一个无法克服的险境之中"。国际经验反复证明了这一点——过度的政府干预会扼杀微观主体的活力、抑制创新、导致结构失衡。

改革开放之初，党中央提出"以经济建设为中心"，在新的市场经济制度没有建立起来之时，政府发挥其动员和组织资源的作用，设立必须达到的经济增长指标，甚至直接参与一些经济活动等，应当说是可以理解并接受的。但随着市场经济制度的逐步建立，政府就应当逐渐在许多领域退出，由市场来充分发挥作用。但现实却是，政府在许多应当退出的领域不仅没有退出，反而干预更甚。大量资源仍由政府分配，价格管制、土地批租、基础设施建设垄断以及大量的行政审批现象严重。1997年党的十五大已明确提出，国有经济需要控制的，只是"关系国民经济命脉的重要行业和关键领域"，但之后有关部门却又强调，国有经济应对军工、电网电力、石油石化、电信、煤炭、民航、航运七大行业保持"绝对控制力"，对装备制造、汽车、电子信息、建筑、钢铁、有色金属、化工、勘察设计、科技九大行业的重要骨干企业保持"较强控制力"。

在有些经济活动中，本应是市场发挥作用的，但因为各种原因，特别是盈利性的原因，市场不愿意作为，那么，政府就可以而且应当介入，在这种情况下，市场和政府的活动可能产生交集。但判断是由市场还是由政府发挥作用的基本前提是"政府不与民争食"。它的含义很明确，即市场能够做的、愿意做的，那就放手让市场去做；市场不愿意做的，政府就可以进入，以弥补市场的失灵。美国商业保险的车险、洪水保险等都是政府弥补市场机制失灵的典型例证。在车险领域，因为有些被保险人的风险状况很高，商业保险公司不愿意承保，因为即使提高费率，保险公司面临的风险也很大。但这些人恰恰是最需要车险的一个群体。怎么办？政府或者通过规定相应的市场份额比例要求保险公司对高风险人群提供保险；或者通过补贴的方式让商业保险公司有积极性来提供车险。洪水保险也是一样。政府规定，在洪泛区，人们购买了商业保险就能够得到政府的相应补贴，否则就没有。通过这样一种方式来提高市场作用发挥的程度。各个国家的政府也承担着维护国家利益、提升该国国际竞争力的职责。许多国家的政府首脑也是该国重要支柱产业或者产品的"首席推销员"。不仅我们的政府首脑到国外去推介我国的产品，国外的首脑来到我们国家也是一样。

对于"政府必须做什么"，我认为至少必须做以下几个方面的事情。

一是政府必须保护合法产权。如政府应当保护公民的财产权、继承权、不动产，特别是应当高度重视保护知识产权，不断建立和完善知识产权制度。目前我们制定实施了《国家知识产权战略纲要》，不断加大保护知识产权的力度，说明在这方面大家已经形成共识。

二是政府必须创造和维护公平竞争的市场环境。以美国为例，美国是一个高度市场化的国家，但实际上美国的管制也是相当多的，而这些管制的初衷就是为了创造和维护公平竞争的市场环境。例如，美国司法部在1984年强制将AT&T拆分成七个公司就使得美国通信业进入了竞争时代。在美国是可以带号转台的。这是因为美国出台了法规，不允许电信公司强制消费者换号，因为这种做法阻碍了公平竞争。而在中国，消费者要换运营商就必须更换电话号码，人为制造垄断，严重影响了中国电信消费者的消费体验。

三是政府必须提供基本的、均等的公共服务，这包括医疗、教育、养老等在内的一系列服务。《国际统计年鉴》2013年的数据显示，2009年德国社会福利支出占中央财政支出的70.4%；2011年美国社会福利支出占中央财政支出的45.1%。而《中国财政年鉴》2012年的数据显示，我国社会保障支出仅占财政支出的10.17%；中央财政用于社会保障和就业方面的支出仅占中央财政支出的3%。

四是政府必须在发生重大的、影响经济正常运行的人为灾祸或自然灾难的情形下，提出应急预案并组织实施。西方发达国家在很长一段时期内是相信市场经济万能的，但是在几次重大危机发生以后，人们的观念发生了改变。美国在"9·11"之后第11天就发布了《航空交通安全和系统稳定法案》，而通常来说，美国的立法程序是非常缓慢的。该法案设立了由美国政府专项拨款建立的"9·11"受害者赔偿基金，受害者家属可以在两年之内提出赔偿补助，前提是必须放弃对其他任何责任方提起诉讼。这样一项法案的出台对于稳定美国航空业以及百姓的生活，帮助受害人及其家属尽快回到正常轨道起到了重要作用。在不到三年的时间里，97%的受害者家庭申请了赔偿。可见，在特别重大事件发生后，政府必须快速反应，提出应急预案，并积极组织实施。当然，应急预案的提出和实施不能"饮鸩止渴"，或者说，不能出现像李克强总理所批评的"今天的垫脚石变成明天的绊脚石"的现象。

　　五是政府必须基于公共利益和公共安全保障的角度，对民众短视行为和损人行为进行强力修正。大至建立社会保障制度、交通强制保险、工伤责任保险、环境责任保险等，小至对开车必须系好安全带、骑摩托车必须佩戴头盔，甚至在某些地方某些时段的声音分贝不能超过多少的规定等，政府都有义务制定法规并且采取严格的措施进行保障等。

"三大规律"与"五合发展"[*]

莎士比亚曾经说过"凡是过去,皆为序曲",始自20世纪70年代末的改革开放,不管是辉煌还是荣光,不管是矛盾还是问题,都将成为未来中国改革、开放、发展的序曲。

有理由自信而没有理由自负

改革开放至今短短40年时间里,中国从一个封闭的短缺经济体逐渐成为一个开放的世界第二大经济体,人民的生活水平得到了极大的提升和改善。从1978年到2016年,中国的GDP从占全球经济总量的1.74%跃升至14.81%。近些年来,中国对全球经济增长的贡献率都在30%以上;人均GDP从155美元提高到8123美元。按照世界银行每天1.9美元的标准,我国贫困人口的比例从1978年的70%以上下降到目前的2%以下,远低于世界平均10%的水平。恩格尔系数从60%下降到31.1%,达到了联合国相对富裕的级别。正是这些让世人瞩目的成就,让我们可以充满自信和底气地说:中国从来没有像今天这样,离中华民族伟大复兴的梦想如此之近!

然而,我们却绝没有理由自负。尽管取得了巨大成就,但与世界发达经济体相比,我们仍有不小的差距:2016年,我国人均国内生产总值只相当于全球平均水平的80%、美国的14.13%、欧盟的23.30%,排在全球第68位。根据联合国人类发展指数的排序,在2015年参加排序的188个国家和地区

---

[*] 发表于《中国金融》2018年第1期。

中，中国排在第 90 位。国家统计局和有关机构的权威资料表明，目前我国经济"大而不强"的特征仍然明显，科学技术、人力资源、生产资本等要素水平与发达经济体相比还有较大差距。我国许多产业仍处于全球价值链的中低端，关键领域核心技术受制于人的格局还没有得到实质性的改善。企业的国际竞争力总体上还不够强，特别是在品牌、质量、标准上的差距还较大。我国引进外资、对外投资、对外贸易实现了历史性跨越，但目前人均利用外资仅为世界平均水平的 50% 左右，出口产品附加值不高等问题尚未得到根本解决。

三大规律下的中国未来发展

尽管这些年来的改革取得了很大的成效，但发展方式粗放、经济结构不合理、发展质量和效益不高、城乡区域发展和收入分配差距依然较大等矛盾和问题还没有完全得到解决，社会矛盾和问题交织叠加。

党的十九大报告提出，在全面建成小康社会的基础上，分两步走在 21 世纪中叶建成富强民主文明和谐美丽的社会主义现代化强国。这一任务是宏伟但又具体的。而我们也必须清醒地认识到，今天的中国和改革开放之初的 40 年前相比，国际环境、发展约束、发展机遇与挑战也是完全不一样的。

首先，从大国演进的规律来看，在人类发展的进程中，在不同的历史时期出现过不同的世界性强国。以地理大发现至今的 500 多年为例，大航海时代的葡萄牙、西班牙、荷兰等，工业革命时期的英国、法国等，第一次世界大战后的美国等，都扮演或者至今仍在扮演世界强国的角色。这些大国的共同点是：都遇到了比较难得的发展机遇，都在不同时期世界秩序的形成过程中发挥过重大作用，都在崛起过程中遭遇强劲的对手，其中不乏各种冲突与战争。这就是为什么在中国近些年来综合国力和国际影响力迅速提升以后，"修昔底德陷阱"一再被提及的重要历史依据。在中国迅速崛起的背景下，西方发达国家的 GDP 占全球总量的比重从 1980 年的 64% 下降到目前的 42%，大国保护主义抬头，民粹主义、保守主义、孤立主义以及逆全球化思潮兴起。已经出现并可以预见的是，在新的世界格局中，原有的国际平衡被打破，国与国之间可能产生新的诉求、新的摩擦甚至新的争端。对于重回世界舞台中央的中国来说，我们必须面对和警惕"修昔底德陷阱"和"金德尔伯格难题"。

其次，从科技发展的规律来看，当人类文明从农耕社会进化到工业社会再到信息社会以后，从科学原理和规律的探索揭示到产业化之间的周期越来越短；科学技术一体化的趋势越来越强；科技发展速度的数量级明显提升，在一些特定的领域，如信息技术领域，还呈现出指数级的增长态势。此外，由于沉没成本、路径依赖等因素，一些后发国家更易于实现技术的跨越式发展，"落后"有时反而可以成就"领先"。与西方发达国家相比，我国在科技发展水平和基础研发能力方面还存在许多差距，但是，由于没有包袱、没有沉没成本，有时可以直接在前沿技术领域布局，由此获得了"弯道超车"的机会。例如，当西方国家的大部分家庭都在延续使用录像机的时候，我国跳过了录像机和DVD时代，快速进入数码时代；正是中国在物流基础设施方面的不足，反而刺激了电子商务的快速增长；西方国家信用卡支付技术原本大大领先于中国，但由于巨大的沉没成本和路径依赖，难以快速进行新的技术升级，反而让中国的移动支付领先于西方。

最后，从风险演化的规律来看，近现代经济发展史表明，随着科技的发展和经济全球化的深入，风险发生的频率越来越高，蔓延速度越来越快，涉及的主体越来越多，交互影响越来越深，造成的损失金额也越来越大。可以这样说，不管你承认与否，今天几乎所有的国家和地区都难以真正与全球化的世界隔离；不管你反对与否，全球化都将依据其深刻的内在逻辑和演化规律继续前行。但毋庸置疑，全球化确实是一把"双刃剑"，在此背景下，日益扩大的互联互通一方面会给商品、资本、技术等在全球的流动带来便利，但同时也会使经济、政治、社会等各种因素交织在一起，风险传递、蔓延的速度加快，任何一隅的问题都会很快地演变为全局性甚至全球性的问题，这一切无疑都会对越来越开放的中国的未来发展产生重要影响。

大国演进规律、科技发展规律和风险演化规律在为中国的未来发展设定了宏观背景的同时，也提出了新的发展机遇与挑战。我们既需要积极地利用国际利益格局变化和科技进步为我们创造的契机，更需要审慎地处理发展过程中出现的各种风险。但不管这个社会如何变化，"发展是硬道理"不会变，而我们需要思考的问题只有一个，即如何发展。

"五合"为中国未来发展提供路径

以"合"为关键词,我们可以将处理以上五对矛盾关系的原则表述为:承创合意、政市合璧、虚实合契、软硬合力、天人合一。

承创合意,指优秀传统、历史、文化和思想的传承与在此基础上的创新,传承不是守旧,但创新必须守正;政市合璧,指发挥市场与政府各自的优势,培育有效市场,打造有为政府;虚实合契,指实体经济与虚拟经济共同发挥作用,金融业在加快自身改革步伐、完善金融市场、丰富金融产品的前提下,更好地服务实体经济;软硬合力,指硬实力与软实力的提升并重,当前更是要注重加强中国文化对外的吸引力、政治价值观的吸引力以及制定国际规则和决定政治议题的能力;天人合一,指人与自然的和谐共生,在技术进步的前提下,以最严厉的立法、最严肃的执法和最严格的守法,保证金山银山和绿水青山同在。

这五项内容将发展的宗旨与原则、发展的手段及发展的结果有机地联系在一起,最终指向发展的终极目标——实现人的全面发展。它包括所有个人在生活上的富足、精神上的富有和体魄上的强健;包括所有个人在法律界限内对权利的行使、对责任的担当、对文明的遵循和对法治的敬畏。

1901年,著名学者梁启超在其所著的《中国史叙论》中,从中外关系史的角度,将中华民族的历史分为上世史(中国之中国)、中世史(亚洲之中国)和近世史(世界之中国)三个阶段。他当时肯定没有想到,有着5000年悠久历史和灿烂文明的中国,遵循着唯物辩证法的否定之否定规律,在21世纪的今天,重回世界大国的地位。

但作为大国的中国现在还不是强国。在从大国向强国进军的征程中,我们必须认清大国演进规律、科技发展规律和风险演化规律,正视中国与世界发达国家之间存在的差距,直面我们的问题,明确我们的挑战;我们必须加快实施新一轮高水平对外开放,加快构建开放型经济新体制,以开放的主动赢得发展的主动、国际竞争的主动。只有这样,我们才能更好地坚持道路自信、理论自信、制度自信和文化自信,发挥自己的优势,为中国到21世纪中叶建成富强民主文明和谐美丽的社会主义现代化强国做好充分的准备。

甲午之年：中国改革再出发

——2014年北京大学经济学院两会专家笔谈代序

120年前的那个甲午之年，中日海战爆发，中国战败。之后梁启超在其《改革起源》中这样写道："唤起吾国四千年之大梦，实自甲午一役始也。"60年前的那个甲午之年，第一届全国人民代表大会第一次会议在北京召开，毛泽东当选为中华人民共和国主席。从此，"站起来了的中国人"开始了创业与奋斗、荣耀与奇迹、纷争与毁灭萦绕的峥嵘岁月。2014年，又一个甲午之年到来，中国在经历了30多年的改革开放以后，伴随着国际上的赞誉与质疑，带着光荣与梦想，再次踏上了全面深化改革之路。

千百年来，中国人一直在寻梦与筑梦。30多年来，改革开放所取得的成就让国人看到"中国现在比历史上任何时期都更接近中华民族伟大复兴的目标"。

党的十八大以来，中央反复强调，改革开放是决定当代中国命运的关键一招，也是决定实现"两个一百年"奋斗目标、实现中华民族伟大复兴的关键一招。面对世界，展望未来，我们对当今的改革一定要有清醒的认识。

中国改革再出发，要有历史的视角与长期作战的思想准备

140年多前，晚清重臣李鸿章在奏折中写道：中国正面临三千年未有之变局。这个局，是"鸦片战争前我们不肯给外国平等待遇，鸦片战争后他们不肯给我们平等待遇"的屈辱境地；是西风东渐与闭关锁国的撞击融合；是

现代价值观与封建意识的激烈冲突；是小农经济与机器大工业的最后一搏；也是大国之梦在世界列强面前的坚韧抗争。

大约 30 年后，历史上执掌北大时间最长的蒋梦麟校长曾这样描绘他的家乡在辛亥革命前夕的社会变化："有的人发大财，有的人则丰衣足食。际遇比较差的可就落了伍，有的依旧种地耕田，有的则守在旧行业里谋生。田地的出息有限，旧行业在外国竞争之下又一落千丈，于是旧有的经济制度很快就开始崩溃了。结果是一大群人无可避免地失了谋生糊口的机会。这些不幸的人，一方面嫉妒新兴的暴发户，一方面又不满于旧日的行业，或者根本丧失了旧有的职业，结果就铤而走险。"

我之所以做如此大篇幅的引用，是想表明历史其实还未曾走远。回溯 30 多年来的改革开放、60 多年前新中国的成立、100 多年前的辛亥革命、150 多年前的洋务运动……中国的现代化之路不断燃起希望，但也荆棘丛生。从某种意义上说，100 多年前的中国社会格局，我们直到今天也没有彻底冲破：经济发展与政治改革、阶层分化与贫富差距、中体西用与儒学复兴，这些政治、经济、社会、军事、外交、文化各个领域的问题，始终缠绕在中国现代化进程的左右，显示出改革的艰巨性、复杂性和长远性，对此，我们一定要有清醒的认识和充分的思想准备。

中国改革再出发，要有全球化的思维和本土化的行动

在很长的一段历史中，中国是世界的中心，曾傲视天下。2013 年 5 月，英国《经济学家》杂志曾发表过一篇题为《习近平与中国梦》（Xi Jinping and the Chinese dream）的文章。作者写道："1793 年，英国使节马嘎尔尼公爵带着一些精心挑选的礼物前来觐见中国皇帝，谦卑地希望在中国设立大使馆。当时的中国占有世界 GDP 总值的三分之一。乾隆皇帝轻慢地打发了这位使节并在给乔治三世的信中写道：'贵国的诚意与顺从已经明了，但中国根本不需要你们的产品。'19 世纪 30 年代，英国带着炮艇再次来到中国，以武力迫使中国开放对外贸易，而中国对改革的尝试也最终在衰败与耻辱中化为泡影。"经过 30 多年的改革开放，中国重回世界大国的地位，在全球化体系中的地位越来越重要。

大国崛起和强国之路必然会带来内力的扩张，原有的国际平衡被打破，由此对世界产生深远的影响。近些年来，随着中国在经济、政治、军事等方面综合实力的提升，国际上不断出现"中国威胁论"的声音。怎样处理好内部张力与外部压力之间的关系；如何利用世界话语在平等互利的前提下开展对外交往，塑造国际形象，担负大国责任；如何应对各种复杂的局面，化解各种矛盾和冲突，实在是今日中国在改革征程上面临的重大课题。

中国改革再出发，要有探索的勇气和超越意识形态的包容

尽管经过了30多年的改革，但如同党的十八大报告所指出的那样，我国仍处于并将长期处于社会主义初级阶段的基本国情没有变，人民日益增长的物质文化需要同落后的社会生产之间的矛盾这一社会主要矛盾没有变，我国是世界最大发展中国家的国际地位没有变。要在这样的一个复杂、多样的大国中深化改革绝非易事。正因为如此，中国的改革必须要有超越意识形态的包容，鼓励探索、允许创新。也正因为如此，注定了21世纪第一个"甲午之年"中国的全面深化改革之举令世界关注。

2014年是落实党的十八届三中全会后各项政策、深化各项改革的首年，也是完成"十二五"规划各项任务的关键一年。在未来的改革中，中国如何走出经济转型调整的阵痛，避免"中等收入陷阱"；如何通过催生新一轮的技术创新和制度创新，寻求经济增长的新动力；如何在让金融创新走得更快的同时，更好为实体经济服务；如何在保证市场在资源配置中起决定性作用的同时，有效发挥政府应有的作用；如何在全面深化改革，特别是"攻坚克难"的战役中保持较高的经济增长率；如何在建立社会公平保障体系的同时，加快新型城镇化的建设；如何在保持经济较快增长的同时，保持生态平衡；如何正确处理公平与效率的关系，缩小巨大的贫富差距，实现社会和谐……都是大家在思考并试图给出答案的问题。

在两会即将召开之际，我院特推出"两会专家笔谈"，通过这种方式，各个领域的学者来共同探讨中国经济改革与发展中的焦点、热点与难点问题，为国家经济发展与制度创新提供智力支持，发挥经济学院作为国家智库的重要作用。

"新常态"下的风险警示
——2015年北京大学经济学院两会专家笔谈代序

自从美国太平洋基金管理公司总裁埃里安于2010年赋予了"新常态"（new normal）这个原本就有的英文词汇以新的含义之后，他可能完全没有想到，从世界到中国，该词汇使用频率之高、使用范围之广，是其他词汇完全不可企及的。在我看来，讨论中国经济的新常态、新机遇或者新挑战，必须加深对包括经济、社会、政治等因素在内的整个国内外大环境，特别是对各类风险的理解和认识，加强对这些风险的防范和管理。

"五化"社会的风险特性

我把当今国际社会的特点概括为"五化"社会，即全球化社会、信息化社会、金融化社会、老龄化社会和风险化社会。在经济全球化越来越深入的背景下，以"大智移云"（大数据、智能化、移动互联网和云计算）为特征的信息科学技术的广泛运用对许多行业和领域均在产生重大的，甚至颠覆性的影响；人口老龄化、高龄化在不可避免地改变着资源、人口与劳动生产率关系的同时，对竞争能力和创新能力的负面影响是确定无疑的；金融经济、虚拟经济以不可阻挡的趋势发展，其高流动性、高风险性、高投机性和不稳定性的特性对整个宏观经济具有典型的"双刃剑"作用。上述特性使得我们今天生活的时代呈现出高度复杂、广泛的联系，经济、政治、社会等各种因素交织在一起，使原本就客观存在的许多风险呈现出传递范围广、蔓延速度快的特征，由此使得任何一隅的问题都可能会很快地演变为全局性，甚至全球性的问题，这一切无疑都会对中国经济的增长结构的调整、经济发展的驱动方式产生深刻、长远的影响。

当今社会呈现出来的一个现象是：不确定因素似乎越来越多，风险也越来越大。世界经济论坛2012年全球风险报告通过对全球469位专家的访问，将世界范围内未来10年将要面临的最大的50种风险分为环境风险、社会风险、地缘政治风险、经济风险和技术风险五大类。2013年再次访问了1000位专家，让他们对50种风险中最可能增大的5种风险进行排序，排序的结果是：严重的收入不平等、长期性财政失衡、温室气体排放的上升、水资源短缺以及人口老龄化的不当管理。而在风险没有得到有效防范和控制的前提下，就会引发或者演变为更为严重的问题，即爆发危机。

根据我之前的一个研究可以发现，近些年来，危机呈现出以下四个重要特征。

第一，危机发生的频率越来越高。从经济危机来看，有研究表明，在四百多年的近现代经济发展史上，有记录的世界范围内的经济危机在17世纪只有一次，即郁金香泡沫；18世纪一次，即南海泡沫；19世纪有三次；20世纪七次。进入21世纪以来，已经发生了"次贷危机"和"欧债危机"两次大的危机。从自然环境危机来看，根据国际著名的瑞士再保险公司的统计，近40年来，巨灾中的自然灾害（其标准为保险损失为4460万美元或经济损失总额达到8920万美元）的发生频率1970年为32次，1990年首次超过了100次，2011年达到175次。

第二，危机蔓延速度越来越快，涉及的主体越来越多。近些年来的一系列重大社会危机，均不同程度地表现出了类似经济危机突破国界、实时传播、高速扩散的特征。例如2011年的美国"占领华尔街"运动在纽约爆发之后一个月，就迅速发展成为82个国家中超过950个城市参与的重大社会事件。从我国来看，由中国社科院发布的《2015年中国社会形势的分析与预测》报告提供的数据显示，"群体性事件"由1993年的8709起增长到2009

年的 11 万起，参与人数也由 2000 年的约 163 万人，增加到 2009 年的约 572 万人。

第三，危机的交互影响越来越深。特别是环境和自然危机，它将通过影响自然资源的分布进而对地缘政治格局产生影响，对经济和社会产生冲击。由环境或资源危机而爆发冲突甚至战争的事件在历史上曾多次发生。

第四，危机所造成的损失金额越来越大。随着全球经济的发展，社会财富的增加，单一风险标的的价值也在不断增加，从而每起危机所造成的损失金额也在逐渐增大。如 2011 年巨灾损失高达 3700 亿美元，创下了有史以来最高的经济损失记录。

警惕"新常态"下的新风险

风险是客观存在的，谈"新常态"更不能忽视对风险的认识、防范和管理。前些年我曾经指出，要重视对中国经济社会发展存在威胁的六大风险源，并呼吁建立宏观综合风险管理体系，确保经济与社会的动态均衡与协调发展。这六大风险源包括：高度复杂、联系广泛且脆弱的金融体系；具有潜在威胁的"三农"问题；恶化的生态环境；不协调的发展和失衡的结构；不健全的基本公共服务体系；腐败和商业贿赂的蔓延。上述主要风险涉及经济、金融、自然、社会、政治等各个方面。由于社会是一个大系统，来自这个系统内的不同载体所产生的风险是可能相互传递、广泛蔓延的，而不仅仅只是局限于某个领域。比如，悬殊的收入差距问题看似是一个分配问题，但如果放任不管，将会演变为重大的社会问题；生态恶化看似是自然环境问题，但会在极大地威胁人民生命财产的同时，严重影响经济的可持续发展；由社会保障制度和医疗保险制度的不完善所产生的风险会极大地降低人们对未来的稳定性预期，由此影响人们当前的消费，进而阻碍由消费所拉动的长期经济增长；腐败不仅仅只是一个降低政府在民众中的公信力的问题，所造成的也绝不仅仅只是动辄几千万，甚至上亿的经济损失，而是从根本上摧毁了市场公平竞争的环境，扼杀了人们创新的意愿，而后者正是经济社会发展的根本动力。在经济全球化不断深入，中国和世界的联系越来越紧密的情况下，国际社会的风险也会通过商品、资本、货币的流动而采取跨国、跨境、跨业的方式传入我国。这就要求我们在识别、防范、管理风险时一定要有全球化的视角。

党的十八大之后，中国社会发生了许多新变化，依法治国、依宪治国已成为社会共识；包括经济建设、政治建设、文化建设、社会建设、生态文明建设在内的"五位一体"建设中国特色社会主义现代化的总体布局在逐步推开；国资国企改革、财税体制改革、行政管理体制改革、涉外经济体制改革等正在稳步推进。尽管今年前三季中国经济增速回落至7.4%，但根据IMF的测算，中国经济增长对世界经济增长的贡献率高达27.8%，超过世界第一大经济体的美国。

经过这几年的改革，特别是加大反腐力度并加速进行制度性规范，在上述六大风险中，有的风险具有不同程度的降低，但不容否认，中国在发展过程中面临的挑战和风险仍然非常巨大。习近平总书记在阐述新常态时提醒人们，"新常态也伴随着新矛盾和新问题，一些潜在风险渐渐浮出水面"。仅从经济领域来看，庞大的地方债务、商业银行不良贷款率的上升、背离经济发展的股市、扭曲的房地产市场、严重过剩的产能、制造业空心化的倾向、国企增长动力不足、民企发展面临各种掣肘等问题，仍然是威胁中国经济发展的风险源。而从"旧常态"转向"新常态"，以下三个方面的风险更是值得引起我们的特别重视。

第一，"思维定势"的风险。从中央到地方、从政府到企业，都已经习惯了过去三十多年那种高速增长、GDP至上的思维定式。思维定式是有惯性的，不是说转就能马上转的，"新常态"需要新思维，而新思维的确立不是一蹴而就的。而如果思维不转变，就会产生摩擦，导致新的风险的产生。

第二，"'两策'博弈"加剧的风险。在从"旧常态"转向"新常态"的过程中，许多老问题、旧矛盾并不可能随之马上消失，而新的方法、措施可能无法及时跟上，在这种情况下，就很有可能出现"上有政策，下有对策"的"两策"博弈风险，果真如此，好的政策也会产生抵消或者扭曲效应。过去的30多年，即便是在所谓的"旧常态"下，也不是说发展战略、发展环境和约束条件等是一成不变的,否则不可能有所谓"与时俱进"的说法。然而,较长一个时期以来,有关发展方式转变的紧迫性、经济结构调整升级的必要性、创新发展的重要性等问题虽然一直是中央文件、政府规划、经济学家和实际部门热议的问题,但问题常提常新,却几乎没有改观,此现象本身就很值得人们深思。此次中国进入"新常态",全面深化改革的任务更加艰巨,各种利益集团之间的博弈冲突将更加激烈,在转方式、调结构的过程中,原本就存在的"上有政策,下有对策"的博弈问题将更加凸显和加剧,人们的思维、手段、方法等是否都能进入"新常态",减少甚至消除由"两策"博弈所造成的风险,无疑是我们必须认真对待的问题。

第三,"歪曲改革"的风险。改革已进入深水区,这无疑会遇到许多新的问题,在这方面,我们要特别警惕一种倾向——将"新常态"当作一个筐,什么都往里面装。比如说贯彻中央的"八项规定",却把职工应有的一些福利待遇也借机取消,表面上看好像是在执行中央的规定,维护中央的权威,但实际上却是通过塞"私货"来干扰或者歪曲"新常态"的真实含义,让人民群众对中央推进改革的意图和最终目的产生疑虑。更值得警惕的是,某些对深化改革本来就有抵触甚至反对的人和既得利益集团,借"新常态"下出现的一些新问题和新矛盾,有意曲解改革,平添改革的障碍,拖延改革的步伐。比如,在"新常态"之下,经济增长速度从高速向中高速转换会有一个"换挡期",经济结构调整会有一个"阵痛期",前期经济刺激政策会有一个"消化期","三期"叠加难免在一定程度上遭遇困难和挑战,但这是发展中的问题,是全面深化改革的必经阶段,如果这一"新常态"被反对深化改革的人或集团利用歪曲,则改革将面临失败的风险。

总而言之,在中国进入一个新的历史发展时期之后,我们必须对原有的风险和新产生的风险有足够的、清醒的认识,认真做好风险应对的准备。只有这样,我们才能在风险可控的前提下,顺利完成转换增长速度、升级和优化经济结构、塑造新的增长动力的艰巨任务。

攻坚克难，实现全面小康的伟大目标

——2016年北京大学经济学院两会专家笔谈代序

四年之后的2020年，既是"十三五"规划的收官之年，也是中国实现第一个百年奋斗目标的前夕。可以说，我们从来没有像今天这样离全面建成小康社会这个目标如此之近；但毋庸置疑，我们也从来没有像今天这样面临如此复杂的国内外环境，没有像今天这样面对如此尖锐的问题和矛盾。

从国际来看，国际金融危机的深层次的影响仍在继续，传统安全威胁和非传统安全威胁交织，外部环境不稳定、不确定因素日渐增大。从国内来看，在"十二五"规划首次提出中国经济长期存在"不平衡、不协调、不可持续的问题依然突出"之后的五年，"十三五"规划建议再次强调指出：发展不平衡、不协调、不可持续的问题仍然突出。发展方式粗放、创新能力不强、部分行业产能过剩严重、企业效益下滑、城乡区域发展不平衡、资源约束趋紧、生态环境恶化、基本公共服务供给不足、收入差距较大等问题深深困扰着中国经济。

在如此严峻的国内外环境下，我们要在2020年全面实现国内生产总值和城乡居民收入翻两番的目标，任务是异常艰巨的。据权威专家的测算，实现十年翻番的目标，要求每年的平均增长速度为7.2%。2011~2015年，我国GDP增长约为8%，2015年的经济增长为6.9%，"十二五"期间经济增长约为7.8%。这就要求"十三五"期间的年均增长速度需要维持在6.5%以上。

从目前来看，国内外著名专家和机构对中国未来的经济增长率有不同的判断。乐观者如世界银行于 2015 年 7 月在其《全球经济展望》中的预测：中国 2015 年经济增长速度为 7.1%，2016 年为 7.0%，2017 年下降为 6.9%；谨慎者如 IMF 于 2015 年 10 月在其"世界经济前景"中预测的那样：中国 2015 年经济发展速度为 6.8%，2016 年将下降为 6.3%；悲观者如美国谘商会的预测：未来五年，中国经济增速将放缓至 5.5%，2020～2025 年将进一步降为 3.9%。在我看来，如果单纯只是一个经济增速的问题，对于中国这样一个有着 13 亿人口、7000 多万经济主体，政府有着很强的资源动员能力的大国来说，完成 6.5% 的经济增速可能并不是一件很难的事情。然而，难就难在我们必须要在实现全面小康的背景下达到这个增速；难就难在我们要在目前面临制造业的"未强先高"、人口的"未富先老"、经济活动的"未实先虚"的背景下实现 6.5% 的增速。

什么叫全面小康社会？我的理解是，它至少要在以下四个方面具备良好的标准：一是衣、食、住、行等物质生活条件良好；二是空气、交通、医疗、养老等生活环境良好；三是社会秩序良好；四是道德风尚良好。仅从空气这一项指标来看，许多数据业已表明，我国长期奉行的"高投入、高能耗、高污染"的发展模式导致我国环境生态的承载能力已近极限，环境污染严重，人民的生活质量和健康状况受到极大威胁，特定病种的发病率及其相应的医疗费用大幅上升，能呼吸到没有雾霾的空气已成为国人的一种奢望。

在这种背景下，既要用低碳、循环、绿色的方式来发展经济——这也是需要大量投入的——使经济增速至少保持在 6.5% 以上；同时，还要拿出巨资来治理海、陆、空全面恶化的生态环境，这对中国来说绝对是一个巨大的挑战。根据 EPI（Environmental Performance Index 的简称，是耶鲁大学环境法律与政策中心与哥伦比亚大学国际地球科学信息网络中心联合发布的用以衡量政府在环境和生态系统保护政策力度上的环境绩效指标）的排名显示，2014 年，在全球 178 个参与排名的国家中，中国位列第 118 位，这与当年我国 GDP 的经济体量占世界第二的排名形成了强烈的反差。而据新华社报道，中国清洁空气联盟秘书处近日在京发布的《大气污染防治行动计划（2013—

2017）实施的投融资需求及影响》研究报告指出：大气污染防治行动计划实施的直接投资共需 1.84 万亿元，中央财政投入规模相比实际需求落差较大，我国大气污染治理存在投资总量严重不足的问题。

不仅仅只是资源环境趋紧的问题。我国目前处于工业化的中后期，是制造业的大国，但还不是强国，多数产业仍然处于全球价值链的中低端。然而，过去几十年支撑中国制造业发展最重要的优势之———劳动力成本优势已在很大程度上丧失。制造业不强，而劳动力成本却不断升高，这就是所谓制造业的"未强先高"。美国波士顿咨询公司通过对能源、劳动力、生产力、汇率等多种因素的分析，比较 2004 年到 2014 年全世界制造业成本竞争优势后发现，近 10 年来，中国工人的工资增长了 4 倍，而美国只增长了 27% ~ 30%。如果以美国为 100 的话，中国已经为 96。在这种背景下，国际上许多生产成本更低的国家已经对我国中低端制造业形成了替代。2005 年，中国的劳动力工资水平与菲律宾、泰国相当，到 2012 年，中国比菲律宾和泰国高出 2000 多美元，比印度尼西亚和越南高出 2~3 倍，比柬埔寨高出 5~6 倍。

打破这种尴尬局面的关键就是将我国的产业从全球价值链的中低端移向中高端，大力发展具有高科技优势的产业。但这谈何容易？从国际社会来看，德国的工业 4.0、美国的再工业化、日本的工业智能化战略，使得这些高端制造业本来就十分发达的国家，正在恢复他们之前的市场。由此可见，我国的制造业正面临着一种"高不成、低不就"的局面，遭受两头受挤压的困境。

问题的严重性还在于，这样一种困境因为"未富先老""人口加速老龄化"的趋势而加大了破解的难度。中国的老龄人口规模之大和增速之高是无可争辩的事实。相关数据显示：我国 16~59 周岁的劳动适龄人口 2012 年首次出现下降，减少了 345 万；2013 年减少了 244 万；2014 年减少了 371 万。此外，人口老龄化带来的劳动力队伍的大龄化，也将在一定程度上影响技术的更新与进步，直接影响企业的创新能力。

除此之外，经济活动的"未实先虚"，即金融脱离实体经济而膨胀，实体经济受制于金融而收缩的现象也从人才、资金的角度进一步加剧了实体经济，特别是制造业的困境。

综上所述，要在"十三五"规划收官之年的2020年实现国民生产总值和人均收入翻两番，实现全面小康社会，我们面临的挑战是巨大的。

当然，对于未来的发展我们也应当有坚定的信心。这一信心源自以下红利。首先，改革红利。根据著名经济史学家安格斯·麦迪逊的研究，从1952年到1978年，中国GDP的增长为4.39%，同期世界经济增长率为4.59%。自1979年以后，中国经济出现了飞速的发展，过去30多年的年均增长率为9.7%左右。中央提出全面建成小康社会、全面深化改革、全面依法治国、全面从严治党，如果着力点正确、措施得力，一定能够再次释放改革红利，就像30多年前那样，由此对未来的中国经济产生重要的推动作用。其次，科技红利。党的十八届五中全会强调，必须把创新摆在国家发展全局的核心位置。深入实施创新驱动发展战略，必须要充分发挥科技创新在全面创新中的引领作用。人类历史发展的经验表明，创新是引领社会发展的第一动力，是决定一个民族兴衰的关键因素，是提高综合国力的重要支撑。而人类历史发展的经验更是一再表明，科学技术的每一次重大创新和突破都会引起产业结构的重大调整和经济、社会的深刻变革。谁的科技创新领先，谁就能占据主动、占上先机、占领优势。新一轮科技和产业革命正在创造历史性机遇，用新技术改造传统产业的潜力也是巨大的。如果中国能够抓住新一轮科技和产业革命的机遇，就能创造出巨大的需求。最后，开放红利。改革开放30多年来的实践证明，加大对内开放和对外开放的力度，以开放促改革，是一条能够以尽可能低的成本实现改革目标的重要途径。无疑，开放也是保障今后二十年中国经济持续快速健康发展的重要途径。"一带一路"以及中国与周边国家自贸区的建设，使得亚太地区经济整合力度加强，由此产生新的发展动能。

始自20世纪70年代末的改革开放，不管是辉煌还是挫折、成就还是问题、机遇还是挑战，它们都将成为未来中国改革、开放、发展的序曲。总而言之，"十三五"规划建议的目标是明确的、理念是科学的、方略是正确的，然而任务是艰巨的、挑战是巨大的、路径是曲折的。但我们的信心是坚定的。

中国如何引领经济全球化

——2017年北京大学经济学院两会专家笔谈代序

全国人民乃至世界瞩目的一年一度的中国两会将分别于3月3日和3月5日在北京隆重开幕。北京大学经济学院自2014年开始，推出"两会专家笔谈"，畅谈改革，分享智慧，引起社会的广泛关注。今年的专家笔谈也将在两会期间如期与广大读者见面。

党的十八大以来，在以习近平同志为核心的党中央领导下，在全国人民的共同努力下，我国经济社会发展取得了举世瞩目的重大成就，经济社会总量主要指标在世界的比重继续提高，经济社会人均主要指标位次继续前移，国际影响力进一步提升，在全球治理体系中的地位愈发关键与醒目。作为世界的第二大经济体，2016年中国经济对世界经济增长的贡献率达到了33.2%。而本周三公布的官方和民间的指标也都显示，今年开年中国经济表现强劲。

中国的逆风飞扬和欧美的跌宕起伏，是当今世界"变革"潮流中的两股巨浪。如果追溯它们的源头，可以说皆由全球化而起，也皆因全球化而兴。在世界的东方，近40年的改革开放将中国从一个封闭、贫穷的短缺经济体推到了世界第二大经济体的位置；而在世界的另一头，英国用"脱欧"、美国用选举特朗普表达了部分民众"反全球化"的诉求。

可以这样说，不管是否愿意，今天几乎所有的国家和地区都处在一个不确定的世界之中。那么,对这个不确定的世界人们是否可以选择退出?欧美的新动向会带来怎样的影响?中国经济在如此的环境中又该如何应对?在我看来,这些问题的答案在很大程度上取决于我们对全球化内在逻辑的理解上。

什么是全球化?就这个概念本身而言,有许多释义。我个人比较赞同英文《韦氏字典》的定义,即全球化是一个在全球空间与实践领域中促进各种活动、孕育各种动机的演绎过程。要理解和研究全球化的逻辑,我认为至少可以从历史性、周期性、资本逐利性、不确定性和互联性五个维度来观察。

第一,历史的维度。应当说,无论按照哪种释义,全球化的活动显然在20世纪之前就已经存在了。据许多专家考证,古代中国借由输出丝绸和茶叶来赚取大量外汇时,就已经出现了西方通商贸易的概念,18世纪的德国学者因此将这条道路取名为"丝路"。在此之后,奥斯曼土耳其帝国崛起,通商贸易受阻,西欧国家只好从海上探险寻找新丝路,史称"地理大发现"。其实,放眼再看,古罗马帝国扩张、蒙古兴起……这些活动与在20世纪后半叶美国主导的全球化浪潮其实并无本质区别。美国前总统布什在1990年的国会演讲中曾志满意得地宣布:"一种世界新秩序正在显现。在这一新秩序下,全世界各国都可以实现普遍的繁荣及和谐共处"。这种雄心和壮志似乎也完全可以从当年的亚历山大大帝和成吉思汗那里找到。因此,全球化绝非现代文明的产物,而是人类历史上从未中断的持续进行的活动,只是形式内容、广度深度有所不同而已。人们完全没有必要为其戴上现代的光环,然后再在后现代的反思中将其打碎。

第二,周期性的维度。可以说,全球化至少呈现出经济周期、政治周期和综合周期这三种周期。经济周期大家都非常熟悉,政治周期在经济学界关注较少,但在当下尤其值得我们注意。美国康涅狄格大学生态学和数学教授彼得·图尔钦在2012年用历史动力学的方法研究发现,美国自19世纪以来基本上每隔50年左右就会出现一次政治动荡,新一轮高峰将在2020年前后到来。很明显,特朗普当选美国总统已经证明并将在接下来的几年内继续证明这一研究的惊人预见性。作为当今全球化的策源地和领导者,美国的政治波动必然引发世界范围内一系列的政治转向。

从更长期的视角来看，全球化活动自身也存在某种综合性的周期。事实上，自公元 15 世纪地理大发现开始，全球化的活动就再也没有停止过。这种综合性的周期特征主要体现为每一轮全球化都有一个或几个占据主导地位的国家。如果我们可以把地理大发现之前的各种活动算作全球化的 1.0 版本，大航海时代的葡萄牙、西班牙、荷兰算作 2.0 版本的主导者，工业革命时期的英国、法国算作 3.0 版本的主导者，20 世纪掌握绝对霸权的美国算作全球化 4.0 版本的主导者，那么，接下来的 5.0 版本该由谁来领衔续写？会是中国吗？我相信随着时间的推移，这个问题的答案会越来越清晰。

第三，资本逐利性的维度。全球化的一个显著特征是各种要素的跨国流动。西方经济学家们用要素价格均等化理论证明了要素自由流动的天然合理性。其实，中国的司马迁早在两千多年前就已深刻地指出："天下熙熙，皆为利来；天下攘攘，皆为利往。"地不分东西，人不分中外，应当说，资本逐利的天性让人类文明从诞生之日起就孕育着全球化的基因。在全球化不断加深的今天，人们的财富全球化资产配置才有了可能。当然，非逐利因素似乎也在全球化中扮演着重要的角色，例如社会学家就认为，征服、繁荣、传教、人类天生的好奇心与旅行欲这四种动机能够促使人们离开自己的家园。因而，将军、商人、水手、传教士和探险家是传统社会全球化活动的主要发起者和参与者，他们背井离乡，跨越高山大海，绝大多数都是出于自发的人类天性。明白了这一点，人们也许就会理解，尽管对全球化的质疑和批评一直不绝于耳，尽管"反全球化"和"逆全球化"的行为层出不穷，但全球化的步伐却始终无法真正停歇。

第四，不确定性的维度。在这个世界上，许多人，特别是经济学家和金融学家在耗尽心力地寻找不确定世界中的确定性，希望参透自然与财富运动的神秘规律——从"大数定律"到"布朗运动"再到"有效市场假说"。但很少有人注意到，金融活动和不确定性理论的发展也与全球化有着密切的关联。

欧洲早期三大投机泡沫——郁金香狂热、南海泡沫和密西西比泡沫，都是在全球化背景下产生的。以密西西比泡沫为例，约翰·劳（John Law）是英国人，掌管着法国的皇家银行，吸纳了来自塞内加尔、印度群岛和中国的资本，开发的则是美洲大陆上密西西比河流域的未来财富。实际上，"全球化"概念本身并无确定性或不确定性可言，但它的不断扩张却加剧了系统内部原本各种活动的不确定性。历史经验表明，越是开放的系统，涵盖范围越广；要素流动越自由，不确定性也就越大。今天的中国正处在深化改革开放和参与全球治理体系的关键时期，对这一点我们必须要有足够清醒的认识，那就是，这个世界会变得越来越复杂，未来的不确定性只会越来越大。

第五，互联性的维度。人类文明的进步，几乎都是由技术创新而推动的。如果"全球化"在工业化时代是一个在全球空间与实践领域中促进各种活动、孕育各种动机的演绎过程的话，那么，当人类的生产和交往越来越离不开以互联网为代表的现代信息技术的背景下，全球化趋势只会是一个依据其固有的内在逻辑，凭借互联网技术的威力，更加不可逆的一个进程。信息传播技术的日新月异，使得人类生产、生活的方式发生了前所未有的变化。任何一个国家和地区都在世界的互联网内，无法封闭、无法垄断，也无法退却。

习近平主席在2016年亚太经合组织第二十四次领导人非正式会议上指出："经济全球化遇到波折，国际贸易和投资低迷，保护主义抬头。……中国要坚定不移引领经济全球化进程。"这段表述十分耐人寻味。众所周知，20世纪以来的全球化完全是由美国主导的。1899年，美国为了加强自己在远东地区的影响，提出了"门户开放"的政策，要求利益均沾、贸易机会均等。从此之后，美国在世界范围内极力推行自由贸易主张，以经济全球化裹挟着文化全球化和军事全球化席卷各地。但近些年来，特别是特朗普总统上任以来，美国这个作为近现代全球化策源地和主要推手的国家将如何放弃或如何修正自己自"门户开放"以来的全球化发展逻辑，正为世界所关注。

在这种背景下，很难不说中国正处在一个百年难逢的战略机遇和从未有过的巨大挑战并存的时机。无疑，我们需要以改革开放近40年来取得的物力、财力为基础，以"一带一路"为契机，加快融入全球治理体系，以便更多地分享全球化的红利；但如何在坚持中国特色社会主义道路自信、理论自信、制度自信和文化自信的前提下，引领经济全球化进程，可能更是我们当前直面的重大课题。

引领经济全球化，中国不仅需要有"硬实力"，还必须具有超强的"软实力"。首次提出"软实力"概念的美国哈佛大学教授约瑟夫·奈说过，"以经济和军事力量为基础的指挥权是硬实力，而一个国家通过其文化和意识形态的吸引力使其他国家想要他所想要的东西，这种能力就是文化软实力"。经过近40年的改革开放，中国已经重回世界大国的地位：GDP从1978年占全球经济总量的1.74%上升到2015年的14.78%，中国GDP相当于美国GDP的比例从1978年的6.3%上升到60.55%；人均GDP从1978年时的155美元上升到近8000美元。但中国还不是强国，因为强国的标志不仅仅只是庞大的经济总量，还必须看这个经济总量所反映的内容、结构以及人均水平；不仅仅只是看制造能力，更重要的是看创造能力；不仅仅只是看经济指标，还必须看包括教育、体育、文化、艺术等软实力对外所具有的强大的"吸引力"和"渗透力"。与美国这个世界第一大经济强国相比，中国在这些方面无疑还有相当的差距。

引领全球化，中国还必须谨慎处理好国际事务，在由包括全球化在内的各种因素的影响下，世界出现了新的格局。原有的国际平衡被打破，必然会带来国与国之间新的诉求、摩擦，甚至新的争端。随着中国经济、政治、军事等综合实力的提升，国际上不断出现"中国威胁论"的声音就是明证。怎样处理好内部张力与外部压力之间的关系；如何利用世界话语权，在平等互利的前提下开展对外交往，塑造国际形象，担负大国责任；如何在坚守"共同但有区别的责任原则"的前提下，逐步实现从"差别原则"到"共同责任"的转变；如何应对各种复杂的局面，化解各种矛盾和冲突，无疑是今日中国面对和需要解决的重要问题。

四十不惑：中国在自省中走向未来
——2018年北京大学经济学院两会专家笔谈代序

1978年，党的十一届三中全会召开，中国改革开放的大幕由此拉开。仅仅40年的时间，中国发生了巨变。

1978年，在邮电局工作了两年的我，每月工资从学徒工时的18.5元提高到32.5元。当年我国城镇居民人均可支配收入为343元，农村居民人均纯收入为134元。2017年，我国的城镇居民人均可支配收入为36396元，农村居民人均可支配收入为13432元。

1978年，我与话务班的20多位话务员一起，每天用十几部市内程控交换机连接着全市400多万人可使用的600多部电话。统计资料显示，当时整个中国的电话容量359万门，普及率为0.38%，不及世界水平的1/10。2017年，我国移动电话普及率上升至102.5%/百人，4G用户占全球4G用户比例超过40%，光纤宽带用户占全球光纤宽带用户比例超过60%，为全球光纤宽带占比最高的国家。

1978年，我们一家五口住在面积60平方米左右的房子里。虽说相比现在不大，但与当时城里许多家庭相比，还是宽敞不少。统计资料显示，1978年，城市居民人均住宅建筑面积6.7平方米，2016年为36.6平方米。

1978年，已成年的我，除了小时候跟随不断调动工作的父母去过一些城市以外，从未去过任何地方旅游。中国甚至在1978年都没有国内旅游人数的官方统计，而仅有入境游客的统计。1978年入境游客人数为180.92万人次，

2017年达到13948万人次；1994年全国居民旅游人数5.24亿人次，2017年达到50亿人次，出境1.4亿人次。

上面这些我亲身经历过的、反映普通百姓最基本生活变化的几组数据只是中国巨变中的一个缩影。伴随着人民生活水平的大幅提升，按现行标准，我国农村贫困人口发生率从1978年的97.5%下降到2017年的3.1%，远低于世界平均10%的水平。恩格尔系数从1978年的60%下降到2017年的29.3%，达到了联合国的富足标准。中国，这个有着五千年悠久文明的、世界人口第一的发展中大国，用了不到40年的时间，就在从计划经济向市场经济的转轨中，告别贫困、实现温饱、走上小康，重回世界经济舞台的中央。

孔子曰："三十而立，四十而不惑。"人到四十能明理"不惑"，经过40年改革开放的中国，也进入了"不惑之年"。

四十不惑，我们一定要认真总结过去成功的经验。巨变的发生是人类历史上的奇迹，但更是确凿的证明——她证明了改革开放的伟大；证明了"实践是检验真理的唯一标准"；证明了要想实现中华民族伟大复兴，只有坚持中国共产党的领导，走中国特色社会主义道路。

四十不惑，我们要看到成绩、总结经验，但更要清醒地认识到我们的不足与差距。2016年，我国人均国内生产总值只相当于全球平均水平的80%、美国的14.13%、欧盟的23.30%，排在全球第68位。根据联合国人类发展指数的排序，在2015年参加排序的188个国家和地区中，中国排在第90位。国家统计局和有关机构的权威资料表明，目前我国经济"大而不强"的特征仍然明显，科学技术、人力资源、生产资本等要素的水平与发达经济体相比还有较大差距。2016年，最能衡量核心技术能力和创新能力的国内发明专利申请受理量和授权量占全部专利的比重分别不到40%和20%。目前每百万人中研究人员数量只有1000人左右，远低于高收入国家4000人左右的水平。21世纪以来，我国的劳动生产率从2000年的2023美元跃升至15000美元，而美国的劳动生产率在2000年是81000美元，2017年突破10万美元大关。我国许多产业仍处于全球价值链的中低端，关键领域核心技术受制于人的格局还没有得到实质性的改善，出口产品附加值不高等问题尚未得到根本解决。

四十不惑，我们要清醒地看到发展约束条件的变化。在普遍贫困的年代，吃饱肚、穿暖衣就能为人带来幸福感；而随着经济发展和生活水平的提高，人们期盼有更好的基础设施、更舒适的居住环境、更丰富多彩的文体生活、更可靠的养老保障、更高水准的医疗卫生服务、更优美的生态环境，以及更有保障的安全、民主、法治、公平和正义。然而，穷则思变，富则思安。一方面，人们希望获得更多的利益；另一方面，又不希望因为改革而触碰自己的既得利益。借用经济学的"边际"概念，人们的"边际改革热情"在下降，但"边际利益诉求"在攀升；"边际幸福感"在下降，而"边际焦虑感"在上升。与此同时，我们看到，改革开放40年后的今天，环境资源的硬约束、人口老龄化的加速、人口红利的消失、劳动力成本优势的下降、改革进入深水区后遭遇的体制机制藩篱……各种人的因素、物的因素和环境因素交织在一起，无疑对未来的发展提出了新的挑战。

四十不惑，我们更要清醒地看到国际社会新的动向。综观全球，在中国经济迅速崛起的同时，国际上保护主义、民粹主义、保守主义、孤立主义以及反全球化的逆流也在涌动。已经出现并可以预见的是，在新的世界格局中，原有的国际平衡被打破，国与国之间可能产生新的诉求、新的摩擦，甚至新的争端。对于重回世界舞台中央的中国来说，一方面，必须面对和警惕"修昔底德陷阱"和"金德尔伯格难题"。中国一直强调永不称霸，但这并不能阻挡那些想称霸，或有冷战思维的人，或对中国的崛起有疑虑的国家制造或者挑起事端。另一方面，我们也不能不警惕有人以"吹捧"的方式来给中国设下"温柔的陷阱"。如果我们不能在"赞美声"中保持足够的自省，更加发愤图强，奋起直追，我们将可能在自我陶醉中重新拉大与发达国家的差距。

2018年的全国两会如期而至。北京大学经济学院自2014年开始，每年都在全国知名网站上推出"北大经院两会专家笔谈"，引起社会广泛反响。改革的成功需要汇集民智。我们希望通过两会笔谈，与社会各界共同深入探讨中国经济改革与发展中的问题，为中国的进一步改革发展提供智力支持。

世界离不开我们

——2019 年北京大学经济学院两会专家笔谈代序

人类历史上的每个年份都有其独特的存在意义。对中国而言，2019 年更是如此。

这一年，我们将迎来许多"确定发生"的大事：五四运动 100 周年、中华人民共和国成立 70 周年、澳门回归祖国 20 周年……

这一年，也有许多或将有许多"不期而至"、但"偶然"中包含了"必然"的大事发生。除了中美经贸谈判以外，迄今最为引人注目的事件之一就是 2 月 18 日，华为和上海移动共同在上海虹桥火车站宣布正式启动 5G 市内数字系统建设，由此使得虹桥成为全球首个采用 5G 市内数据系统建设的场所。

其实，有关 5G 的报道绝不只是中国的"专利"。在刚刚结束的 2019 世界移动通信大会上，5G 的话题和 5G 产品的展示吸引着来自世界的目光。与会者的普遍共识是，全球已进入"5G"技术的争夺时代，而在这方面，中国企业已遥遥领先。CNN 评论："目前华为正在塑造 5G 技术的标准"；美国 CNBC 评论员弗瑞德·肯佩（Fred Kempe）指出："任何一个意欲将华为从现有网络中移除或禁止其开发 5G 的国家，都将在时间和资金方面付出高昂代价"；诺基亚集团总裁警告欧洲在 5G 技术的开发与应用方面已落后美国和中国。而美国总统特朗普日前也在个人社交媒体中写道："我希望 5G，甚至 6G

的技术能尽快在美国普及。它比当前的标准更强大、更快、更智慧。美国企业必须加大努力，否则就会落于人后。我们没有理由在这方面落后。"美国知名财经网站零对冲（Zero Hedge）对此评论称："特朗普的推文表明，其承认现在美国在 5G 领域已落后于中国企业，同时也默认了美国对华为种种行为背后的真正动机——技术"。

对于任何一个国家或企业而言，率先拥有 5G 技术就意味着其将在未来的通信领域，甚至整个数字时代的技术革新中占据先机。

自 2018 年底华为因为众所周知的事件成为世界瞩目的焦点后，很少接受媒体采访的任正非在接受 BBC 专访时说道："美国不可能摧毁华为，世界离不开我们，因为我们更先进。"

世界离不开我们！任正非在坚定中透出的那份自信与底气，让我欣赏与钦佩。而这份底气，着实来之不易。

世界离不开我们，这一"底气"是中国的革命先辈用艰苦卓绝和流血牺牲换来的。

自 100 年前的"五四运动"始，经历过北伐战争、抗日战争和解放战争的中国，从一个被列强任意宰割的时代，走进了一个独立自主、昂首挺胸站立起来的时代。

世界离不开我们，这一"底气"是中国的科技工作者用自强不息和呕心沥血挣来的。

20 世纪 50 年代末中苏关系破裂以后，苏联撤走所有专家，并断定中国人 20 年也造不出原子弹，但"两弹一星"的功臣们仅仅用了几年的时间，就硬是让全世界见识了中国人的不屈与豪迈。改革开放以后，中国科技工作者不断在各项领域实现新的突破，为经济的腾飞插上了翅膀。

世界离不开我们，这一"底气"是全体中国人民通过改革开放，用奋发图强和巨大成就赢来的。

经过40年的改革开放,中国不仅让占世界20%左右的人口告别贫困、实现温饱、走上小康,而且在国际事务中的地位与作用大幅提升,在世界舞台上扮演着越来越重要的角色。2015~2017年,中国对世界经济增长的贡献率分别为27.7%、31.6%和27.8%。

世界离不开我们,因为世界已经发展成为高度互联互通的世界。

中国正处在一个大变局的时期,世界同样如此。随着互联网、大数据、人工智能等高科技的迅猛发展,世界从来没有像今天这样高度互联互通、相互影响。"简史三部曲"的作者尤瓦尔·赫拉利曾这样说道:"信息技术和生物技术的融合,会对自由和平等这两种现代核心价值观造成威胁。想要解决这项科技挑战,必然需要全球合作。"

全球合作的深刻背景基于经济全球化的客观必然性。几年前,我曾在《全球化逻辑与中国机遇》一文中提出:"如果'全球化'在工业化时代是一个在全球空间与实践领域中促进各种活动、孕育各种动机的演绎过程的话,那么,在人类的生产和交往越来越离不开以互联网为代表的现代信息技术的背景下,全球化趋势只会是一个依据其固有的内在逻辑,更加不可逆的一个进程。任何一个国家和地区都在世界的互联网内,无法封闭、无法垄断,也无法退却。明白了这一点,我们也许就会理解,尽管'反全球化'和'逆全球化'的行为层出不穷,但全球化的步伐却始终无法真正停歇。"

世界离不开我们,因为中国早已成为这个全球化世界中最重要的一个组成部分,并为这个世界已经做出并将继续做出重要贡献。经过40年的改革开放,中国成为世界上第一大脱贫国家、世界第一大工业国、世界第一大货物贸易国、世界第一大外汇储备国、世界重要的维和力量、全球经济治理的重要参与者、国际规则的重要制定者与提供者、全球开放合作共赢的重要推动者……正如习近平主席在世界经济论坛2017年年会开幕式上发表的主旨演讲中所指出的:"中国经济快速增长,为全球经济稳定和增长提供了持续强大的推动。中国同一大批国家的联动发展,使全球经济发展更加平衡。中国减贫事业的巨大成就,使全球经济增长更加包容。中国改革开放持续推进,为开放型世界经济发展提供了重要动力。"

2019年的全国两会即将召开。五年前的2014年两会召开之际，我们正式启动了"北大经济学院两会专家笔谈"，引发社会的高度关注和热烈反响。当年，我在以《甲午之年：中国改革再出发》为题的代序中提出：

"中国改革再出发，要有历史的视角与长期作战的思想准备；要有全球化的思维和本土化的行动；要有探索的勇气和超越意识形态的包容。"

经过40年的改革开放，中国已经进入了一个新的历史发展时期，面临重要的战略机遇期，但我们在为过去40年取得的巨大成就感到骄傲的同时，也必须清醒地看到，中国是一个大国，但还不是强国，我们与世界发达国家在许多方面，特别是高科技方面还存在差距。华为是让中国骄傲、让世界离不开的中国企业的杰出代表，但要出现一大批像华为这样有远见、有魄力、有实力的企业，我们还有很多的事情需要做，很多的问题需要解决。

我希望通过北大经济学院全国两会专家笔谈这个平台，大家共同探讨中国经济改革与发展中的热点与难点问题。面对新的国内外形势，我们需要进一步思想解放，打破传统观念的束缚，致力于构建符合中国国情和发展要求的中国理论体系、话语体系和评价体系；我们需要进一步解放思想，打破既得利益格局的束缚，致力于构建符合中国发展要求的社会公平正义保障体系；我们需要进一步解放思想，打破传统思维定式的束缚，主动筹谋、布局对外开放，致力于构建全球性的资源、资金、技术和产品的开放体系。我相信，只要我们顺应大势、遵循规律、凝聚民心、深化改革，把自己的各项事情做好，中国就能有足够的定力和实力，来应对国内外的一切挑战，为世界和平发展做出更大的贡献！

质疑声中保持自信　赞美声中保持自省

——2020年北京大学经济学院两会专家笔谈代序

全国人民期盼的全国两会明天将在北京隆重召开。这是自1998年以来，连续22年雷打不动的固定会期首次因为重大公共卫生事件而被改期的一次全国两会；这是一个"承上启下"：既要完成"十三五"收官之年全面建成小康社会的使命，又要开启新的"十四五"规划蓝图绘制的全国两会；这是一个在百年不遇的国际风云变幻中，拨云见天，"谋定而后动"的全国两会。历史将会浓墨重彩地记下这样一个在特殊背景、特殊时期所召开的全国两会。

2020年1月23日，武汉封城，中国人民开始了史无前例、英勇无畏的抗疫之战。自2020年3月11日世界卫生组织宣布新冠肺炎疫情具备大流行特征以来，疫情在全球范围内加速扩散，并迅速演变为集公共卫生危机、经济危机、社会危机和政治危机为一体的全球性重大灾难事件。这一事件，对世界各国都是一场大考。

作为最早迎战疫情的国家，中国在没有任何可供借鉴经验的前提下走进"考场"，用短短40天左右的时间，就基本控制住了凶猛的疫情。可以说，这场"大考"，考出了中国共产党的坚强领导，考出了中国制度的巨大优势，考出了中国人民的伟大力量。

中国的抗疫实践得到了国际社会的广泛赞许。联合国秘书长古特雷斯2月24日在世界卫生组织日内瓦总部表示，中国人民为尽量减轻新冠肺炎疫情造成的负面影响，实施严格的防控措施，做出了巨大牺牲，为全人类做出了贡献，为世界筑起了第一道防线。

但与此同时，国际上也出现了一些刺耳的声音，特别是对中国的崛起一直抱有强烈敌意的西方少数政客，开始了对中国从舆论到经济再到政治的全方位"围追堵截"和强制打压。

在质疑声中，我们要保持足够的自信。正是因为你强，你才会被强手视为对手！

经过40余年的改革开放，中国的综合国力有了极大的提升。中国目前是全球唯一拥有联合国产业分类目录中所有工业门类的国家，制造业增加值在全球制造业中的占比将近30%；拥有庞大的人口规模、广阔的市场和巨大的经济韧性。中国国家统计局发布的《2019年国民经济和社会发展统计公报》显示，中国对世界经济增长贡献率达30%左右，连续多年稳居世界第一。国际货币基金组织（IMF）2019年的报告指出，中国为深陷不确定性迷雾的世界经济注入了确定性。在全球经济复苏乏力的背景下，中国经济展现出极强韧性，向高质量发展转变的中国经济将继续为全球经济增长做出贡献。

作为最早基本控制新冠肺炎疫情的国家，中国2月下旬以来陆续复工复产，但由于新冠肺炎疫情继续在全球蔓延，全球产业链和供应链遭受阻断和冲击，国际金融市场剧烈动荡，国内经济面临的下行压力也持续加大。而与此同时，国际上也出现了"反全球化""与中国经济脱钩"的鼓噪。

对此我认为，我们一方面须在战术上高度重视、提前规划、重新布局，认真做好我们自己的事情；另一方面相信并尊重经济规律的作用。但如果"与中国经济脱钩"的喧嚣，是西方一些少数政客凭借疫情打压中国，那我们就勇敢地面对吧。

多难兴邦。在民族复兴的道路上，"中国威胁论""中国崩溃论"一直伴随着我们大步前进的步伐。因此，中国从来不缺"棒杀"。

历史有着惊人的巧合。去年我在为两会笔谈作序的时候，恰逢美国全力绞杀华为之时。我一直非常敬重的任正非先生在接受BBC记者专访时所说的一段话——美国不可能摧毁华为,世界离不开我们,因为我们更先进——震撼了我,因此,我以《世界离不开我们》为题,撰写了2019年北大经院专家两会笔谈的代序。今天,正当我为两会笔谈再次作序的时候,又看到了华为公司于2020年5月16日发表的《强烈反对美国商务部仅针对华为的直接产品规则修改》的严正声明。"除了胜利,我们已经无路可走","没有伤痕累累,哪来皮糙肉厚,英雄自古多磨难",这些出现在"华为中国"官微上的、充满霸气和豪气的文字,再一次震撼我的心灵。

中国人骨子里有着越挫越勇的基因。5000年的中国走过来了,1840年的中国走过来了,1949年的中国走过来了,1978年的中国走过来了。我坚信,经过40余年改革开放、国力得到了极大增强的中国,2020年不可能走不过来。

中国的抗疫实践充分展示了中国许多方面的优势,让国际社会也刮目相看。日本媒体的评论很有代表性:中国向世界展现了与美国比肩的战争动员能力。空运能力是日本的4倍,铁路能力是日本的90倍,一周建成上千病床的高等级战地医院,人员、物资迅速集中,数千万人移动管制,无一不向世界展示了中国是一个不可以作为战争对手的国家。

疫情突如其来,而在这巨大的压力下,各个高科技厂家争分夺秒,以最快的速度将产品进行升级改进,火速运用于疫情战斗中。全国首个柔性AI视觉口罩机、负压救护车、5G警用巡逻机器人、CT移动方舱、超高精度人体热成像测温系统等疫情产品快速生产、改进、投产,彰显了中国在高科技自主创新方面的不凡实力。

我们有理由为自己骄傲和自豪,但在各种赞美声中,我们也一定要保持足够的自省。

中华民族之所以能走到今天,就是因为懂得"吾日三省吾身"。中国的成功得益于改革开放,得益于善于学习和具有借鉴世界上一切优秀成果而为我所用的胸襟和格局。中国今后还必须坚持这一优秀传统,并以更大的格局、更大的胸襟，拥抱更大的开放。

这次疫情暴露出了西方社会的诸多弊端，但不可否认，西方社会仍有许多值得我们重视和学习的地方。如果我们因为取得的成就而沾沾自喜，从而忽略、忽视许多西方国家上百年来所积累、沉淀下来的基础和能力，特别是科技、教育等方面的雄厚基础和创新能力，那将是一种非常危险的倾向，因为它将影响我们对国际社会的正确研判。

中国虽然早已成为世界大国，但还不是世界强国。况且，这次大考不是没有暴露出我们的一些短板，不是没有值得我们总结的教训，不是没有值得我们改进的地方，不是没有值得我们深思的问题。总结经验是应有之举，认真反思更是应有之意。通过对灾难的正确反思，积累经验、吸取教训、避免错误，这正是人类社会不断前行的重要秘籍。

4月17日，中共中央政治局召开会议，分析了国内外新冠肺炎疫情防控形势，研究和部署了当前的经济形势和经济工作。会议指出："突如其来的新冠肺炎疫情对我国经济社会发展带来前所未有的冲击"，"当前经济发展面临的挑战前所未有"。这两个"前所未有"的叠加，凸显了我们当前所面临的形势的严峻程度。新冠肺炎疫情的全球性暴发和蔓延，不仅造成了重大的人身伤亡，而且对经济、社会、地缘政治、国际关系、世界秩序等各个方面都已经产生并将继续产生深远的影响。人们认知世界的方式、处理国际事务的方式、供给模式、经济转型的方式、民生保障的方式、人与自然的关系、人们的生活方式和社交方式等，都将发生重大改变，我们必须充分认识、评估和应对由这些变化所带来的挑战与机遇。在2020年这个中国决战脱贫攻坚、决胜全面小康的特定年份召开的全国两会，无疑要涉及所有关系到中国改革开放大业、民族复兴的重要议题。

北大经济学院自2014年开始，每年都在全国知名网站上推出北京大学经济学院全国两会专家笔谈，引发了社会广泛热烈的反响。今年的两会笔谈推出在即，我希望我们的专家学者能以客观冷静的独立思考、理性精准的经济研判、独到睿智的政策建议，为中国下一步的改革、开放和发展提供智力支持。我期待并坚信中国的民族复兴大业一定能够早日实现！

青山遮不住，毕竟东流去

——2021年北京大学经济学院两会专家笔谈代序

今年，我国将隆重庆祝中国共产党成立100周年。作为一名有着45年党龄的老党员，回顾中国共产党100年波澜壮阔的历史，真是感慨万千。今年也是中国改革开放的第43个年头。中国这个有着14亿人口的发展中大国，用了不到半个世纪的时间就告别了贫困、实现了温饱、走上了小康，创造了人类社会的伟大奇迹。今年还是"十四五"规划的开局之年。在胜利完成"全面建成小康社会"战略目标的基础上，"十四五"规划将开启我国全面建设社会主义现代化国家的新征程。

现代化是人类社会由传统的农业社会向现代工业社会和信息社会转变的过程；社会主义现代化就是在坚持中国共产党的领导、坚持社会主义制度的前提下，经济不断发展、社会不断进步、人民福祉不断增进、人的全面发展最终得以实现的过程。它是中华民族伟大复兴的必由之路。

1954年，毛泽东主席在第一届全国人民代表大会第一次会议开幕词中提出：要将我们现在这样一个经济上、文化上落后的国家，建设成为一个工业化的、具有高度现代文化程度的伟大的国家；1957年，毛泽东主席在党的八届三中全会上再次提出，要"将我国建设成为一个具有现代工业、现代农业和现代科学文化的社会主义国家"；1964年召开的三届全国人大一次会议《政府工作报告》提出，要"在不太长的历史时期内，把我国建设成为一个具有现代农业、现代工业、现代国防和现代科学技术的社会主义强国";1978年党的十一届三中全会做出了改革开放的伟大决策,奏响了新时期中国现代化建设的序章;1987年党的十三大报告提出把我国建设成为富强、民主、文明的社会主义现代化国家;1997年党的十五大提出,到21世纪中叶建国一百年时,基本实现现代化,建成富强民主文明的社会主义国家;2007年党的十七大报告提出建设富强民主文明和谐的社会主义现代化国家;2017年党的十九大报告提出,从十九大到二十大,我们既要全面建成小康社会、实现第一个百年奋斗目标,又要乘势而上开启全面建设社会主义现代化国家新征程,向第二个百年奋斗目标进军。

经过历代中国人艰苦卓绝的奋斗,我们离中华民族伟大复兴的梦想越来越近,但毋庸置疑,在建设现代化国家的新征程中,压力将会越来越大,挑战也会越来越严峻,这就首先需要我们保持战略定力。

回顾中国从1978年以来的历史我们可以看到,几十年来,尽管国际环境的风云变幻、亚洲金融危机、全球金融危机的破坏性影响,国外反华势力的挑衅打压,国内的经济、政治、社会等各方面的问题和矛盾、质疑和争议,各种利益集团的博弈冲突等一直伴随着改革的进程,但中国共产党牢牢把握了事物发展的本质规律和基本趋势,瞄准长期目标,紧紧抓住了改革开放、经济建设这条主线,带领全国人民埋头苦干,使我国的经济规模、综合国力和科技实力不断跃上新的台阶。在未来建设社会主义现代化的新征程中,我们一定要继续保持这种战略定力,"不管风吹浪打,胜似闲庭信步"。

在建设现代化国家的新征程中,我们必须在进一步解放思想中深化改革。中国40余年的改革开放史,可以说就是一部思想解放史。没有思想解放,没有在对历史和国情尊重的基础上,认真学习、吸收和借鉴世界各国的优秀成果,中国不可能在短短的40余年时间里创造出令世人瞩目的成就。思想解放之所以重要,是因为思想是人类一切行为的基础,人们在思想的指引下影响并改造客观存在;一旦思想受到束缚,人们的创新力和创造力就会受到极大的阻碍,而创新力和创造力是人类社会不断前行的动力。

全面建设社会主义现代化国家,是我国经济社会发展中的一个新的发展阶段，它一定会不断遇到不同于以往发展阶段的许多新问题。唯有不忘初心，解放思想，冲破惯性思维、主观偏见和习惯势力，才能开拓创新，保持锐意改革的朝气，化解新的矛盾，迎接新的挑战。

打铁还得自身硬。中国40余年改革开放的历史证明了辩证法的这个道理，全球抗击新冠肺炎疫情正反两方面的实践更是雄辩地证明了这个道理。因此，在建设现代化国家的新征程中，我们必须认真解决好自己的问题，固本强基，以有效抵御外界的各种侵扰。中国在过去几十年的发展中积累了雄厚的实力，但也存在着许多困扰经济长期可持续发展的积弊和顽症，包括政府在一些领域的缺位与越位问题，发展不平衡不充分的问题，城乡区域发展和收入分配差距较大的问题，创新能力不适应高质量发展要求的问题，农业基础不稳固的问题，民生保障不足的问题、治理体系不完善的问题、生态环境形势依然严峻的问题，等等，这些问题不仅不会随着现代化建设新征程的开始而自动消除，反而会对未来的发展形成巨大的障碍。因此，我们必须着力解决好这些问题。与此同时，我们还需要很好地思考如何在新发展阶段，更好地贯彻新发展理念，构建新发展格局；如何进一步加强基础研究，提升科技创新能力，不断实现引领性原创成果的重大突破；如何加快数字经济的发展，引导资源的优化配置与再生，实现经济高质量发展的经济形态；如何通过产业升级，在全球产业链上向上游迈进；如何扎实推进以人为核心的新型城镇化，建立健全城乡融合发展的体制机制和政策体系，推进城乡融合发展；如何进一步加强社会保障体系的建设，有效应对人口老龄化，实施健康中国战略；如何做好经济"双循环"，有效提振内需；如何在防控风险的前提下进一步加大金融业的开放；加强区域经贸合作，推动经济全球化……

在建设社会主义现代化国家的历史征程中，毫无疑问，中国的步伐越坚定，所面临的国际社会的压力就会越大。2021年2月，新就任的美国总统拜登在慕尼黑表示，"美国和欧洲需要携手，共同为与中国的长期战略竞争做好准备"。中华民族有着越挫越勇的基因，"青山遮不住，毕竟东流去"，只要我们团结一心，就没有我们战胜不了的困难，中国民族的伟大复兴是谁也阻挡不了的。

全球化时代的"隔离"与"拥抱"*
——新冠疫情留给我们的思考

当 14 世纪意大利的威尼斯共和国对疑似携带瘟疫的船只及乘客采取 40 天的等待期,由此发明了"quaranta qiorni"(英文:quarantine;中文:隔离)这一语词的时候,恐怕没有人会想到,在 21 世纪的今天,这一词汇成为当下使用频次最高的词汇之一。

当亚当·斯密在其 1776 年发表的现代经济学的经典巨著《国富论》中提出,分工将会极大提高劳动生产率及增加物质财富,并由此奠定了国际分工和国际贸易理论的基石时,恐怕没有人会想到,在 21 世纪的今天,"中国停工导致全球药企库存告急"。

当马克思在 1857 年撰写的《政治经济学批判导言》中提出,"人是最名副其实的政治动物,不仅是一种合群的动物,而且是只有在社会中才能独立的动物"时,恐怕没有人会想到,在 21 世纪的今天,人类这一合群的高级动物必须为生存、为生命而被迫进行隔离。

当高科技席卷全球,人人都在试图使用越来越精致的高科技产品的时候,恐怕没有人会想到,在 21 世纪的今天,小小的口罩成为人类社会当下最紧俏的"战略必备物资"。

---

* 发表于《财经》2020 年第 10 期。

随笔录

当"昨天"互联网给了我们"天涯若比邻"的便利以后,人类自己通过微小的屏幕演绎出了"比邻若天涯"的场景时,恐怕没有人会想到,在21世纪的今天,面对面的交谈、无拘束的拥抱,会成为人们的一种奢望。

这些"没有想到"的震撼性在于:"隔离",这一有悖于人类天性和经济增长的事物,发生在被哈佛大学著名政治家桑德尔教授所称的"世界将成为不受各国边界限制的全球市场"、本质属性为"互联"的全球化时代。

自2020年3月11日世界卫生组织宣布新冠疫情已具备大流行特征以来,疫情在全球范围内加速扩散,并迅速演变为全球性的重大公共卫生危机事件。在过去的两个月中,全球每天感染新冠病毒的人群和死亡病例数没有最高,只有更高。疫情的全球性暴发,不仅造成了重大的人身伤亡,而且对经济、社会、地缘政治、国际关系、世界秩序等各个方面都已经产生、并将继续产生深远的影响。

这场危机给人类留下了太多的伤痛和打击,也留下了太多的作业和问题,我对以下问题有一些观察与思考,提出来与大家讨论。

第一,新冠肺炎疫情是21世纪人类所遭受的一个集公共卫生危机、经济危机、社会危机和政治危机为一体的重大灾难事件。

各类风险的发生都有可能产生叠加效应,但类似新冠肺炎这样的新型传染病的叠加效应更强,这可以从以下三个方面反映出来:客观的疾病威胁与主观的恐慌情绪叠加;本土经济受损与全球经济受挫叠加;即期的生命健康影响与深远的社会政治影响叠加。根据世界卫生组织发布的疫情消息,截至4月20日,全球至少有67个国家宣布进入紧急状态。其中法国等部分国家甚至已宣布进入战备或战时状态。德国总理警告称,此次疫情是二战以来面临的最严重危机。美国50个州、首都华盛顿特区以及美属4个海外领地同时进入"重大灾难状态",这在美国历史上尚属首次。截至北京时间4月26日,疫情已蔓延至213个国家,全球累计确诊超290万例,累计死亡逾20万例。世界卫生组织总干事谭德塞指出,全球范围内的病毒传播已使各国的卫生系统不堪重负,导致了社会混乱。由此可以看出,此次新冠肺炎疫情所产生的危害绝不亚于历史上任何一场惨烈的战争。

第二，如果我们将镜头对人类发展的整个历史进程做一次扫描的话，可以说，新冠肺炎疫情只是人类所遭受的巨大灾难中的"又一个"而已。疫情终将过去，人类终将前行，这是基于人类社会发展的基本规律得出的结论。

遗忘是人类的天性，否则，"忘记过去就意味着背叛"的呼喊，也就不会如此的"振聋发聩"。通常来说，人们在关注当下所发生事情的时候，会因为"感同身受"而更具"切肤之痛"，但实际上，如果回望历史，我们就会发现，史上不乏许多类似今天，甚至比之更为悲惨的灾难事件。

美国作家杰伊·罗伯特·纳什在其《最黑暗的时刻——世界灾难大全》一书中，记录了从上古时期至 20 世纪 70 年代，人类所发生的数千起灾难事件，惨不忍闻。这里仅举为世人熟知的几例：发生于公元前 430 年到公元前 427 年雅典的大瘟疫，袭击了整座古希腊罗马城，近 1/2 的人口死亡，整个雅典几乎被摧毁；公元 250～265 年，发生在罗马帝国的淋巴腺鼠疫几乎摧毁了这个国家。发生于中世纪的欧洲的"黑死病"，夺走了 2500 万人的生命，占当时欧洲总人口的 1/3；发生于 18 世纪欧洲的天花病毒，肆虐数百万人口；发生于 1918 年的大流感，造成数千万人丧生；发生于 1939～1945 年的第二次世界大战，导致 7000 万人伤亡……

1976 年至今，又发生了多少让我们记忆犹新的大灾大难？实际上，纵观人类社会产生以来的历史，它一直就是在各种灾难事件不断发生、人类不断应对、不断战胜灾难事件的过程中曲折前行的。指出这一点，不是为了抚平和忘却当下的伤痛，而是为了吸取继续前行的动力。

第三，风险演化规律提示我们，风险发生的不确定性过去是，现在是，未来也永远是与人类社会相伴相生的"基调"。这一规律还显示，近现代社会以来，由各类风险引发的危机发生的频率越来越高，危机蔓延速度越来越快，危机的交互影响越来越深，危机所造成的损失金额越来越大。

自 21 世纪以来，人类面临的风险和挑战不断升级：2001 年的"9·11"事件、2003 年的"非典"、2004 年的印度洋海啸、2005 年的卡特里娜飓风、2008 年的汶川大地震、2009 年的全球甲流 H1N1、2013 年的非洲埃博拉、2020 年的新冠肺炎疫情……

可以肯定地说，此次新冠肺炎疫情绝不可能是人类所遭受的最后一次灾难。而人类未知的边界永远大于已知，这是常识，也是"绝对真理"，对于传染病这类风险来说更是如此。

与恐怖袭击和金融危机这些纯粹的"人为灾祸"不同，传染病毒，特别是一些高危病毒，由病原体生物产生，经人类活动传播，这种具有"自然"与"人为"双重因素的风险发生机理，导致更多未知和不确定性因素的存在。新冠肺炎疫情发生至今已有4个多月了，但许多东西仍是未解之谜，许多新出现的现象不断挑战人类的常识，突破人们认知的底线。

这些都说明，人类对新型病毒的认识是一个不断深化的过程，同时也表明了"人类"与"冠状病毒"这样一个"不以人的意志为转移"的非人类之间的"博弈"之艰难，因此，人类必须做好长期准备。

第四，通过对灾难的反思，积累经验，吸取教训，避免错误，这是人类社会不断前行的重要秘籍；但如果不吸取教训，或者反思的"思维"和"视角"不对，由此所得出的结论也会大相径庭，这对未来经济社会的继续前行必将产生严重后果。

中世纪发生的黑死病成为文艺复兴的直接导火索，催生了欧洲对医学、科技乃至艺术的重新认识；1666年的伦敦大火使英国成为现代财产保险制度的滥觞；二战结束后，为打破冷战局面，促进新国际秩序形成，以维护世界和平、发展国家之间的友好关系为主要宗旨的联合国成立；1952年发生的伦敦烟雾事件，推动了英国环境法的出台，并由此唤醒了世界各国对工业文明的反思；2004年发生的、世界近200年来死伤最惨重的印度洋海啸，促进了印度洋和大西洋全域海啸预警系统的建立……

历史上的许多重大灾难事件成为改变历史进程的催化剂。曾被视为苏联强盛国力象征的切尔诺贝利核电站于1986年4月发生爆炸，其辐射量500倍于美国投放在日本的原子弹的特大核泄漏事故，成为苏联解体的重要导火索之一。

近期，《柳叶刀》总编辑理查德·霍顿先生在接受中国国际电视台采访时指出，"2003年爆发的'非典'疫情，实际上已经传播到了一些西方国家。在过去的一代，我们已经了解病毒跨国传播的风险"。"中国了解到这次疫情和'非典'病毒类似，威胁非常大，所以果断决策。而西欧国家并不认为这是类似于'非典'的病毒，顶多是另一波流感。这是严重的误判。中国是对的，我们是错的"。"这次新冠病毒的爆发显示，我们并没有从中得到教训，没有认识到病毒的危险性，这是悲剧，这是真正的人类大灾大难"。应当说，这是一个非常客观、理性和深刻的观察。

具体到中国来说，这场疫情的确是一场大考，它既显示出我们的许多优势，但同时也暴露出许多方面的问题，值得人们认真思考。比如，新发传染病的预防控制体系、国家治理体系的现代化、新媒体时代中社会公众的媒介素养、举国体制的特定目标与实施条件、混合所有制，特别是民营经济的未来发展、以问责为导向的干部考核机制、公民社会的法制化建设等。反思是必要的，但如果反思的"思维"和"视角"不对，由此所得出的经验教训也将大相径庭，对未来经济社会的继续前行必将产生南辕北辙的后果。

第五，经济全球化的产生与发展有其深刻的历史依据与理论逻辑，其趋势是不可改变的，但信息社会的全球化与工业社会的全球化在其基础、演进过程与实现方式上必然呈现出差异。

自 20 世纪 80 年代后半期美国哈佛大学商学院教授西奥多·莱维特提出 "global economy" 这一语词以后，经济全球化就作为当代世界经济的重要特征之一牢牢占据着世界经济舞台。但近些年来，经济全球化日益遭到"逆全球化"和"反全球化"的严峻挑战。此次新冠肺炎疫情对全球产业链和供应链所造成的阻断和冲击，给经济全球化再次蒙上了阴影。一些人甚至认为，新冠肺炎疫情是压垮经济全球化的最后一根稻草。对经济全球化的担忧、质疑不断。

我一直认为，经济全球化的产生与发展有其深刻的历史依据与理论逻辑，其趋势是不可改变的，几年前，我在《全球化逻辑与中国道路》一文中阐释了我对经济全球化的理解，现在我仍然坚持这些基本观点。

如果从历史性、周期性、人类天性、不确定性和互联性五个维度来观察世界经济演进的历程，我们完全可以说，经济全球化绝非现代文明的产物，而是人类历史上从未中断、持续进行的活动，因为无论按照哪种释义，经济全球化的活动显然在 20 世纪之前就已经存在了，人们完全没有必要为其戴上现代性的光环，然后再在后现代的反思中将其打破。

但我们必须看到，21世纪的经济全球化是基于信息文明基础之上的，这是一个被人忽略的视角。在我看来，如果全球化在工业化时代是"一个在全球空间与实践领域中促进各种活动、孕育各种动机的演绎过程"（《韦氏词典》定义）的话，那么，在人类的生产和交往越来越离不开以互联网为代表的现代信息技术的背景下，全球化趋势只会是一个依据其固有的内在逻辑，更加不可逆的一个进程。

我们更应当看清楚的一个问题是，与传统的工业社会相比，信息社会在资源的特性、资源配置的原则与方式、供需规律、经济增长、竞争与垄断、经济安全等方面存在诸多重要差异。建立在传统工业社会基础上的全球化必须做出各种改变和替代来适应信息社会的要求，才能使得全球化顺利推进。因此，全球化在推进过程中出现的问题，不是其依据自身逻辑演进而固有的缺陷，而是外部因素导致的问题。我们不能犯"将脏水和孩子一起泼掉"的错误。

当然，我们不能不警惕当前国际上出现的"与中国经济脱钩"的言论及行为。对此，我有三点想法和建议。一是战术上重视，认真做好我们自己的事情。二是如果是纯经济因素，相信并尊重经济规律的作用。全球化的一个显著特征是各种要素的跨国流动。应当说，资本逐利的天性让人类文明从诞生之日起就孕育着全球化的基因。三是如果"与中国经济脱钩"的鼓噪是西方一些少数政客凭借疫情打压中国，那就勇敢地面对吧。

第六，新冠病毒以一种惨烈的方式，将"人类命运共同体"的真谛和精髓，真实、立体、客观地展示到了全人类的面前。具有风险共同体、责任共同体和利益共同体特征的人类命运共同体，唯有携手应对，才能共同战胜疫情。

新冠疫情暴发以来，世界上的国家几乎无一幸免。病毒以一种惨烈但"不失平等"的方式，对不同民族、不同性别、不同肤色、不同年龄的人发起了全方位的肆意攻击，由此将"人类命运共同体"这一理念的真谛和精髓，真实、立体、客观地展现到了全人类的面前，并由此传递出一个朴素的道理，那就是：

人类面对的是共同的病毒风险，人类具有维护自己生命健康的共同利益，人类承担着抗击疫情的共同责任。

只要这个共同体有裂缝，病毒就能轻易撕开一个口子，长驱直入，侵入到这个共同体的其他方面，由此损害全人类的利益。

由此可见，唯有全人类团结合作，才能共同战胜疫情。从历史来看，天花、黑死病等重大瘟疫的根除，印度洋海啸、美国卡特里娜飓风、中国汶川大地震的救援，1997年的亚洲金融危机、2008年的世界金融危机的应对，无一不是国际社会共同合作的结果，无不彰显出人类命运共同体的力量。

今天，人类用医学隔离来"闷死"病毒，是希望用短暂的"分离"来换取长久的"互联"。中国人民用巨大的牺牲来践行"人类命运共同体"的理念，中国在促进抗疫国际合作中展现出了负责任的大国担当。我们绝不希望看到国际社会之间的"隔离"和"脱钩"，因为，那将是病毒的胜利，是人类的悲哀！

2007年，《世界是平的》一书的作者托马斯·弗里德曼在描述他第一次看到柏林墙的感受时，这样写道："当时觉得这真是件很古怪的事情：在一座现代化的城市里建造这样一堵墙，目的仅仅是为了阻止住在墙一侧的人欣赏，甚至窥视、流动。"

没有人希望被隔离。但在关乎健康、生命的前提下，我们别无选择。正是这样一个看似违反人类天性的决定，有效隔绝了病毒的传播，在近十个世纪中发挥着守护人类生命健康的作用。此次中国和世界各国正反两方面的实践也充分证明，实行严格的隔离措施，是阻断、控制这场重大疫情的不二法则。

每个人都希望尽快解除隔离，但"客观隔离"被拆除的时间，不仅取决于医疗技术，特别是疫苗的出现，更取决于人类自己的"主观态度"。

如果人类能隔离恐惧、无知、愚昧、邪恶、偏见、傲慢、仇怨、憎恨；如果人类能拥抱科学、博爱、理性、理智、互信、互助、团结、合作；那么，"物理的隔离"就能尽快拆除，人类就能继续遵循着社会发展"否定之否定"的客观规律，在新型全球化时代继续更好地前行！

如何认识我们的体制优势*

中国 21 世纪抗疫的悲壮实践，充分彰显了我国新型举国体制的巨大优势。衷心希望举国体制能够在人们最需要它的时候，继续发挥最大效用！但需要注意的是，我们绝不能因为举国体制所具有的巨大优势而泛化其作用，那将给中国经济社会未来的发展带来严重危害。

抗疫中的"举国体制"

当今世界，各个国家采用哪种制度、哪种体制、哪种路径来实现其价值追求，来应对各种重大危机事件，是基于各个国家本国国情的选择。面对此次百年不遇、来势凶猛的新冠肺炎疫情，各国都有自己应对的独特做法和经验。

中国依据自己的"制度惯性"和"制度逻辑"迎战新冠肺炎疫情，在遵循"各美其美、美人之美"原则的基础上，也愿意与世界上任何希望获得中国经验的国家进行经验分享，但中国绝无意树立一个"标杆"。全球抗击疫情的战役还未结束，远不到最后做总结的时候。不过，仅就迄今为止各国防控措施和防控效果的比较，还是能说明一些问题。这里仅以美国、中国这两个世界第一、第二大经济体为例予以阐述。

---

* 发表于《经济研究参考》2020 年第 12 期。

美国有3.3亿人口，中国有14亿人口，中国的人口是美国的4.2倍；美国的人均GDP为6.2万美元，中国是近1万美元，美国的人均GDP是中国的6.2倍。

从总体上来说，美国既有比中国更为发达的医疗机构，也拥有比中国更为先进的科技水平；美国既有无数像中国一样具有职业精神、舍生忘死救助病人的医护人员，也有无数像中国一样在疫情中"勇敢逆行"的志愿者。

然而，中美的确又有许多不同。美国有在"大选"之年为"保位"而操碎了心的执政党，有为"上位"而伤透了神的在野党，有在重大公共卫生危机面前的"党争不断"，有联邦政府与州政府之间的"各自为政"。但美国没有中国的"举国体制"，没有中国的"集中统一领导"，没有中国的"全国一盘棋"，没有中国的"同舟共济"，没有中国的"万众一心"。所以，中美两国在防控决策、执行力和防控结果上出现了巨大的差异。

从决策速度和执行力度来看。中国从确认疫情到采取封城等措施，构建全国联防联控体系，用了不到两周的时间，而美国自出现首个确诊病例起，到将近八周之后才开启联邦层面的紧急响应。在物资紧急调配上，中国从除夕夜的火速集结开始，在短短数周的时间内，先后就有来自全国30个省（区、市）、新疆生产建设兵团和人民解放军的346支医疗队，4.26万名医护人员驰援湖北，15座方舱医院在十几天时间内建成使用。而美国联邦政府和州政府相互争执，争吵不断，致使决策拖沓缓慢，医疗救护资源调动、协调不力，在疫情最为严重的纽约，甚至出现了各州、联邦政府与纽约州抢购呼吸机，彼此抬价的混乱局面。美国俄亥俄州政府在发布"人们在商场必须戴口罩"的规定以后，因为"州内许多居民认为政府的规定太过分了"，导致州长只好宣布撤销。

从抗击疫情的结果看。从武汉因新冠肺炎疫情封城，到疫情基本得到控制且持续向好，中国用了大约40天的时间。而美国自3月11日世界卫生组织宣布新冠肺炎疫情具有全球大流行特征以后，至今也经历了超过40天左右的"抗疫"，但疫情仍呈愈演愈烈的态势，确诊人数与死亡人数均居全球第一。且中国的新冠肺炎疫情暴发在中国最重要的传统节日——春节之前，美国疫情的暴发至少比中国晚了两个月。从感染人数上看，美国在已有中国和其他许多国家"前车之鉴"的背景下，确诊人数从3月中旬的千余例飙升至4月28日的破100万例，死亡人数从数十人上升至目前的超过9万人。

中国作为最早迎战疫情的国家，在没有任何可供借鉴的经验的前提下，用"集中统一领导""全国一盘棋""同舟共济""万众一心"，在短短40天左右的时间里基本控制住了凶猛的疫情。可以说，中国2020年抗疫的实践，充分彰显了"举国体制"的巨大优势，显示了中国人民的力量。

"举国体制"的产生背景及运行机理

从以上所列举的中美两国在抗疫中的表现和结果，我们可以清楚地看到"举国体制"的巨大优势。应当说，生活在一个"风险演化规律"作用的社会之中，能有这样一个制度的"护佑"，是一件幸运的事。而事实上，不仅在此次应对新中国成立以来防控难度最大的突发公共卫生事件中，举国体制厥功甚伟，而且在历次应对各类自然灾难、保护人民生命财产时，都是如此。不论是在抗击重大灾难上，还是在自主创新、协同创新、开放创新的科研攻关上，抑或在科研攻关、竞技体育的突破上，"举国体制"都发挥了不可替代的重要作用。

就基本内涵而言，举国体制是指为攻克某一重大项目或达成某一目标，而举国家之力，以便能迅速有效地集中动员和调配全国的力量，由此形成的一种工作体系和运行机制。虽然"举国体制"这一词汇来源于20世纪80年代初国外媒体对中国体育体制的一种形象概括，但实际上，这一体制的核心理念起始并贯穿在整个中国经济建设和改革开放的历程之中。

回顾历史，在多年战乱的基础上建立的新中国，成立之初即面临西方的全面封锁，在这样一个"一穷二白"的烂摊子上开始建设，其面临的巨大困难可想而知。1954年，毛泽东主席曾这样说道："现在我们能造什么？能造桌子椅子，能造茶碗茶壶，能种粮食，还能磨成面粉，还能造纸，但是，一辆汽车、一架飞机、一辆坦克、一辆拖拉机都不能造。"

正是在这样一个背景下，中国借鉴苏联模式并基于自己的国情，逐步形成了"集中力量办大事"这一独具特色的举国体制。"156 项工程"就是 20 世纪 50 年代"举国体制"的标志性产物，它们为中国的工业化建设奠定了基础，具有重要的里程碑意义。

"举国体制"不仅有着当代的体制、环境因素，也有着历史、传统的因素。学者谢茂松曾指出："从历史角度来看，中华文明以维持大一统，即大国政治、大国规模的统一性为文明之常态，国家、政府起着组织社会、经济的主导作用，国家的重大政策从中央到地方各级，层层下贯、落实，这可以算作是举国体制的历史因素。"

进入新时期以来，计划经济时代的"举国体制"转变为"新型举国体制"。它依托中国特色社会主义制度体系，后者包括党的领导体制、人民民主制度、经济制度、法治制度、军事制度、文化制度、民生保障制度、生态文明制度等，在中国的改革开放事业中继续发挥着重要作用，特别是在此次抗疫中，再次充分显示出极大的优势。

谨防出现对"举国体制"的误读

此次抗疫中，中国展示的惊人的高效组织行动力，得到了国际社会的褒奖。于是，一些国人也因此"陶醉"其中，满足于"举国体制"所取得的巨大成绩，进而希望泛化其作用，这是一种让人担忧的情绪。

作为一种依靠行政命令的资源配置方式，"举国体制"是以巨大的资源消耗为前提并为完成特定目的而启动的。一切依时间、条件、地点为转移，这是唯物辩证法的精髓。过犹不及，如果由于"举国体制"在此次抗疫中所显现出来的巨大优势而泛化举国体制，为其贴上"无所不能"的标签，希望其"无所不在"，如果我们将"战时"的手段用在"平时"，将"特殊性"变成"常态性"，这将对中国未来的经济社会发展产生严重危害。

首先，不能因为"举国体制"具有全国统筹资源的非凡能力，而丧失忧患意识和危机意识，忽略对风险防控前置化的重视。 应当说，此次疫情暴发以来，中央对风险的处理方式和措施是非常及时有效的。然而也应看到，在整个传染病风险管理的全流程中，由于早期对风险的监测、预警、防范手段的疏漏与不足，特别是公共卫生和疾病防控体系的缺陷与薄弱，地方政府对疫情的认知不足和体制机制的问题，导致了疫情暴发初期险象环生，这是我们需要牢牢记住的教训。如果疫情过后，人们还是沉浸在"举国体制"所显示出来的巨大优势上，认为即使重大风险发生，我们也有足够的能力应对，那就会阻碍我们应有的反思，就有可能拖延亡羊补牢的工作，就有可能在同样的地方再次跌倒。疫情期间和之后，当务之急是要强化国人的忧患意识和危机意识，加强对风险防控前置化的重视。从风险识别、风险预警、风险决策、风险处置、风险抑制、风险预防等方面，尽快建立起完善的国家公共卫生治理体系，以应对未来的高发传染疾病的重大风险。

其次，不能因为"举国体制"的巨大优势而降低市场化改革的力度，损害市场主体的创新精神和活力。"市场应当在资源配置中起决定性作用"，这是党的十八届三中全会根据中国改革开放几十年的经验教训所得出的一个重要结论。而实践表明，始于1992年的中国特色社会主义市场经济体制虽已初步建立，但远未建成和完善。这次"举国体制"在防控疫情中所扮演的重要角色，特别是西方一些国家与之相比所凸显的许多差距让一些人认为，中国应当继续强化"举国体制"作用的范围，使其在各个方面都能发挥更大的作用，这种想法大可商榷。

市场经济是一个涉及千百万生产者和消费者基于瞬息万变的信息作出决策而发生的生产、交易、消费活动，它是由"千百万微观经济"组成的宏观经济活动。假定其他条件不变，微观经济越活，宏观经济的基础才能越加牢靠。希望"举国体制"在各个领域都发挥更大的作用，就是将"举国体制"等同于中国改革开放前"大一统"的计划经济体制，这将导致微观经济丧失经济动力和活力，而这正是当年中国启动改革的根本原因。因此，只有使市场经济在资源配置中起决定性作用，让整个经济体充满竞争力和活力，才能使"举国体制"在必须发挥作用时有强大的支撑。

再次，不能因为"举国体制"的基础——国有制所具有的优势而阻碍民营经济的发展。疫情发生以后，社会和网络上有观点认为，发挥"举国体制"的优势，说到底就是发挥公有经济的优势，在抗击重大疫情面前，这一优势是私有经济或民营经济所无法比拟的。客观地说，国有经济在此次抗疫中充分显示出了巨大的实力，发挥了中流砥柱的作用，但民营部门和其他社会力量也并非"等闲之辈"，它们以各种方式，为抗击疫情做出了重要贡献。当然，我们也看到了这样的情况，有许多民营企业和专业人士有能力、有意愿，但缺乏有效的组织调配，缺少统一的援助渠道，导致其作用没能得到有效发挥，但这恰恰也从一个侧面说明，我们此前对包括民营、私营企业在内的社会力量参与社会治理和公共事务，没有给予应有的重视。

中国自改革开放之初进行所有制结构的改革，强调公有制经济和非公有制经济都是社会主义市场经济的重要组成部分。党的十八届三中全会更是强调指出，积极发展混合所有制经济，其目的就是希望把非公有资本引入国家经济内部，提高活力和竞争力，让非公有制经济成为我国市场经济的一支强大生力军。但现实情况表明，民营经济在发展中还是面临许多困难，混合所有制经济的发展任重道远。

据有关资料显示，受疫情影响，国家在 2020 年 3 月启动了疫情防控债，希望通过定向融资帮助实体经济渡过难关。根据 Wind 数据，截至 2020 年 4 月 21 日，国企共发行 402 只合计 3174 亿元疫情防控债，而民营企业仅获准发行 73 只 388 亿元疫情防控债。如果因为此次疫情所显示出来的国有经济的显著优势而形成对民营经济和私人企业的挤压，那将会削弱多年来混合所有制改革所积累的成效，对未来中国经济的发展是非常不利的。因此，疫情之后，一方面，我们要进一步深化国企改革，增强国企的竞争力和活力；另一方面，要进一步为民营经济的恢复、发展创造积极的条件，大力推进混合所有制的改革。

最后，不能因为"举国体制"在重大危机时的做法有效，而延展"管制的思维惯性"和"审批的路径依赖"。"举国体制"的运行是依靠行政部门层层下达政策、指示等行政手段来维持的。为了有效应对重大危机，在紧急状态下，各级政府部门的权力扩张是必须、必要之举。与此同时，在假定这些措施是基于科学、理性的前提下，还必须保证这些严格的措施能得到严格的贯彻和严格的执行，否则难以取得成效。此次国内外的抗疫实践，从正反两个方面充分证明了严格的措施、严格的贯彻和严格的执行,这三者之间高度统一的必要性和有效性。

但要清楚的是,作为一个主体影响或控制另一个主体或个体的一种能力的"公权力",它不仅本身具有可以"无穷透支"的属性,还具有法国思想家孟德斯鸠所总结出来的一种特性,即"一切有权力的人都容易滥用权力",如果不对此加以监督和制约,就会出现包括腐败在内的许多严重问题,这就是为什么要"将权力关进制度的笼子里"的根本原因。

依法行政是我国依法治国基本方略的重要内容,它是指行政机关必须根据法律法规的规定设立,并依法取得和行使其行政权力,对其行政行为的后果承担相应的责任。这就是说,即使在运用"举国体制"来抗击疫情,或完成重大项目、实现重大目标时,我们仍然需要依法行使权力;在疫情过后,更要防止出现"层层管制、事事审批"的思维惯性和路径依赖,防止权力的"泛化"。如果我们将特殊时期的特殊做法常态化,那就有走"回头路"的危险。

我们应当继续坚持"依法行政""简政放权"这一中央反复强调的重大改革之举,并且,按照《中共中央关于全面推进依法治国若干重大问题的决定》中明确提出的原则,"依法治国是坚持和发展中国特色社会主义的本质要求和重要保障,是实现国家治理体系和治理能力现代化的必然要求,事关我们党执政兴国,事关人民幸福安康,事关党和国家长治久安",大力推进法治中国的建设。

疫情终将过去,但风险演化规律提示我们,此次新冠肺炎疫情绝不可能是人类遭遇的最后一次灾难。希望"新型举国体制"能够在基于中国国情的基础上,在借鉴人类一切优秀成果的前提下,在中国特有的制度环境中,进一步健全与完善。在人们最需要它的时候,它能够在其位、谋其政、负其责、尽其事,发挥其最大的效用。

保险业需要在反思中成长*

国务院《关于加快发展现代保险服务业的若干意见》(以下简称新"国十条")于 2014 年 8 月 13 日颁布。新"国十条"明确指出,"保险是现代经济的重要产业和风险管理的基本手段,是社会文明水平、经济发达程度、社会治理能力的重要标志",并从构筑民生保障网、参与社会治理、提高灾害救助参与度、创新支农惠农方式、促进经济提质增效升级、全面提升行业发展水平、加强和改进监管、优化保险业发展环境、完善支持政策等十个方面提出了具体的措施和要求,对保险业的发展作出了全面的战略部署,这对现代保险业在中国的发展无疑具有重要意义。

然而,在我们为新"国十条"的颁布欢欣鼓舞的同时,也应当对行业健康发展的其他决定因素保持一份清醒的认识。1998 年,中国保险监督管理委员会成立,标志着中国金融分业监管体制的形成。从 1998 年至今的 16 年中,从 2001 年中国加入世界贸易组织至今的 13 年中,从 2006 年《国务院关于保险业改革发展的若干意见》颁布至今的 8 年中,我国保险行业的发展不乏政策刺激。在各种因素的共同作用下,我国保费总规模从 1998 年的 1247 亿元增长到 2013 年的 17222 亿元;1998~2005 年、2006~2013 年两个时期的年均增长率分别为 21.28% 和 17.55%;资产总额从 1998 年的 2038 亿元增长到 8 万多亿元,同上两个时期的年均增长速度分别为 33.84% 和 23.94%,虽然高

---

* 《中国金融》2014 年第 17 期封面文章。

于同期银行业和证券业,但增速是递减的。与此同时,我国的人均保费和保障水平均大大低于世界平均水平,保险的普及率仍然很低,保险密度仅为世界平均水平的31%左右。

"以史为鉴,可以知兴替。"以上数据也许不能说明全部的经济现象,但至少在一定程度上反映出以下两个基本事实。第一,政策的边际效应存在某种程度的递减,而只有充分认清影响和决定保险业发展的各种因素以及它们之间的高度关联性,才能最大限度地发挥政策的激励作用,使保险业平衡包容发展。第二,保险业在总体规模增大的同时,保障作用发挥严重不足。保险的基本功能是经济保障,这是保险行业生存、立足、发展的根本。保障功能不足的问题如果得不到有效解决,无疑将削弱现代保险制度的基础。

从逻辑起点反思行业定位

从历史来看,发达国家保险业的产生都是基于被保险人风险规避的特性及风险转嫁的要求。不管是几千年前古罗马、古希腊的社团组织所催生的早期的人寿保险形式,还是早期古巴比伦商人基于保全财产的需要所催生的财产保险;不管是资本主义萌芽时期繁荣的海上贸易所催生的海上保险,抑或是随着法律制度的建立和完善所催生的责任保险,在西方现代保险业发展的数百年历史进程中,我们可以看到它们的一个共同特点,即保险制度的起源、发展与完善是一个自然演进的过程;风险客观存在的特性以及不断变化的形态给保险业的生存和发展提供了其存在的合理性基础,而保险业则因其独特的运行机制为风险转嫁者提供了保障,在证明其基本价值和作用的基础上不断获得发展。

反观中国,即使我们可以将1805年英国保险商在我国广东成立保险公司视作中国保险业的滥觞,但自此之后直到1959年,保险业在中国几经沉浮,因此,我认为中国保险业真正的逻辑起点应当是1979年。这一年,中国人民银行在《关于恢复国内保险业务和加强保险机构的通知》中指出,全民所有制企业和集体所有制企业的财产,包括固定资产和流动资金,都可以自愿参加保险。参加保险的财产一旦发生保险责任范围内的损失,由保险公司按照保险契约的规定负责赔偿，国家财政不再核销或拨款。

不管我们今天如何定义"国际惯例"下保险的基本功能，保险业在中国当时的特定背景下，"背负"着履行"财政保障替代功能"的职责而浴火重生的特征是确定无疑的。这一逻辑起点固有的以下两个基本特性，不可避免地在较长一段时间里影响并决定了保险业的发展轨迹。其一，计划经济色彩浓厚。政府更多的是从配合经济改革和社会发展的角度出发，对企业投保、人事任命、条款费率、产品结构、市场体系等都进行全面的行政指导或干预。其二，行业具有很强的资金积累的需求和冲动。1979年4月，国务院批转的《中国人民银行全国分行长会议纪要》明确指出，开展保险业务的目标之一就是"为国家积累资金"。政府的要求，为这个行业强烈的资金积累冲动提供了合理性依据。而随着改革开放的逐渐推进、国有经济体系的改革、政府隐性税收的减少以及居民财富的增加，社会储蓄资金得到有效聚集，由此为经济体的转轨提供宽松的货币环境的问题变得日益重要。对资金的渴求，不可避免地导致政府对其在保险业的"长子"——中国人民保险公司资金积聚功能的高度重视，而资金积累最快捷的方式之一就是快速地增加保费，由此为资金运作提供"有源之水"。

上述分析表明，行业定位不清有其深刻的历史根源，在其后各种内因和外力的共同作用下，特别是在以"数量扩张"为价值取向的影响下，保险业的基本保障功能长期没有得到业界应有的重视。

从保障功能的偏离反思发展方式

通过以下几组数据，我们可以看出中国社会民众基本保障不足的现状。第一组数据：瑞士再保险公司发布的《死亡保障缺口：2011年亚太地区》报告认为，赚钱养家者通常应当拥有相当于其年收入10倍的寿险保障，当需要保障的部分未被保险覆盖时，就会出现死亡保障缺口。中国的死亡保障缺口从2000年的3.7万亿美元扩大至2010年的18.7万亿美元，每100美元的保障需求，目前仅存在12美元的储蓄和保险覆盖，从而留下了88美元的巨大缺口。第二组数据：据中德安联人寿保险有限公司、中国人寿股份有限公司，以及中国台湾的财团法人保险事业发展中心等机构的数据显示，中国大陆人均寿险保单为0.1~0.3张、美国人均3.5张、德国人均至少2张、日本人均8张、中国香港地区人均7~8张、中国台湾地区人均2张。第三组数据：我国1998年发生的特大洪灾，损失达2000多亿元，保险赔款占损失比重约1%；10年之后的汶川大地震直接经济损失高达8451亿元，保险赔款占损失比重仅为0.2%。而从国际社会来看，保险赔款占灾难损失的比例世界平均水平为30%~40%，北美地区高达60%以上。

从上面我所引用的这些数据可以看出，在我国保费增长速度大大高于世界平均水平，近些年来资产规模增速显著高于国内银行、证券业的背景下，保险业对生命、财产、健康的基本保障不足，说明行业的发展偏离了其基本宗旨，说明我国保险行业的发展方式是有问题的。但问题是，保险业为什么会长期陷入这样一种忽视保障功能、以追求保费规模而达到"做大做强"目标的发展方式？

在一个特殊的历史环境中、背负着特定历史任务"出生"的保险业，在之后很长的一段时间内采取"数量扩张型"的发展方式，从很大程度上来看，这不能不说是保险行业这个"经济人"的"理性"选择，对此，笔者曾提出过如下的解释。第一，由"大数定律"所导致的保险公司所具有的内在的扩张冲动，这是经营规律使然。众所周知，假定其他条件不变，保险标的越多，实际损失与预期损失发生的偏差就可能越小，保险公司的经营就会愈加稳定，这就使得保险公司有着内在的扩张冲动。第二，中国市场经济发展的需要与保险这个弱小产业之间的矛盾所导致的扩张冲动，襁褓中的保险业希望靠非常规的增长方式来实现跨越式发展，以迅速收窄供给与需求之间的差距。这是供求规律使然。第三，中国与其他发达国家在发展其保险业时所面临的最大不同就是，我国在发展伊始就面临着"全球化"浪潮的冲击，面临着实力极其雄厚的国外同行进入中国并且与之竞争的残酷局面。"落后必然挨打"的历史教训与严酷的现实逼迫中国保险公司必须迅速做大做强，否则就会被无情的竞争所淘汰。由强大的国外竞争对手所激发的扩张冲动，这是竞争规律使然。第四，在很长的一段时间里，我国保险法规、监管部门和业界都是以"保费指标"作为最重要的指挥棒,这就不难解释以"市场份额"论成败的现象。由保险业的评价指标体系所导致的扩张冲动,此为激励机制使然。第五,整个中国经济长期实施的粗放、外延式的增长方式的影响是其更深层次的原因所在,保险业作为其中的一个部门不可能"独善其身",这是路径依赖使然。

由以上分析可以看到,特定的发展起点和特定的发展环境,对保险业长期以来采取的增长方式产生了重要影响,由此形成了总保费规模、资产规模迅速增长与基本保险功能发挥不足的悖论。

从百姓态度中反思公司行为和监管者职责

保障程度低说明保险的普及率低。但即使在很低的保险普及率下,老百姓对保险行业的满意度也相当低。仅以保险大省江苏省和保险发展中等水平的安徽省为例。两省2013年对十大服务行业作出的满意度调查显示,保险业的公众满意度都位列第九。超大的保障缺口、超低的保险普及率与超高的公众不满意度构成的"三超"现象,成为保险业必须直面和反思的尖锐议题。

超高的公众不满意度主要来自产品、销售和理赔三个方面。首先,从产品设计来看,在行业定位不清和数量扩张型的发展战略指导下,保险业一直在弱化保障这一"主功能",而以其资金融通的"派生功能"与银行证券等金融部门竞争,以尽快在资产规模上做大做强。就目前占中国总保费规模70%以上的人寿保险来看,这一目标的实现自然是以尽可能多地销售理财产品为捷径之一。仅以2012年寿险业务类型为例,分红险高达88.17%,纯保障的普通寿险仅占10.89%。其次,销售误导长期存在,由此严重影响了普通百姓对保险的信任。在各种权威机构发布的消费者投诉调查中,保险销售误导一直占据相当高的比例。再次,长期以来,保险公司在其发展中一直强调"渠道为王",而对理赔没有给予同等的重视,致使"理赔难"一直成为保险业的一个"标签"。多年前,国务院发展研究中心市场经济研究所《中国50城市保险市场调查研究咨询报告》对我国最具发展潜力的46个大中城市保险市场的22182个居民家庭的调查显示,在有过理赔经历的消费者当中,

31.3%的消费者认为"理赔难"。近些年来，这一问题虽然有所好转，但仍是消费者诟病的顽疾之一。根据发达国家的实践，"保险的声名是'赔'出来的"。只有让消费者真正体验到保险带给他们的好处和实惠，消费者才会主动购买它。上述问题的存在极大地影响了保险行业的声誉，造成了保险公司形象不佳的问题，这反过来使本来对保险就不大了解的普通百姓更加远离保险。

产品的缺陷、销售误导和理赔难是保险行业粗放发展所导致的必然结果，而公司治理结构的缺陷和监管部门长期以来被赋予的"双重角色"的定位，则进一步强化了行业定位不清和发展方式粗放的问题。作为发展中的新型行业，保险业在发展之初所呈现出来的巨大发展潜力和超常的实际增长率，吸引了包括制造业、电力行业、家电行业等大量社会资本的进入，它们或者与国外资本合资成立保险公司，或者入股保险公司。然而，许多股东对保险行业完全不了解，他们按照本行业的特点和规律来要求保险行业，对其通常需要经过7~8年，甚至更长时间才能盈利的基本特性不予认同，对管理团队提出了很高的增长目标的要求。在这种情况下，许多公司完全无暇顾及长远发展，只能采取各种"短平快"的方式，包括放松承保条件、自杀性费率，甚至假签单、阴阳合同等违规方式，以尽可能完成当年的保费任务，由此带来的后果就是市场的无序竞争严重、保险资源的掠夺性开发和行业形象的自毁，而监管部门也存在以规模论英雄的现象，按保费和市场份额排名来评价保险公司。

发挥现代保险的作用须从提升普及率入手

任何一个行业的所有发展问题都可以归结为"为什么发展"和"如何发展"两大类。也许对国外发达市场来说早已不存在的第一个问题，我们用了35年的时间在探索、纠偏和确位。过去的35年，中国保险业取得了巨大的成就。然而，不可否认的是，在发展中也存在着行业定位不清、保障功能弱化、发展方式粗放的问题。它的根本原因在行业自身，但同时也折射出整个中国经济在改革开放中存在的问题。

在新的历史阶段来探讨现代保险业发展的问题，笔者认为需要具有"顶天立地"的思维。所谓"顶天"是指从"保险制度是市场经济体制不可或缺的重要组成部分,没有完善的保险制度,就没有完善的市场经济体制"这个战略高度来认识在中国发展现代保险业的重大意义。所谓"立地"是指从提升保险的普及率这个基础工作开始。只有保险的普及率提高了,只有保险真正被普通大众视为不可或缺的风险管理的基本手段,新"国十条"中所提出的"使现代保险服务业成为完善金融体系的支柱力量、改善民生保障的有力支撑、创新社会管理的有效机制、促进经济提质增效升级的高效引擎和转变政府职能的重要抓手"的作用才能真正得以实现。应当说,中国从来不缺立法,但缺乏执法和守法;中国从来不缺政策,但缺乏政策之间的有效协调和落实。新"国十条"中的许多措施早在2006年颁布的《国务院关于保险业改革发展的若干意见》中就曾经提出过。8年过去了,许多方面进展缓慢,其原因值得我们认真反省。

提高保险普及率的突破口是建立和维护保险业的良好声誉和形象。没有良好的声誉和形象,公司的吆喝再多、社会的呼吁声再高、政府的政策再好,保险都不可能"落地生根"。其实,每个行业都有声誉和形象问题,但在保险业尤为突出和重要,笔者认为这至少有两个方面的原因。第一,与同样作为服务业的交通、旅游、餐饮等行业相比,作为金融服务业的保险,其所具有的承诺性的特点让大众非常关心合同的履约问题,而行业的声誉和形象则会直接影响到人们对保险人日后是否履约的预期。第二,与同样作为金融业的银行、证券、信托、期货等行业相比,保险"经营"的是与人们的生命、健康、财产、责任等相关的风险,这是一个人们不得不面对但又很避讳的东西;同时,损失发生的不确定性和保险合同的"射幸性"特点也会增强"理性人"的"机会主义"特性,使人们通常选择"碰运气"而不是主动与保险打交道。因此,不像银行、证券那样可以"坐等"人们"自愿上钩",在很多的情况下,保险必须"主动出击",诱导需求的实现。在这种情况下,行业的声誉和形象自然为人们所极大地关注,因为你(保险公司)是主动的,我(消费者)是被动的,我当然有权利对你提出更高的要求。这就是保险,一个如此重要但在没有发生损失时又很难让人感觉到其重要性的行业。

要建立和维护保险业的良好声誉和形象，具体来说，需要从保险机构提供让老百姓具有实用感、安定感和可靠感的产品和服务做起。同时，保险机构的经营需要实现三个转变：从保费至上转变为保障至上，从速度至上转变为效益至上，从渠道至上转变为理赔至上。如果说，过去的35年，我国的保险业实现了产业从小到大、公司从少到多、产品从简到繁、经营从粗到细、监管从虚到实的发展历程，那么，要真正奠定其在国民经济中的重要地位，显然不能满足于目前已经取得的业绩，而是需要上升到一个更高的层次，即产业从大到强、公司从多到优、产品从繁到好、经营从细到精、监管从实到准（该管的管，不该管的放，要管就要管到位）。保险业如果不能实现这五大转变，上升到一个新的境界，就无法达到一个成熟市场的要求。

像任何行业都要妥善处理好政府与市场的关系一样，保险业的发展也离不开这一点。政府在建立现代保险服务业方面应当做好四件事情。第一，在灾难事件的处理上明确政府与市场的边界，摒弃"维稳压倒一切"的理念，该市场做的就得让市场做，该尊重契约的就得尊重契约，让普通百姓从切身经历中认识到风险的危害和自我保障、转嫁风险的必要性及重要性。第二，通过税收等制度的政策优惠给企业和居民提供购买保险、保险公司销售保险的激励。第三，通过政策性保险机构或者通过给予市场的指导和与市场的合作，提供商业保险不愿意、不能够提供的险种。第四，通过加强教育来培育人们的风险意识和保险意识。

80多年前，胡适先生在谈起保险时这样说道："保险的意义只是今天做明天的准备；生时做死时的准备；父母做儿女的准备；儿女幼时做儿女长大的准备。今天预备明天，这是真稳健；生时预备死时，这是真豁达；父母预备儿女，这是真慈爱。能做到这三步的人，才能算作是现代人。"什么时候中国百姓都能像胡适所说的那样，具有通过拥有保险来做现代人的意识，那么，不用政府发文、不用监管部门力推，保险行业将会以其自身独立存在的价值和功效赢得社会的尊重，现代保险业也就真正具有了健康、可持续发展的基础和意义。

再论保险业的变与不变*
——关于新技术对保险业影响的若干思考

大约 10 年前，我在《中国保险报》"北大保险评论"上发表过一篇《论保险业的变与不变》的文章。这么多年过去了，许多事情发生了改变，我自己也一直在思考，在互联网、大数据、云计算等新技术已经深入影响了整个社会和人们生活的前提下，对保险行业来说，究竟哪些方面受到影响了，受到了什么样的影响？哪些方面发生了改变，哪些方面并没有发生改变？我们只有厘清一些基本问题，才能使保险行业行进在正确的轨道上，企业也才能采取更有针对性的应对措施。

那么，应当从哪个角度来分析这个问题呢？我认为应当从行业特性的角度入手。一场台风袭来，受灾地区的各类标的物都会受到影响，但标的物的不同，或者虽为同类型的标的物，但特性、材质、体积等不同，也会使得台风的作用后果呈现不同的状况。外因固然重要，但内因是变化的依据，外因只是变化的条件，外因是通过内因而起作用的。因此，分析互联网、大数据等对保险行业的影响应当从保险业自身的特质、体质入手，这样才能更加清楚地看出这种影响的性质及其程度。

我们是否可以这样来提炼和总结保险行业的特性，即一个基石、三大支

---

* 发表于《中国金融》2016 年第 19 期。

柱和三个主体。一个基石即风险转移和损失分担；三大支柱即可保风险、大数法则和最大诚信；三个主体即保险消费者、保险供给者和保险监管者。这些是构成保险之所以为保险而不是其他行业的核心要件。

虽然任何的比喻或者类比可能都有是否贴切或者严谨的问题，但因为生动、形象，我还是想借用台风和标的物之间关系的这种类比来分析一下互联网、大数据这一裹挟着强大威力的"台风"对"具体标的物"——保险业，会产生什么样的影响。

我们先从保险业的基石来看。我认为，互联网、大数据、云计算等新技术的出现不会改变"风险转移、损失分担"这个保险业的本质特征。保险业从它诞生之日起，不管是发轫于几千年前古巴比伦商人转嫁风险诉求的现代财产保险，还是起源于几千年前古希腊和古罗马寻求损失分担机制的现代人身保险，不管是古代的保险思想，还是中世纪的保险计划，抑或现代的保险行业，它们共同的特征都是风险转移、损失分担。这样一个特征是保险业独有的。即使保险因其具有"资金融通"的属性、因其具有投资功能而被视作金融的一个分支，但客观而准确地说，保险因其独特的风险保障功能而区别于其他金融部门，这一功能是保险业立足和发展的核心价值和独特意义所在，它不因任何新技术的出现而改变。

接下来我们来看第一支柱——可保风险。我认为，互联网和大数据出现以后，没有改变商业保险公司只能承保"可保风险"的特质。而既然是可保风险，企业在甄别风险的时候，就应当遵循可保风险的一些基本特性。而且，不仅仅只是技术方面的要求，企业在设计产品的时候还应当恪守法律与道德规范，甚至社会公序良俗的界限。当然，我这样说，绝不是说"可保风险"是一成不变的，恰恰相反，我一直认为"可保风险"是一个动态的概念，也就是说，随着客观条件的变化、科学技术手段的发达，"昨日"的"不可保风险"在"今日"可能成为"可保风险"；而"今日"的"不可保风险"又可能成为"明日"的"可保风险"。也就是说，随着数据的扩大和计算能力的提升，"可保风险"的内涵和外延都会得到拓展，但关键是保险公司要有对当下"可保风险"本质的判断和把握，以决定其业务发展的重点和方向。

需要进一步指出的是，由商业保险的本质特性所决定，保险经营中始终存在着两大矛盾：

从定性的角度来看，它体现为需求方对风险保障的全方位要求与供给方对风险的选择性承保之间的矛盾；从定量的角度来说，它体现为新险种开发的迫切性与产品定价所需数据的滞后性之间的矛盾。

互联网和大数据出现以后，不会从根本上消除第一个矛盾，但对第二个矛盾的缓解无疑会起到一定的作用。

再来看大数法则。众所周知，保险经营活动中强调大数法则。因为保险标的数量越多，实际损失结果与预期损失的结果之间的方差就会越小，保险人对未来风险的预测就会相对更加精确，保险业的经营就会更加稳定。当然，如果保险人有意愿也有能力承担较大的风险，保险标的数量也可以很小，这也就是我们大家熟知的"特殊险种"。例如，据可查阅的史料表明，早在1920年，演员兼歌手玛琳·黛德丽（Marlene Dietrich）就在著名的英国劳合社为她的嗓子上了100万美元的保险，自此之后，"特殊险种"一直存在于保险经营领域，但它只是保险海量产品中一朵小小的浪花。互联网，特别是移动互联网、大数据、云计算等出现以后，由于大数据的可得性、时效性和计算的精确性，保险人可以对保险标的和可保风险进行更为细致的分类，由此为消费者个性化需要的满足提供了更大程度的可能，延展了保险业经营的广度和深度，但我认为，它并没有从根本上颠覆大数法则在保险业经营中的地位和作用。

最后是最大诚信。诚信是所有经营活动的基本要求，是任何商业性契约的双方当事人所必须遵循的先决条件。保险是一种承诺，没有契约的保证，无人敢拿财产、生命和健康做赌注，但保险契约对合同当事人诚信的要求，远比其他一般契约为高，这是由保险业所经营的内容，即"风险"所决定的。从供给方的角度来看，通常而言，一般商品"一手交钱、一手交货"的交易根本不需要卖方了解买方的财产、生命、健康的风险状况，但后者恰恰是保险人"经营"的内容。风险状况决定了损失发生的概率，也决定了保险人未来赔付的概率；从需求方来看，保险产品"承诺"性的特点，使得承诺今后能否兑现成为投保人和被保险人最大的隐忧。概言之，供需双方是在相互防范的"博弈"中签订合约的，博弈的砝码即各自掌握的信息。最大诚信原则通过告知、保证等有关条款规定对投保人与被保险人实施约束；通过弃权与禁止反言等规定对保险人实施约束。但由于信息的不完全性、非对称性等问题的存在，保险业固有的逆向选择以及防不胜防的道德风险和欺诈，使得供需双方都会提高防范意识，由此加大甄别成本，影响经营业务的发展。而在互联网和大数据出现以后，由于真实数据的可获得性和便捷性使得最大诚信原则实施的环境得到改善，这必将对保险业的稳健发展起到重要的推动作用。

现在我们来简要分析一下保险活动的三大主体。

首先来看消费者。微观经济学关于消费者的分析是建立在"消费者是追求'效用最大化'的；是遵循'最小成本与最大收益'的原则来比较和寻求各种消费品的"。即使在当今这个变化无穷的社会，消费者的以上特性并没有发生变化。而具体到中国来看，"变化"则主要体现在以下三个方面。一是消费群体的特点发生了变化。据麦肯锡预计，中国的中产阶级数量在2012年为1.74亿个家庭，到2022年将增至2.71亿个家庭。严格说来，商业保险是最契合中产阶级的保障产品，假定其他条件不变，中产阶级对保险的需求将获得很大的提升。二是消费者的偏好发生了变化。随着消费主体收入水平的提升，消费者从主要对物质产品的消费到对文化、精神产品的消费，从主要对非金融资产的积累到金融资产的积累。保险作为金融资产的一个组成部分，特别是作为具有金融资产保障品特性的一种产品，会随着人们对更高生活质量的追求而获得消费者更多的青睐。三是消费方式和习惯发生了变化。随着互联网、物联网的出现，各种新的消费方式，特别是体验式消费开始流行。而当具有消费体验习惯和要求的消费者遇到了无法体验的，特别是本身就具有"卖出而不是买入"之特点的保险产品时，惯性思维会使得保险的销售遇到新的挑战，这在寿险业将更加明显。

再来看保险供给者。微观经济学关于企业的分析是建立在"企业是追求利润最大化的"这一基础之上的，这一点仍然适合今天的保险供给者，不会因为互联网和大数据的出现而发生改变，但以下三个方面会出现新的变化。一是保险公司的形态将会更加多元和丰富。以互助为核心的、植根于互联网的保险人将不断出现。二是经纪、代理人的作用将会有所变化。由于标准化的、内容简单的产品可以通过线上进行销售，这将会对保险经纪，特别是保险代理形成一些替代，但条款复杂的、保障程度高的产品仍然需要经纪和代理。三是供给质量和效率的提升。互联网技术和大数据的应用，对扩大可保风险的外延、对风险做出更准确评估、对投保人进行更细致的分类、对降低信息的非对称性，防止逆向选择和道德风险等都能起到显著的作用，由此可以扩大保障范围、降低保费、提高理赔速度，这无疑将提升保险的供给质量和效率，对消费者产生更大的吸引力。

最后来看保险监管者。即使在当今这个变化无穷的社会，经济学分析中关于政府监管之所以存在的基本理由并没有发生根本性的改变，如信息不对称、不完善，外部性、不完全竞争和"搭便车"等因素。但互联网和大数据出现以后，监管部门对保险市场供需双方信息的掌握将更加全面和充分，技术手段也会更加先进，由此提升监管的效率。

有人曾用"3C"来总结20世纪经济生活的三个特点，即change、consumer和competition；后又有人总结21世纪的三个特点，仍然是"3C"，即change、competition和crisis。不管人类社会如何发展，有一点是确信的，那就是变化永远是时代的主旋律，但变中一定会有不变，创新一定要有原则。近些年来，随着移动互联网的兴起，一些互联网平台以"创新"为名，推出了许多"奇葩险种"，有的可以说是匪夷所思。这些做法一方面赚足了大众的眼球，另一方面却加深了一些本来就对保险不理解或者有误解的老百姓有关保险的错误认知。这样的变化、这样的创新，对保险业的健康发展是具有很大伤害力的。因此，处理好变与不变的关系，是守正创新的关键。只有基于守正之上的创新，才能使行业行稳致远。

中国保险业更需提高"深层竞争力"*

在党的十七大报告中，胡锦涛同志提出，要"提高银行业、证券业、保险业竞争力"，这一要求虽然只有寥寥数语，但实际上提出了一个非常重要并值得思考、研究的问题。

提高"竞争力"无疑是为了"竞争"的需要，"竞争力"和"竞争"这两者之间应当说是"手段"和"目的"的关系。换句话说，如果没有竞争，也就不需要所谓的竞争力，当然也就不需要去提高这个竞争力了。计划经济中是没有竞争的。传统的政治经济学对竞争的解释是："竞争是在以生产资料私有制为基础的商品经济中，商品生产者为获取有利的产销条件而进行的相互斗争。""竞争和生产无政府状态规律"是"以生产资料私有制为基础的商品经济的规律之一"。由于计划经济时代没有竞争，当然也就没有必要来谈竞争力的问题。别说党的重要纲领和文件，就是在日常经济活动中，我们什么时候听说过要提高某个产业的竞争力了？

改革开放以来，随着理论上的"拨乱反正"，中国逐步建立了社会主义市场经济体制。垄断被逐渐打破，经济中出现了不同所有制的竞争主体，因此也就出现了竞争这一重要的社会现象。从目前来看，除了一些行政性垄断还比较强的领域以外，中国经济中绝大多数领域的竞争都是非常充分，甚至可以说是非常激烈的。

---

* 发表于《中国保险报》"北大保险评论"专栏，2007年10月24日。

既然有竞争，也就有了竞争主体运用什么手段、通过什么形式来进行竞争的问题。实际上，各种手段或者形式最终都可以抽象并表现为竞争力。竞争有各式各样的，例如，有"合法竞争"与"非法竞争"之分；有"良性竞争"与"恶性竞争"之分；有"有序竞争"与"无序竞争"之分等。竞争力也有高低、优劣之分。无疑，我们需要的是"合法竞争"、"良性竞争"以及"有序竞争"。在这个大前提下，我们应当思考和研究的问题是：以效率为标准，从科学发展的角度来看，竞争主体应当依靠什么样的"竞争力"来进行竞争？进一步引申出来的问题是，竞争主体应当提高"什么样"的竞争力？

日本著名的管理学家藤本隆宏在《能力构筑竞争》一书中提出了表层竞争力和深层竞争力这两个概念，并运用此概念解开了日本的汽车工业为什么在经历了20世纪90年代长期的经济衰退后，仍能在步入21世纪的今天如此强盛的谜底。作者认为，日本的汽车企业虽然在市场营销、企业战略等表层竞争力上并不比欧美汽车企业具有明显优势，但在现场制造的企业组织能力、产品结构的研发与生产能力等深层竞争力方面，日本汽车企业却一直具有雄厚的优势，为欧美企业所不能企及。

强调深层竞争力是以"丰田"为代表的日本汽车产业之所以长期称雄世界的重要原因，并不是说表层竞争力不重要。恰恰相反，由于"表层上的竞争是在顾客可以看得到的地方展开的竞争，也就是在顾客可以直接观察、评价的指标数值上，例如价格、产品性能、可信度、交货期限、服务等方面的竞争"（藤本隆宏语），因此，它对有效地完成整个生产、经营过程具有极其重要的意义。因为消费是生产的最终目的，如果完不成"销售"这一如马克思所形容的"从商品转化为货币的'惊险的一跃'"，任何生产、经营和服务都是没有意义的。但表层竞争力一定要以深层竞争力作为支撑，后者即如藤本隆宏所说的"动态组织能力、能力构筑的能力，或者说企业更快、更有效地实现竞争能力的累积进化，即进化能力"，它的实质就是一个企业所具有的持续的创新能力，这是一个企业、一个行业长期发展的基石。

不同的行业和企业由于其经营的产品和流程等的不同，其表层竞争力和深层竞争力的具体内容会有差异，但道理是相通的，也就是说，不同的行业都既有"顾客可以看到的表层水平"的竞争力，也都有"顾客不能直接看到的深层水平"的竞争力。因此，我们也可以用这两个概念来分析保险业。从某种意义上来说，由于保险经营内容的特殊性，保险公司更需要进行主动营销才能说服消费者购买保险产品。因此可以说，保险行业对以营销战略为特征的表层竞争力的需要甚至比像汽车行业这样的制造行业更为强烈。但营销战略毕竟是一种表层竞争力，如果企业只有表层竞争力而缺乏深层竞争力，企业的发展就会成为无源之水，不可持续。

然而长期以来，我国保险业的竞争基本停留在表层竞争力的层面上，以费率竞争、手续费竞争为形式的价格竞争一直非常激烈，甚至可以用"惨烈"来形容。许多保险公司仍然把主要的精力放在市场营销、机构扩张、保费规模的扩大等方面。如果各家保险公司仅以表层竞争力作为主要的竞争手段和形式，而不注重公司治理结构的完善、核心竞争力的培育、创新机制的建立等构筑、提升深层竞争力的制度建设，那么，不仅公司会丧失长期发展的动力源，而且必然引发整个行业的无序竞争和恶性竞争，造成对保险资源的掠夺性开发。长此以往，必然损害整个行业的可持续发展能力。

由此可见，在经济全球化和金融综合经营的大背景下，中国保险业为了应对挑战，有效发挥其功能和作用，必须极大地提高自己的竞争力。但这个竞争力应当是深层竞争力，而不仅仅只是表层竞争力。

应重视对"保险周期"的研究*

第七届"北大赛瑟论坛"在春意盎然的未明湖畔召开。我在大会上所做的主题演讲是《保险周期与经济周期——国际比较及其对中国的启示》。引发我对这个问题的研究兴趣始于2008年底发生的全球金融危机。当时,大家都在谈论"经济衰退期,某个行业的发展怎么怎么样;经济复苏期,行业发展又怎么怎么样"。我就问自己:西方学者早就在研究"承保周期",这个研究的方法和结论是否适用于研究目前中国保险业的发展周期?简要的文献查询后我发现,我们对这个问题的认识实际上还存在许多盲点和空白。于是,我们学术项目小组就着手对有关保险周期与经济周期进行研究。

我们的研究是从提出以下几个问题入手的。首先,为何研究"保险周期"?其次,如何研究"保险周期"?再次,中国"保险周期"的主要特征。最后,"保险周期"研究带给我们的政策启示。

为什么要研究"保险周期"

不论在宏观经济领域,还是在保险领域,"周期"无疑都是过去二三十年来最热门的研究话题之一。不过,这两个领域的研究在关注点方面似乎遵循着截然不同的方向。在宏观经济领域,大家关注"经济周期",关注的是

---

* 发表于《中国保险报》"北大保险评论"专栏,2010年4月4日。

经济增长在长期增长趋势中的周期性波动；而在保险领域，大家关注"承保周期"，即坚挺市场和疲软市场的交替出现，关注的是保险业自身经营规律的周期性变化。

既然理论界已经有了关于承保周期的研究，那么，为什么我们不延续已有的思路来进行，而要另辟蹊径，提出保险周期的问题呢？这有以下两个重要原因。

首先，保险周期与承保周期的内涵和引发的原因不同。从现有研究可以看到，承保周期的研究主要发生在工业化国家，其原因是这些国家的保险市场相对已经比较成熟，长期的增长趋势已趋于稳定，因此，其周期性的波动主要源于保险业自身经营策略的改变等微观市场因素。而新兴市场国家的保险市场正处于高速发展时期，保险市场尚不成熟，在这个快速增长的过程中，其保险市场可能面临相对更为剧烈的波动。与发达市场相比，新兴市场保险业的周期性波动产生的原因也可能截然不同，可能主要源于经济增长波动等宏观环境因素，而非取决于市场微观环境的变化。

正因如此，我们认为，对于新兴市场国家保险市场周期性波动的考察，应当采取与传统对工业化国家保险市场承保周期研究不同的视角，即需要更多地关注在其快速增长过程中出现的周期波动现象，而非仅仅从市场经营规律的角度出发。

其次，当前对保险市场自身周期性规律的研究已经相对成熟，但是对于新兴市场国家保险业长期增长趋势过程中的周期性波动却仍然鲜有触及。而对于处在加速发展阶段的新兴保险市场而言，准确地了解和掌握其在长期增长趋势中出现的周期性波动，正确把握其长期增长趋势、理性对待周期性波动、防范剧烈波动、制定有效的保险监管政策和合理的产业发展政策以促进保险业稳定增长都具有重要的意义。

基于上述原因，我们对保险业周期性波动的研究将从传统的承保周期的研究转移到对宏观经济领域定义的"围绕长期增长趋势中的周期性波动"的研究。借用卢卡斯对经济周期的定义，我们将"围绕保险业长期增长趋势重复出现的周期性波动"称为"保险周期"，以使其区别于传统的"承保周期"的概念。

如何研究"保险周期"

明确了保险周期的内涵及重要性以后,接下来的问题就是用什么方法来研究保险周期。一般而言,经济变量是趋势成分、周期性成分、季节性成分和随机冲击等多种因素的复杂组合。我们首先需要做的工作是提取周期性成分。由于我们在这项研究中使用的数据都是年度指标,所以不存在季节性的因素。而且,随机冲击相对于周期成分影响很小。因此,如果剔除了长期趋势成分,就相当于提取了周期性成分。剔除长期趋势成分的方法有多种,最为常用的是滤波方法。

如何刻画保险周期的基本特征呢?我们以不同国家1980~2008年各年度的保费收入为基础数据,选取周期长度、波动幅度、黏性等统计指标。周期长度是指每个周期的平均时间,反映周期性波动的频率,周期长度越长,表明周期性波动的频率越低。波动幅度是指波动起伏程度的大小,数值越大,表明波动幅度越大。黏性是指前一期波动对当期波动影响的强度,黏性越大,影响强度越大。

在考察对象(国别)的选取上,为考察新兴市场国家保险周期的基本规律和特征,我们选取中国——这个三十年来无论是国民经济还是保险市场都取得快速发展的最典型的新兴市场国家之一,作为我们重点研究的案例。进一步来看,为反映中国保险周期的特征,并了解新兴市场国家与工业化国家保险周期的根本差异,我们另外分别选取了10个新兴市场国家和10个工业化国家进行比较研究,以全面考察保险周期的基本规律、特征,以及不同类型国家之间的异同。

中国"保险周期"的主要特征

1980~2008年,中国保险业经历了六个较为完整的保险周期,周期平均长度为4.8年,波动幅度和黏性分别为0.117和0.030。

从保险周期波峰与波谷的比较看,中国保险业的波动呈现"扩张型非对称"特征,即波峰的振幅高于波谷的振幅。在我们考察的10个新兴市场国家和10个工业化国家中,只有印度也呈现出与中国类似的扩张型非对称的特征,这意味着,扩张型非对称这种波峰振幅大于波谷振幅的波动更容易发生在处于高速发展期的新兴市场国家中。

从保险周期上升与下降的比较看,中国保险业没有出现常见的"缓升陡降型"(即缓慢上升,迅速下降)的波动,这从一个侧面反映了中国保险业在此期间经历的平稳快速增长。而在我们考察的其他国家中,阿根廷、马来西亚、墨西哥、泰国等市场也出现了缓升陡降型的波动。

从保险周期与其他经济变量的关系看,中国的保险周期顺经济周期(且与经济周期完全同步)、顺固定资产投资周期、顺国内总需求周期、顺利率周期,但反股市周期。这些特征反映出我国保险周期波动受国内宏观环境波动影响较大,目前保险市场与股市之间存在一定程度上的替代关系。相对而言,这些特征与发展中国家类似,却与发达国家存在显著差异(大部分发达国家出现反经济周期特征)。

从保险周期的影响因素的角度看,通过自相关分析、联动性分析和计量模型实证分析,我们发现经济波动对保险业波动在某种意义上起着决定性的影响作用,同时也较大程度上受前期波动影响,而其他因素的影响则相对较小。这些特征同样与发展中国家类似,而与发达国家存在显著差异,后者的保险市场主要受其前期波动的影响,经济周期影响不显著。

"保险周期"研究带给我们的政策启示

以上讨论表明,对于新兴发展中国家,经济发展对保险业增长往往起着决定性的影响作用,因此,经济波动也将对保险业的波动产生至关重要的影响。对于工业化国家,由于保险市场已趋于稳定,甚至饱和,其周期性波动受保险市场自身微观环境和经营规律的影响较大,受经济波动的影响则相对很小。因此,对于发达国家来说,研究承保周期具有客观合理性,因为保险市场波动主要受市场微观环境的影响;而对于新兴发展中国家,研究保险周期则具有十分的必要性,因为保险市场处于高速发展期,保险市场波动受宏观经济因素影响较大，微观环境因素不起决定性作用。可见，新兴国家和工业化国家保险市场波动的基本特征和机理存在显著差异，不能简单地套用传统的承保周期的研究范式。

从保险周期的初步研究中，我们可以得到以下几点对于中国保险业发展的政策启示。

第一，应加大对保险周期的理论研究，以更好地了解和把握我国保险业周期性波动的规律特征和影响因素。一方面，它有利于更好地区分保险业的长期增长趋势和短期周期性波动，对保险业增长态势形成正确的认识；另一方面，它有利于对监管政策和产业政策的短期、长期影响及作用作出合理的评价与判断，有利于促进监管政策和产业政策长期化、稳定化。

第二，保险业应更多地关注国家宏观经济环境及其周期性波动。我们的研究表明，由于我国宏观经济波动对保险业的波动产生至关重要的影响，因此，要正确把握保险业的波动规律，就必须更多地关注国家宏观经济的波动，及时掌握宏观经济波动的状态，分析和了解宏观经济波动对保险业波动可能产生的影响，从而及时把握保险业波动的基本趋势，形成对保险业增长和周期波动的合理预期。

第三，应正确对待保险业在增长过程中的周期性波动。由于保险需求受宏观经济环境影响较大，在宏观经济波动过程中，保险业的波动不可避免。因此，我们不能为了纯粹地避免周期性波动中可能出现的增长、下滑等现象而仓促出台一些临时的保增长措施，由此会扰乱保险业正常的增长和发展规律。

第四，当前保险业波动受经济波动影响较大的事实，并不意味着我们可以更少地关注保险业自身微观市场环境变化导致的波动。而且，随着我国保险市场的进一步发展和逐渐成熟，保险周期的波动特征和影响因素都将发生变化，市场微观环境对保险市场波动的影响将越来越重要。因此，通过保持监管政策和产业政策的持续性和稳定性，培育保险公司成熟稳健的发展理念和经营策略，将是降低保险业波动程度，促进保险业长期稳定发展的重要途径。

"老龄化社会"杂谈*

前不久在参加一个有关养老保险和财富管理的论坛时,我仿照卡耐基从鼓励富人做慈善的角度提出的"在巨富中死去是一种耻辱"的名言,也从老年人的角度提出了一个观点:"在贫困中死去是一种痛苦,在孤独中老去是一种悲哀。"没想到,我的这个感慨引起了与会者的强烈共鸣。

对人类来说,不论性别、财富、年龄、国籍,有一件事情是很确定的,那就是除非发生意外,每个人都会经历"老"的过程。随着经济的发展、收入水平的提高和医疗条件的改善,人类的寿命越来越长,全球人口正在快速老龄化,由此带来了一系列前所未有的新问题。可以说,人口老龄化既是人类社会发展最伟大的成就之一,同时也是当今国际社会面临的一个最为重大的挑战。

老龄化的挑战是一个世界性的问题,但中国的情况尤为严重。这主要表现在庞大的老龄人口规模和快速的增长率上。据权威机构提供的数据显示,截至2011年末,中国大陆有1.23亿65岁及以上老人,约占总人口的9.1%,规模超过欧洲老年人口的总和。从增长率来看,以中国、美国、日本、德国、印度五个具有代表性的国家为例,2010年,中国65岁以上老龄人口的增长率为5.2%,美国为2.3%,日本为2.8%,德国为0.8%,印度为2.8%。

中国老龄化的挑战还不仅仅只是从一个庞大的老龄人口规模和很高的增

---

* 发表于《中国保险报》"北大保险评论"专栏,2012年4月17日。

长率反映出来。据我的观察，国人心态的"老化率"（这是我杜撰的一个名词。它并不是通常人们所指的"未老先衰"的现象，而是指到了60岁这样一个目前公认的老龄年纪以后，对自己"已经老了"的这种状况的自我暗示和自我强化的心态）较之西方发达国家为高。这可以从我们经常听到的"年龄大了，体力不支""老了，不中用""老了，还折腾什么呀"等常见语中反映出来。我认识许多发达国家上了年纪的人，别说六七十岁，就是八九十岁的老人也很少把"我老了"这样的语词挂在嘴边。"心态老龄化"将会加剧自然年龄的老化，放大老龄人群所固有的劣势，进一步恶化老龄社会所产生的各种问题。加之中国巨大的人口基数、实施了三十多年的计划生育政策、特有的二元经济结构、长期历史欠债等因素的交织作用，使得"未富先老"的中国，比世界上任何国家的养老问题都更加严峻。

德国社会学家孔德曾经说过，"人口就是命运"。许多研究表明，老龄化会直接影响企业的创新能力。同时，老年人退出了工作，不再创造财富，但所耗费的资源，特别是医疗资源却要大大高于工作人群。根据学者薛涌调查的美国数据显示，尽管考虑到高昂的教育费用，一个孩子消耗的社会资源还是比一个成年人少28%；而一个老人则比工作的人多消耗27%的社会资源。中国老龄科学研究中心2011年的一项调查显示，中国60岁以上老年人的余寿中，有2/3时间处于带病生存状态。与此同时，在老年人生病、住院的时候，家庭主要工作人员需要请假，需要陪护，这也会影响劳动人群的工作效率，降低劳动生产率。除此之外，老年人问题处理不好的话，还会破坏家庭和谐、影响社会稳定。

引述这样一个事实绝不是否定老年人的价值。相反，我曾经说过："生命的每一个过程都是美好的，童年的纯真、少年的狂野、中年的潇洒、老年的神闲，这是一个完整生命的构图。"既然生命是由一个个过程所组成的，那么，尊重生命就要尊重生命的全过程。而"老人"对社会曾经做出的贡献和在晚年时由于"心有余而力不足"所透出的那份无奈，他们有千万个理由得到更多的人文关怀。应当说，一个社会的文明程度正是在这个阶段才更能体现出来：全社会对老人的珍重就是对文明的膜拜；年轻人对老人的善待，就是对自己的钟爱。话虽这么说，现实却告诉我们，要让老人安度幸福的晚年面临着很大的困境。随着老龄人口的增加和日益显现的养老窘况，越来越多的人对养老忧心忡忡。最近的一份在线调查显示，对未来养老担忧的人群比例竟高达70%左右。

养老最需要什么？物质财富无疑是最重要的资源。但在人类预期寿命延长的同时，财富却未必会自动增加。因此，我们看到的一个现实是：由于超长存活，人类对长寿的担忧早已超过了对夭折的恐惧。然而，在现实生活中，我们看到的除了"人活着，钱没了"的景象以外，还有另一种情形——许多老人并不缺钱，但他们活得不快乐，因为他们感觉孤独、寂寞，这无疑在很大程度上会影响到老人的生活质量。不经历与老人特别是高龄老人的相处，可能根本无法理解老人对交流的那种渴望，那种对被呵护、被抚慰的巨大心理需要。我有一位邻居，一位年近90岁的老教授，身体和脑子都还不错。老伴儿早已去世，儿子和孙子与他同住。白天儿子、儿媳上班，孙子上学，他自己就会推着轮椅四处走走。有时转到楼下的商业街，一个人雕塑般地坐在那里，表情呆滞地望着来往的行人。每见此景，我总会生出一种莫名的心痛。我猜想，具有这种孤寂心情的老人绝对不在少数。

由此看来，养老不只是一个简单的财务资源问题或者财富管理的问题，即钱不是老人感受快乐的充分条件，而只是必要条件。人是社会动物，老人除了基本的衣食住行的需要以外，由于他们曾经的健壮变为羸弱、敏捷变为迟缓、自立变为依赖，种种反差的强烈对比，让他们比儿童、青年人和中年人更加敏感、更加多愁善感，因此，更需要一种除了生活关怀以外的精神抚慰。

但我们又不能不承认这样的现实，即使再孝顺的孩子，在目前竞争激烈的现实条件下，他们也无法完全放下手头的工作去照顾年迈的父母。平衡尽孝与个人职业发展之间的关系成为困扰许多中年人的两难。"子欲养而亲不待"是子女的一种遗憾；但"子欲养而力不足"又何尝不是一种痛苦的纠结！中国特别是城市中目前存在的"421"的家庭结构，更是让居家的老人能够享受儿孙绕膝的欢乐成为一种奢侈品。今年的全国老龄工作会议预计，到"十二五"期末,全国65岁以上的空巢老人将超过5100万,占全国老年人口的23.08%。如何能够解决这样一种两难的困境,让年迈的父母能够拥有快乐感、具备安全感、消除孤独感,享受老年的神闲;而与此同时,让子女们能够安心工作,享受中年的潇洒?这是一个值得全社会去认真思考和解决的大问题。

今年4月11日,国务院发布了《国家人口发展"十二五"规划》,提出以基本养老保险为重点,加快完善城乡居民社会养老保障制度。规划特别强调,"加快养老服务体系建设。注重发挥家庭和社区功能,建立以居家为基础、社区为依托、机构为支撑的社会养老服务体系"。政府在社会养老服务体系的建设中无疑需要承担重要的责任,但面对目前我国老龄化率的加速和社会养老服务体制建设的严重滞后所形成的巨大缺口,单有政府的力量是远远不够的,它需要政府及社会和个人各方力量的合力应对。特别是政府、市场双方应当在大力发展社区养老、机构养老和商业养老社区方面携手并进,各司其职。由于社会养老服务机构的兴办投资大、周期长、收益慢,导致民间资本缺乏足够的热情。这就需要政府制定、出台对养老机构的税费减免政策给予扶持。

而在各种养老模式中,我认为商业养老社区无疑是一种颇具发展前景的市场方式,因为相比其他的养老方式来说,它更具备让老人享受晚年幸福生活的各种基本元素。不仅如此,商业性的养老社区符合供求规律和分工理论,并且具有较强的规模经济效应和范围经济效应。它在让需求者体面生活的同时,又使供给者能体面赚钱,由此形成供给与需求的良性循环,保持可持续发展。因此,应当大力发展商业养老社区。

总而言之,应对老龄社会、解决养老问题,政府责无旁贷,社会、企业都有义务,同时,个人也必须根据自己的具体情况为未来养老早做合理规划。

保险业自身可持续与经济社会发展可持续*

在不久前于巴西里约热内卢召开的国际保险学会第48届年会上，国际保险学会与联合国环境规划署共同推出了《保险业促进可持续发展公约》。公约承诺，保险公司将在自身商业决策过程以及与客户的交流中考虑社会和环境可持续发展需要，并利用保险公司的影响力在与政府和决策者的互动中，定期发布自身为达成可持续发展目标所采取的具体措施和完成情况，在全球的保险行业倡导绿色经济与可持续发展。

联合国环境规划署执行主任阿希姆·施泰纳在大会发言时指出，"目前全球保险业保费收入约占全球GDP总量的8%，这表明，保险是一个可加强全社会可持续发展意识和实现经济可持续发展的强有力的中介。联合国期待与保险业开展更多的合作，以促进整个社会对可持续发展的认同，并对相关决策者和产业界积极进行产业结构调整施加影响"。

会议期间，我在里约接受新华社记者采访时提出，保险业存在的意义就是保障经济和社会的和谐稳定发展，此次会议隆重推出的《保险业促进可持续发展公约》，有利于整个行业从理念上、制度上和行动上更加关注保险业自身的可持续发展问题，从而有实力最终承担起保障整个社会可持续发展的责任与使命。今天利用"北大保险评论"这个平台，我想进一步阐释一下这个观点。

从宏观综合风险管理的角度来看，目前我们要格外重视金融风险、"三

---

* 发表于《中国保险报》"北大保险评论"专栏，2012年7月5日。

农"风险、公共风险和生态风险。就生态风险而言，长期以来，我国采取的粗放型经济增长方式导致我国经济的增长是以资源的大量消耗和环境的过度破坏为代价的。研究表明，我国因工业化引起的环境污染速度已大大超过工业化自身增长的速度，各种自然灾害造成的直接经济损失和间接经济损失逐年上升，经济发展的代价过大。生态恶化的问题如果再不引起各级政府的高度重视并得到有效解决，必然引发严重的能源危机和环境危机，我国经济的可持续发展前景堪忧。

国民经济是一个大系统，它是由许多部门、行业共同组成的。可持续发展是针对这个大系统而言的概念，而不是仅仅针对这个系统中的某个特定部门或行业。在这个复杂的大系统中，总会有一些产业、行业会随着科技的发展、消费者需求的变化等而获得更进一步的成长，有一些则会衰退甚至消亡。如果所有的产业、行业都是可持续的，那就不可能有所谓产业的升级换代问题，不可能有所谓经济转型问题，不可能有所谓社会进化的问题。物竞天择，适者生存，讲的就是"有生有死，有兴旺有衰亡"这样的道理。

但保险业一定是一个应当持续发展的行业。这是因为，保险业经营的是风险，而风险是不可能消失的。并且，随着科技的进步、经济规模的增大和社会结构的日益庞杂，风险总量会越来越大，风险类型会越来越多，风险结构也会越来越复杂。由此可见，只要有风险存在，以风险管理为己任的保险行业就有存在的充分理由，并且，它不是一个简单的存在，而是必须稳健地成长、壮大，随着风险类型的增多，能有效地应对这些风险的保险产品的种类也应当越来越多，风险管理的手段应当越来越先进，从而适应整个经济社会发展的需要，这就提出了一个保险业自身可持续发展的问题。

《保险业促进可持续发展公约》所提出的实际是一个问题的两个方面。首先，如何能够保证保险业自身的可持续发展；其次，保险业通过什么方式、途径才能够更好地促进经济、社会的可持续发展。

我认为保险业自身的可持续发展，关键在于"合理定位、跟踪变化、不断创新"。合理定位是保险业可持续发展的基石；跟踪变化是保险业可持续发展的源泉；不断创新是保险业可持续发展的动力。这里要特别强调一下保险业的合理定位问题，它主要是要求我们从宏观、中观和微观三个角度来正确认识保险业在国民经济中的地位。从宏观角度来认识保险业的地位——要看到，保险制度是市场经济不可或缺的重要组成部分，建立和完善市场经济就必须发展和完善保险制度。从中观角度来认识保险业的地位——要看到，保险是市场经济条件下风险管理的重要手段，要大力提升它的"风险管理的话语权"，而不是与银行、证券等金融部门争夺金融话语权。从微观角度来认识保险业——首先，必须先做好专业化才能考虑多元化；其次，必须本着对利益相关者和社会负责的精神，确认"自己能够管理多大规模的风险"，而不是"希望承担多大规模的风险"。如果保险公司承保了超过其能够管理的风险规模（包括再保险及其他的风险转移手段），它将面临破产、倒闭的风险，它的可持续发展就是一句空话，因而也就不可能以自身的稳健来承担起对国民经济、人民生活和财产的制度保障作用。

英国学者约翰·埃尔金顿（John Elkington）1997年在其《餐叉食人族》(Cannibals with Forks) 一书中提出了一个可以说是包括财务表现、环保表现和社会公正表现在内的经典风险管理框架。在我看来，这个管理框架的核心应当是"绿色"。因为如果一个企业的环保表现不好，那么，它的财务表现就会是以对生态的破坏、对资源的掠夺、对我们赖以生存的地球的摧残为代价的，这是对社会公正的蔑视。而关于社会公正，人们的基本共识是，它是社会成员对一个社会是否"合意"的一种价值评判，其实质是要求经济、政治、文化等各种权利在社会成员之间的合理分配以及各种义务在社会成员之间的合理分担。我认为，社会成员的基本权利之一就是享有生活水准的不断提升和享受美好的生态环境对人类的馈赠。但必须承认，经济的发展和生态、环境的保护有时的确存在一个"鱼与熊掌不可兼得"的问题。如何在两者之间取得一个平衡，是人类社会发展所面临的一个重大难题。而在获取两者平衡的众多的可选择手段中，保险业无疑是最重要的手段之一，它可以通过资源配置、科技促进、资金融通、市场监督、产品甄别、社会管理等功能，在发挥对经济发展的保障、促进作用的同时，通过特定的环境责任保险等险种，降低经济发展对环境可能产生的破坏作用，在实现社会公正方面彰显功力。

保险文化：释义与建设*

现在各行各业都在谈文化建设问题。我想，无论如何强调文化的重要性恐怕都不为过，但深究起来，我又感觉"文化"是一个听起来很有力度但又较难把握、看起来很有作用但似乎又有些虚无缥缈、语词很明确但实际上可能很难界定其内涵的概念。但既然是谈保险文化建设，我们首先就必须对保险文化有个基本认识和共识，而要讨论保险文化，逻辑的前提又是要搞清楚什么是文化。因为保险文化也罢，银行文化也罢，都不过是"文化"的外延。

然而，要真正定义"文化"的内涵，也不是一件容易的事情。我查阅了一些资料后发现，有关文化的定义多达300多种。但既然我们是讨论文化问题，总得有一个参照才行。因此，我在这里引用英国学者泰勒于1871年出版的《原始文化》一书中提出的概念，即文化是包括知识、信仰、艺术、道德、法律、习俗和任何人作为一名社会成员而获得的能力和习惯在内的复杂整体。无疑，这是一个涵盖面很广的释义。

根据我对"文化"和"保险"的粗浅理解，我尝试着给保险文化下一个定义，这就是：保险文化是反映保险业本质的、保险人在长期经营过程中所形成的经营理念和价值观的总和。为什么要强调"长期经营"？因为文化一定是一种积淀，是一个能得到一个群体内大多数人的认同、遵循，并且能够

---

* 发表于《中国保险报》"北大保险评论"专栏，2012年9月25日。

影响人们行为方式的东西，它需要经历实证、证伪、试错、完善等一系列过程。由此来看，几天、几个月，甚至一两年形成的东西不可能被称作文化。那么，保险业经营的本质是什么呢？我们知道，生、老、病、死、财产损失……这是构成人类社会主体要素的所有自然人在整个生命过程中都无法回避的严酷事实。如果没有完备的应对制度，人类的自然生命过程就是悲催的，人类社会发展进步的道路就会更加泥泞。而保险就是这样一项伟大的制度，它具有直面不幸、雪中送炭、改变厄运，以及保障社会稳定、推动社会进步的积极作用，它是人类社会迄今为止最完美地彰显了人类生命价值意义的一项制度安排。保险业的经营思想和价值观无疑是应当体现这个本质的。具体来说，至少应当包括以下三个方面，即最大诚信、适时创新（"适时"是指适应时代和消费者需求变化）和发展可持续。

　　为什么说反映保险本质的经营思想和价值观主要包括上述这几个方面呢？我们从遵循和实施保险文化的"保险人"这个角度来谈。什么是保险人？《中华人民共和国保险法》的释义是，"保险人是指与投保人订立保险合同，并承担赔偿或者给付保险金责任的保险公司"。用更生活化的语言来说，我们可以更直接地将保险人定义为"被保险人把未来的风险保障和改变厄运的希望托付于此的人"。保险产品本来就是一个以承诺作为基础的契约产品，一方的承诺是以另一方对此的信任为前提的。如果没有信任，承诺就毫无价值和意义。没有保险人的最大诚信，保险业也就根本没有存在的基础。而如果没有保险人的适时创新，消费者所面临的、随着经济社会发展而不断产生的新的风险就得不到全面保障；没有保险人的发展可持续，被保险人就可能在最需要保障的时候遭遇保险人的破产和倒闭，由此使他们的生存、康健与在困境中崛起的希望惨遭破灭。无论出现哪种情况，都不可能发挥保险制度所应当具有的"直面不幸、雪中送炭、改变厄运；保障社会稳定、推动社会进步"的积极作用。因此，"最大诚信"、"适时创新"和"发展可持续"是保险文化经营思想的集中体现，也是保险经营所必须秉持的基本原则。

　　保险文化的形成固然根植于保险行业固有的特性，但一定脱离不了一个国家经济、社会、政治、历史、文化的客观背景。比如说，同是经营保险，在现阶段，中国的保险文化和美国的保险文化必然会体现出基本共性之外的特性，由此导致经营战略和经营模式的差异。例如，从总体上来说，前者的"临摹"和后者的"独创"；前者的"急功近利"和后者的"积极稳健"；前者的"生产者驱动"和后者的"消费者导向"……诸多差异均产生于两个国家在经济、社会、政治、历史、文化等背景和环境上的不同。前不久我看到一篇有关伦敦奥运开幕式与北京奥运开幕式的文章，作者在对伦敦开幕式大加赞赏的同时，贬损北京奥运开幕式。我在此无意评价两个开幕式的好坏与优劣，因为"萝卜白菜，各有所爱"，并且每个人的欣赏角度和水平不同。但有一点是肯定的，两个开幕式绝对体现了两国不同的文化风格。憨豆可以在伦敦开幕式上大秀英伦文化的幽默、风趣等元素，但如果赵本山也在北京奥运开幕式做类似的表演，我想，为憨豆的滑稽而捧腹大笑的许多中国人恐怕很难笑出声来。

如何加强保险文化建设？我认为从内容上来说，应当从反映保险文化的三个重要经营思想和价值观，即"最大诚信"、"适时创新"和"发展可持续"入手，同时在形式上有以下建议。

第一，保险文化的建设应当是一个长期的过程，它需要"常抓不懈"而不能"时有时无"；需要"润物细无声"而不应"大干快上"；需要"由上至下"而不能"群龙无首"。

第二，良好环境的造就，既需要对正气的弘扬，也需要对邪气的肃杀；良好习惯的形成，既需要正向的激励，也需要负向的惩罚。没有严谨的监管措施、严格的执法力度和严厉的后果警示，仅凭保险人的"自律"，很难保证保险业经营所要求的"最大诚信"、"适时创新"和"发展可持续"。因此说，良好的保险企业文化的形成与良好的保险监管文化的存在相辅相成。

第三，既然保险文化是反映保险业本质的、保险人在长期经营过程中所形成的经营理念和价值观的总和，那么，包括经济、社会、历史和文化等在内的大环境和作为需求方的消费者都在保险文化的形成和建设中扮演着重要角色。因此，"保险文化"的建设不可能只是一件保险业自己的事情，它需要全社会的共同努力。

经济结构调整和转型的关键是进一步坚定市场化改革的方向*

刚刚结束的党的十八大提出"推进经济结构战略性调整",这是加快转变经济发展方式的主攻方向。

在我看来,经济结构转型这个命题包括了三个具有逻辑关系的方面。第一,经济结构转型的依据是什么?因为这个命题本身所隐含的前提就是目前的这个结构不好、不合理。不然为什么需要转型呢?那么,经济结构好还是不好、合理还是不合理的判断依据和标准是什么?这是我们需要讨论清楚的问题。第二,经济结构转型的目标是什么?也就是说,我们要从一个什么样的经济结构类型转向另一个什么样的结构类型?转型后的经济结构的特征是什么?第三,成功转型的关键因素是什么?只有弄清楚主要矛盾和矛盾的主要方面在哪里,我们才能对症下药。

众所周知,经济结构是指国民经济的组成和构造,包括生产结构、分配结构、交换结构和消费结构。从理论上来说,在经济发展的不同阶段,资本存量、要素禀赋、技术水平、劳动力结构、人口结构等都在不断地发生变化,因此,经济结构也不可能是固化的,它应当始终处于一个自发的、动态的调整过程。但我们现在讨论的经济结构调整和转型显然不是这个意义上的内

---

* 发表于《中国保险报》"北大保险评论"专栏,2012年11月20日。

容，它是一个需要借助外力来实现的东西。

判断一个经济结构是否合理，或者说是否需要调整和转型，可以从短期、中期和长期三个维度来看。短期看供求是否平衡；中期看民众福祉是否能够持续地提高；长期看发展是否可持续。从目前的中国来看，大量过剩产业与大量"限令"并存的现象，地区差距、城乡差距、行业差距、贫富差距持续在扩大的现象，农业基础薄弱、资源环境约束加剧的现象，都表明我国目前的经济结构不论是从短期、中期还是从长期看，都存在很大问题。因此需要调整和转型。那么，应当转向一个什么样的经济结构呢？我认为应当转向市场导向型、环境友好型、创新驱动型、虚实和谐型和民众受惠型。市场导向型是指能够让价格信号起基本调节作用的经济结构；环境友好型是指经济发展能够与环境生态实现"天人合一"的经济结构；创新驱动型是指创新不断推动发展的经济结构；虚实和谐型是指实体经济和虚拟经济能够发挥协同效应的经济结构；民众受惠型是指经济的发展能够不断提高老百姓的生活水平和质量的经济结构。

相对于要达到的目标来说，我们现存经济结构的特点就是非市场导向型、非环境友好型、非创新驱动型、非虚实和谐型和非民众受惠型。而这一不合理的经济结构的形成和固化从表层原因来看，是因为在从计划经济向市场经济的转轨中，新制度的建立和旧制度的消亡二者之间有一个并存期。在这样一个时期，或者因为各方利益的博弈，或者因为指导思想的误差，或者因为政府的经验不足，导致配套政策不完善，政策朝令夕改，"水多了加面，面多了加水"等现象的长期存在。但从深层次原因来说，则是因为市场化改革不深入，而后者的关键则在于政治体制改革的滞后。

目前社会上出现的一些很值得我们重视和深思的现象：越来越多的学生毕业选择报考公务员；越来越多的有钱人选择移民海外；越来越多的海外留学人员归国愿意选择去国有企业而非私营企业或者个人创业；越来越多的商人抱怨设租、寻租这一商业环境的常态化；垄断企业坐享优质资源、民营企业经营困难重重……如果政府"看得见的手"总是闲不住，那么，市场这只"看不见的手"怎么可能很好地发挥作用？如果GDP总是评价政府官员的重要指标，市场的要素价格难以发挥调节供求的作用，那么，以对环境的掠夺和破坏为代价来获得经济增长的顽症怎能得到遏制？如果靠腐败和商业贿赂能做到一本万利，那么，谁会愿意去承受创新可能带来的巨大风险？如果玩"空手道"能使人一夜暴富，那么，谁会甘愿辛苦地靠钢筋、水泥等实体经济赚钱？如果民主法制不能成为维护经济正常运转的基本保障，那么，谁敢对未来进行投资和经营？如果"以言代法、以权压法、徇私枉法"的问题得不到根治，如果不能真正做到"政企分开、政资分开、政事分开、政社分开"，如果不能真正"建立健全权力运行制约和监督体系，让人民监督权力，让权力在阳光下运行"（这些都是党的十八大报告在"推进政治体制改革"部分中提出的具体内容），那么，我们就不可能建立起真正的市场经济，就不可能转变经济增长方式，就不可能实现经济结构的转型。我认为，在经济领域谈科学发展，其关键就是尊重市场经济发展的规律。而这个规律最核心的内容就是给合法产权以保护，让市场充分发挥资源配置的基础调节作用。

2008年以来蔓延至今的全球金融危机，有人对它产生了误读，认为市场经济不行了，最终还得靠政府，还得靠国有企业。我认为这是一种危险的思想倾向！我们要看到，美国政府对某些大型金融机构出手相助，是为了防范更大程度的系统性风险，救助是临时的，迟早要退出。我们更要认识到中国经济改革中的突出问题：第一，不是市场化过头，而是市场化不足，在很多领域市场尚未发挥资源配置的基础调节作用；第二，不是政府对经济干预太少，而是政府干预太多，设租太多、寻租空间太大；第三，不是法治太多，而是法治太少，人治太多。在市场化不足、政府干预太多、人治太多的情形下，短期内依靠"改革红利"能够释放长期压抑的社会生产力，取得一定的发展，但想保持长期可持续发展，则面临极其严峻的挑战，甚至可以说是不可能的，因为市场经济有很强的自组织、自反馈和自我修复能力，而计划经济则没有。因此，尊重市场经济发展规律，推进经济结构转型和发展方式转变，是在经济领域贯彻落实"科学发展观"的关键所在。

当然也必须看到，我们面临的最大难点在于谁来推进这种经济结构转型和发展方式的转变，这是当事者对自己的革命。但不管多难都必须着手做，因为我们别无选择。

加快养老产业发展正逢时*

本月初,《国务院关于加快发展养老服务业的若干意见》(以下简称《意见》)发布,引起社会各界的广泛关注和热议。在我国已经进入老龄化快速发展阶段的背景下,《意见》对发展我国的养老产业具有重要的指导意义。

从 2000 年第五次人口普查数据表明中国已经进入老龄化社会以后,伴随着老龄化问题的日益严峻,国务院相继出台了许多相关法规文件。而相比以往的相关政策法规来说,此次出台的《意见》对养老问题重要性的诠释之新、设立的目标之高、涉及的部门之多、出台的政策之密与要求之细,均堪称历史之最,具体表现以下几个方面。

第一,诠释之新。以往相关的政策法规更多的是从"为保障老年人的基本生活,维护老年人合法权益"这个角度来谈发展养老事业的意义的,可理解为"就养老问题谈养老问题"。而此次《意见》是将养老问题上升到事关全面建成小康社会、和谐社会,推动经济转型升级、推进经济社会持续健康发展的高度来认识的。在这个大前提下,《意见》提出了"养老产业集群"的概念,要求"在制定相关产业发展规划中,要鼓励发展养老服务中小企业,扶持发展龙头企业,形成一批产业链长、覆盖领域广、经济社会效益显著的产业集群"。而不是像之前的一些政策法规那样,只是从"加强老年卫生、文化、福利设施和活动场所建设"的角度来定义养老产业的发展。显而

---

* 发表于《中国保险报》"北大保险评论"专栏,2013 年 9 月 25 日。

易见，对养老服务业具有如此高度的定位无疑更有利于养老产业的快速发展。

第二，目标之高。《意见》提出，"到2020年，要全面建成以居家为基础、社区为依托、机构为支撑的，功能完善、规模适度、覆盖城乡的养老服务体系"。"养老服务产品更加丰富，市场机制不断完善，养老服务业持续健康发展"。服务体系更加健全、产业规模显著扩大、发展环境更加优化。"生活照料、医疗护理、精神慰藉、紧急救援等养老服务覆盖所有居家老年人"。应当说，这个目标是相当宏大的，特别是相对于我们的现状而言。

第三，部门之多。光是《意见》明确提出的与发展养老产业相关的政府部门就涵盖了民政部门、发展改革部门、财政部门、价格主管部门、教育、公安消防、卫生计生、国土、住房城乡建设、人力资源社会保障、保险监管、商务、税务、金融、质检、工商、食品药品监管部门、老龄工作机构等近20个政府机构。

第四，政策之密。《意见》提出了完善投融资政策、土地政策、税费优惠政策、补贴支持政策、人才培养和就业政策以及鼓励公益慈善组织支持养老服务等。仅是投融资一项，就包含了安排财政性资金支持养老服务体系建设；金融机构要加快金融产品和服务方式创新，拓宽信贷抵押担保物范围，积极支持养老服务业的信贷需求；积极利用财政贴息、小额贷款等方式，加大对养老服务业的有效信贷投入；加强养老服务机构信用体系建设，增强对信贷资金和民间资本的吸引力；逐步放宽限制，鼓励和支持保险资金投资养老服务领域；开展老年人住房反向抵押养老保险试点；鼓励养老机构投保责任保险，保险公司承保责任保险；地方政府发行债券应统筹考虑养老服务需求，积极支持养老服务设施建设及无障碍改造等十多项具体政策。

第五，要求之细。《意见》明确提出，到2020年，"90%以上的乡镇和60%以上的农村社区建立包括养老服务在内的社区综合服务设施和站点。全国社会养老床位数达到每千名老年人35～40张"。"以老年生活照料、老年产品用品、老年健康服务、老年体育健身、老年文化娱乐、老年金融服务、老年旅游等为主的养老服务业全面发展，养老服务业增加值在服务业中的比重显著提升，全国机构养老、居家社区生活照料和护理等服务提供1000万个以上就业岗位"。"各地在制定城市总体规划、控制性详细规划时，必须按照人均用地不少于0.1平方米的标准，分区分级规划设置养老服务设施"。"要通过制定扶持政策措施，积极培育居家养老服务企业和机构，上门为居家老年人提供助餐、助浴、助洁、助急、助医等定制服务"。相关部门要"支持企业积极开发安全有效的康复辅具、食品药品、服装服饰等老年用品用具和服务产品，开发老年住宅、老年公寓等老年生活设施"。

可见，此次出台《国务院关于加快发展养老服务业的若干意见》意义重大，在中国养老产业发展史上堪称里程碑。然而，大幕开启，接下来的演出效果如何，绝非一项《意见》就能定乾坤。如何使好的政策转变为好的行动，好的行动能转变为好的结果，取决于诸多因素。在我看来，我们目前至少要应对以下难题和挑战。

首先，如何在如此短的时间内完成如此艰巨的任务。从1991年《国务院关于企业职工养老保险制度改革的决定》算起，至今已经有22年的时间；从2000年国务院开展完善城镇社会保障体系试点至今也有13年的时间。纵观过去十多年的发展，我国养老制度改革成就显著，但问题也很突出。有关统计数据显示，截至2011年底，我国各类社会养老机构仅有4万家，养老床位仅314万张，相当于每千名老年人才拥有17张床位，这与发达国家平均每千名老年人拥有50~70张养老床位数的水平相比，存在着巨大差距。近些年来，一些大中城市兴起的养老社区，因资金不足、配套措施不完善、医疗无保障等各种原因已走入"死胡同"。从总体上来看，在做实个人账户、提高统筹层次、不同体制的"并轨"和"统一"、基本养老保险基金征缴和监管、养老服务和产品的供给、城乡区域平衡发展等方面要做的工作还非常繁重和艰巨。因此，要在7年的时间里实现《意见》所提出的发展目标，绝非易事。

其次，如何发挥各方主体的积极性，提高效率。《意见》明确提出要"支持社会力量举办养老机构"。在资本金、场地、人员等方面，进一步降低社会力量举办养老机构的门槛；鼓励境外资本投资养老服务业；鼓励个人举办家庭化、小型化的养老机构，社会力量举办规模化、连锁化的养老机构；

鼓励民间资本对企业厂房、商业设施及其他可利用的社会资源进行整合和改造，用于养老服务。"政府投资兴办的养老床位应逐步通过公建民营等方式管理运营，积极鼓励民间资本通过委托管理等方式，运营公有产权的养老服务设施"。应当说，《意见》在动员、鼓励、推动、支持全社会力量来共同推动养老产业发展方面，释放了大量积极的信号，但也提出了诸多值得思考和需要解决的问题。例如，在养老产业的不同层面、不同领域、产业链的不同环节上，以什么准则来清晰界定政府与市场的权利义务边界，以免出现政府"越位"或者"缺位"的问题；如何使"实体经济"与"金融经济"能够有效连接与运转；如何发挥民间资本与国际资本各自的"比较优势"；等等。要发挥各方主体行为的"协同效应"和"补台效应"，而不是"抵消效应"或"拆台效应"，牵涉到观念、所有权、金融制度安排等方方面面的因素，绝非易事。

最后，如何协调诸多政府部门之间的关系。从以往的实践来看，有时一项政策牵扯到几个部门都可能出现扯皮、推诿、权责界定不清的问题，何况此次涉及近20个政府部门。特别是此次出台的《意见》从养老服务的载体、养老服务的类型、养老资源、养老产业链等各个方面强调统筹发展。具体来说，"统筹发展居家养老、机构养老和其他多种形式的养老，实行普遍性服务和个性化服务相结合。统筹城市和农村养老资源，促进基本养老服务均衡发展。统筹利用各种资源，促进养老服务与医疗、家政、保险、教育、健身、旅游等相关领域的互动发展"。这些都是非常关键、重要的问题。但谁来统筹？如何统筹？怎样在新一届政府提出的简政放权、转变政府职能的改革中协调好各个部门之间的关系，真正贯彻《意见》对发展养老保险业所要求的诸多事项，绝非易事。

几年前我曾经说过，"从某种意义上讲，'未富先老'的中国比世界上任何国家的养老问题都更加严峻，庞大的老龄人口将成为决定未来中国经济发展各种重要因素中的重中之重"。《意见》宗旨宏大，立意深远，意义非凡，如能达成其目标，则对老年人的保障、家庭的幸福、经济的发展、社会的和谐、人类的进步都是幸事，全社会都在期待。

大病保险：有初更须有终*

一年前，国家发展和改革委员会（以下简称"发展改革委"）、卫生部等六部委联合发布了《关于开展城乡居民大病保险工作的指导意见》（以下简称《指导意见》）。一年过去了，据有关方面发布的信息，全国有24个省（自治区、直辖市）出台了管理办法，许多地方的试点也都颇有成效。不久前，有关大病保险制度运行一周年的研讨会在北京召开，来自高等院校、政府主管部门、试点城市和保险公司的专家学者在一起研讨大病保险的运作实践，探索其未来发展之路。

在我看来，大病保险的重要意义自不待言，这是一项利国、利民的重大举措。但要让这样一个好的制度发挥作用，还有许多问题值得研究，最重要，也最关键的就是保证其可持续发展。我们国家不乏开始时轰轰烈烈、热热闹闹，但最终却虎头蛇尾、半道而终的事情，不断印证《诗经》所云："靡不有初，鲜克有终。"

要保证大病保险制度的可持续性，我认为在制度设计之初和运行之始就需要注意处理好至少以下六个方面的关系。

第一，政府与市场的关系。应当说，除了极其典型的计划经济，在任何一个经济体中都存在着政府与市场的关系，只是依据领域的不同、产品性质的不同，二者的关系有着不同的组合形式，比如强弱型、对等型、主次型等。

---

* 发表于《中国保险报》"北大保险评论"专栏，2013年10月8日。

国家发展和改革委副主任张小强在近期召开的达沃斯论坛接受媒体采访时说,"十八届三中全会可能通过最大的一个改革措施,就是正确处理好政府与市场各自的角色区分",我认为这一点也非常适用于大病保险制度。从《指导意见》的规定中可以看出,大病保险是一个典型的政府与市场"联姻"的产儿,既然如此,这就涉及政府与市场各自的作用边界。如果不对此进行合理的规定与界定,制度的长期运行就会受到"缺位"、"越位"或者"真空地带"的困扰。

第二,供需关系中可承受性、可获得性与连接供需双方的渠道这三者之间的关系。我们可以用三个A来表示,即"affordable"、"available"和"accessible"。在大病保险中,作为需求方的大病患者的承受能力、作为供给方的承办机构——保险公司的供给能力以及连接供需双方的机构,例如地方政府社保经办机构的效率,是设立这一制度时首要考虑的因素之一。这是一个简单的经济学道理:如果有需求但没有供给,或者有供给但没有需求,或者既有需求也有供给但没有有效连接供需之间的渠道,"交易"都不可能实现。从目前试点的城市来看,凡是取得了较好成绩的地方,都是因为在这三个方面做得相对卓有成效。

第三,准公共产品的提供中营利性与公益性的关系。大病保险是根据政府要求量身定做的一种特殊保险业务,这个定义赋予了大病保险与其他商业保险产品相比所具有的共性与特性。前者体现在它是根据政府要求提供的。因为政府这一"媒介",大病保险就具有了准公共产品的某种特性。如果是完全的商业险种,保险公司基于成本—收益原则和利润最大化原则来决定是否提供产品是无可厚非的,但如果是具有准公共产品特性的大病保险,就不能完全依据商业原则来运行了。大病保险的《指导意见》就明确提出了收支平衡、保本微利,合理控制商业保险公司盈利率的要求。既然对大病保险既不能完全按照商业保险来对待,又不能完全按照政策性保险来对待,这就提出了一个如何平衡营利性与公益性关系的问题。处理得当,对患者、政府和保险公司各方来说就会是一个"共赢"的结果;而如果处理不当,特别是如果商业保险感到"无利可图,甚至普遍亏损"而由此退出,大病保险的运行则可能难以为继。

第四,道德风险防范中成本支付与制度运行效率之间的关系。保险制度有效运行最核心和最关键的一个问题是道德风险的防范。由于信息不对称,道德风险乃至保险欺诈成为保险制度与生俱来的一个毒瘤。如果不能有效防范道德风险,这个制度是无法运行下去的。从理论上来说,预防道德风险的措施当然是越严密越好,但做任何事情都是有成本的,预防道德风险也是一样,它涉及制度、技术、运行、监督等各项成本和事前、事中与事后等各个环节。就像现在的机场安检,为了预防恐怖分子可能的但概率极低的攻击,以及其他可能的犯罪行为,国内外的机场安置了尽可能先进的仪器并使用了大量的人力物力,乘客也必须提前很长时间到达机场进行安检。机场方面的人力、物力和乘客的时间都是为了预防可能出现的风险而不得不支付的成本。毫无疑问,这不能不说是一种收益或者效率的损失,虽说是不得已而为之的行为。大病保险也是一样,我们必须有对患者、医院、经办机构、承保机构等各方可能产生的道德风险严加防范的周密措施。但如果制度太过严苛,一方面预防成本可能过于高昂,另一方面也可能降低效率;但如果不够严密,又可能出现漏洞,一旦产生严重的道德风险,将由此危及制度正常运转的财务基础。由此可见,在预防道德风险与保证制度效率之间也有一个平衡的问题,或者说"度"的把握问题。

第五,制度建立之初诱发性需求的上升与长期制度惯性之间的关系。在国家没有出台大病保险之前,许多患者可能因为费用太高而延期治疗甚至放弃治疗。在大病保险政策出台以后,患者看到了希望和机会,因此,原先一些"应治未治"的就医需求得以释放。这应当说是一种正常的现象。但可能随之出现的一个问题是,大病保险制度建立之初,其他一些改革措施的滞后,例如公立医院的改革,特别是支付方式的改革没有跟进,个人信息系统的不完善,在由信息不对称可能导致患者和医疗机构的"合谋"或者其他欺骗行为的同时,也可能诱发不合理就医和过度医疗。正常的和非正常的因素叠加在一起,可能导致费用水平在短期内大幅上涨,大病发生概率出现偏差。如果我们按照短期内可能出现的这种情形来制定未来长期的政策,包括筹资标准、保障内容、保障范围、保障水平等，使之具有制度惯性，就有可能让大病保险的运行出现偏差。

第六，普世性原则与特殊性之间的关系。首先，我们需要处理好一般保险中的基本原则与大病保险这一特定险种中的特殊性之间的关系。应当说，保险制度有效运行的一般原则与基础，例如最大诚信、保费的支付与保险金的给付、精算、承保、理赔等也是适应大病保险的，但后者因其特殊性而必然呈现一些自己的特点。例如，保费的支付方式、保险金的给付形式、"逆选择"的应对等。其次，处理好借鉴国际经验时遵循普世性原则与尊重中国国情、省情，甚至市情之间的关系。中国作为一个后发国家，许多事情都可以借鉴国际经验，由此学习、吸收先进国家的经验，避免它们走过的弯路，实现跨越发展，大病保险也不例外。但必须注意的是，国际经验的普世性是在"抽掉"了具体国情的基础上，概括、提炼、总结出来的。更进一步说，如果我们具体谈论某种国外模式，例如美国模式、德国模式、英国模式时，则更要注意模式运行背后的微观基础和宏观背景。中国是一个多民族国家，不同的地区经济发展水平、文化、历史等都存在极大的差异。在实行大病保险这一制度时，必须尊重各个不同省（区、市）的具体背景，在实行总的基本原则的基础上，因地制宜，不搞"一刀切"，这样才能保证制度运转的有效性和可持续性。

10年的变迁：500期的见证*
——写于"北大保险评论"第500期付梓之日

斗转星移，岁月如梭。从2005年"北大保险评论"在《中国保险报》这家著名的行业报刊"诞生"以来，500期评论文章浸淫了10年的光阴，见证了中国保险业成长壮大的一段光辉历程。

10年前，我和报社的负责人一拍即合：针对保险业发展过程中的一些热点难点问题，及时提供学界的观点和分析，为关心保险业发展的读者提供思考问题的视角，同时也为解决问题献计献策，为政策制定提供理论依据。

10年来，我们一直努力按照初衷行进。无疑，结合我国保险业发展改革开放中出现的问题进行深入研究、评述论说，是我和我的同事们专业所在与职责所在，但报社领导的远见、信任与敦促，读者的赞赏、鼓励和支持，是我们这个只有8名左右既有繁重教学任务，又有大量科研课题的教师团队能够10年笔耕不辍的重要动力。报社的负责人告诉我，"北大保险评论"是该报最受读者欢迎的栏目之一，发表在该栏目上的许多文章经常被广泛转载。事实上，我和我的同事们也会不时收到读者的信件、电话，感谢时评文章对他们的启发。这些反馈和评价无疑是对作者的最高褒奖。我要感谢《中国保险报》能够给我们提供这样一个优质平台，让我们有机会把我们对保险业发

---

* 发表于《中国保险报》"北大保险评论"专栏，2015年9月22日。

展中的一些热点难点问题的思考、分析和政策建议表达出来。

2005年3月9日，我以《和谐社会、保险制度与行业诚信》为题，就当年两会期间有关"构建和谐社会"这一热点问题发表评论，由此开启了"北大保险评论"的10年之旅。从那之后的10年，是保险行业改革开放又进入了一个全新阶段的10年。在这10年，我国的保费总规模从2005年的4927.34亿元增长到2014年的20234.81亿元；保险公司的数量从93家增加到180家；人均保费从379元增加到1479元；保险业总资产从15269.27亿元增加到101591.47亿元；外资保险公司数从40家增加到57家；保费规模的世界排名从第11位上升到第4位。

10年来，"北大保险评论"涉猎了几乎所有保险市场发展和改革中的热点难点问题，其论题和分析既有全球的视角，也有中国的体察；既有宏观的鸟瞰，也有微观的透视；既有对风险特性的解析，也有对保险功能的定位；既有观点的阐述，也有问题的警示；既有政策的诠释，也有思路的建议。

过去30多年来，保险业为保障人民群众的生产生活，促进经济社会发展做出了重要贡献，其行业的地位和重要性也因此得到党和政府的高度肯定。2006年颁布的《国务院关于保险业改革发展的若干意见》（以下简称"新国十条"）指出：保险是市场经济条件下风险管理的基本手段，是金融体系和社会保障体系的重要组成部分，在社会主义和谐社会建设中具有重要作用。2014年颁布的《国务院关于加快发展现代保险服务业的若干意见》更是将保险的地位提到了"服务国家治理体系和治理能力现代化"的认识高度，提出"使现代保险服务业成为完善金融体系的支柱力量、改善民生保障的有力支撑、创新社会管理的有效机制、促进经济提质增效升级的高效引擎和转变政府职能的重要抓手"。"到2020年，基本建成保障全面、功能完善、安全稳健、诚信规范，具有较强服务能力、创新能力和国际竞争力，与我国经济社会发展需求相适应的现代保险服务业，努力由保险大国向保险强国转变"。"保险深度（保费收入/国内生产总值）达到5%，保险密度（保费收入/总人口）达到3500元/人。保险的社会'稳定器'和经济'助推器'作用得到有效发挥"。

从现在起到 2020 年只有 5 年的时间了。在这么短的时间里如何实现"新国十条"确定的战略目标，是我们这个行业内所有人应当认真思考和行动的议题。

回到 2011 年。这一年是中国"入世"十周年，也是中国"十二五"规划的开局之年。在这一年 12 月 7 日的时评文章中，我提出了"保险业发展需要实现五大转变"的命题。在我看来，如果要对过去三十年的发展脉络做一个提炼和总结的话，我想应当是：产业从小到大；公司从少到多；产品从简到繁；经营从粗到细；监管从虚到实。但要真正奠定其在国民经济中的重要地位，保险业显然不能满足于目前已经取得的业绩，而是需要上升到一个更高的层次，那就是产业从大到强；公司从多到优；产品从繁到好；经营从细到精；监管从实到准。保险业如果不能实现这五大转变，我们就无法达到一个成熟市场的要求。然而，国际经验告诉我们，从小到大易，从大到强难；从少到多易，从多到优难；从简到繁易，从繁到好难；从粗到细易，从细到精难；从虚到实易，从实到准难。那么，如何实现五大转变？我认为，做好以下几项工作是非常关键的。第一，必须强调有质量的增长，行业发展的考核指标、评价指标都应围绕效益、质量、产业升级来做。第二，平衡好四组关系：一是构建保险业的核心竞争力与向外渗透其影响力的关系，有所为，有所不为；二是综合发展与重点突破的关系，包括地域、险种、产品等各个方面；三是承保业务与投资业务的关系；四是"国内深耕"与"国际试水"的关系。第三，要警惕和不断地跨越"人才瓶颈""投资瓶颈"及"声誉陷阱""制度陷阱"，以保证行业的发展具有坚实的基础和宽松和谐的环境。第四，监管要做到顺应市场规律，鼓励创新，防范风险，与时俱进。

三十多年来保险业改革开放的伟大实践所呈现的大量鲜活案例，丰富、充实和发展了保险理论研究和教学工作。我确信：这个伟大的实践还将延续；我相信："北大保险评论"也将续写她的精彩。

向污染宣战,保险业应当有位并有为*

在三月末召开的"中国发展高层论坛"上,国务院副总理张高丽在开幕式上的主旨发言中,用了相当的篇幅向中外与会者谈论中国的环境治理问题,表达了中国政府向污染宣战的坚定信念和决心。

走绿色发展的道路,是中国必然的选择。因为不仅"高投入、高消耗、高污染"的传统发展模式已经难以为继,而且严重的环境污染已经给人民群众的日常生活和生命健康带来了巨大威胁。但我们不得不承认,经济发展和生态、环境的保护有时的确存在矛盾。如何在两者之间取得一个平衡,是人类社会发展所面临的一个重大难题。而在获取两者平衡的众多的可选择手段中,保险无疑是非常重要的手段之一。

各种研究表明,现代社会工业化的发展导致环境污染问题呈现出以下几个特点:第一,环境污染事故的发生在很大程度上具有客观必然性;第二,许多由环境风险而产生的环境侵权具有污染过程的累积性、复杂性、损害程度在范围上的广阔性等特点;第三,在许多国家,随着环境问题越来越多地引起人们的关注和重视,环境侵权领域发生了一系列有利于受害人求偿的变化,如诉讼资格的放宽、被告范围扩大、采取无过错责任原则、举证责任倒置、因果关系推定、巨额赔偿等。

上述现代工业化发展与环境污染之间关系的特点导致现代社会所面临的

---

* 发表于《中国保险报》"北大保险评论"专栏,2016年4月12日。

一个巨大难题是：一方面，如果由污染企业独自承担赔偿责任，其结果就是巨额赔偿将使许多企业可能面临破产的风险，因此不利于现代工业化的发展，而我国目前仍处在工业化进程之中；另一方面，如果污染企业不对受害人进行及时、有效的赔偿，后者又将面临极大的生存与生活的风险。

如果从单个企业和单个受害者个体来说，非此即彼的结果无疑就是一个"零和博弈"。但问题和解决问题的方法总是相伴而生的。国际经验业已表明，既要迫使企业减少环境污染，实现绿色、低碳、循环发展，又能及时有效赔偿受害人，最好的解决办法就是实现环境侵权责任的社会化，而环境责任保险就是责任社会化中最重要的一项制度安排。

作为在全社会范围内或特定的社会群体范围内分散损失这样一种赔偿责任机制的环境责任保险，至少具有以下三个方面的重要功能和作用。第一，通过风险的预警与预防来降低风险发生的概率和损失发生的程度。保险公司可以通过费率的厘定和调整来敦促被保人采取和加强环境方面的保护措施，从而达到减少环境污染的目的。第二，保证企业可持续的经营活动。保险的一个独特而重要的作用通过"确定的""小额的"保费支出来"锁定"其未来不确定的巨大损失，这无疑将有利于被保人的财务健全及长期投资计划，保证企业经营的可持续性。第三，有助于社会稳定与和谐。通过这一机制，受害者可以获得合理赔偿，由此减轻政府的财政负担以及减少可能产生的社会问题，达到社会稳定与社会和谐的目的。

向污染宣战，保险应当有位也有为！国际社会的实践已经充分证明了这一点，但我国目前的状况并不乐观。

似乎不能说立法缺位。早在1989年12月26日，我国就颁布实施了《中华人民共和国环境保护法》（以下简称《环境保护法》），并于2014年4月24日修订通过，2015年实施新的《环境保护法》；1987年9月5日颁布了《中华人民共和国大气污染防治法》（以下简称《大气污染防治法》）并于1988年6月1日实施，之后分别在1995年、2000年和2015年进行了修订，最新的《大气污染防治法》于2016年1月1日正式实施；1984年5月11日通过《中华人民共和国水污染防治法》（以下简称《水污染防治法》），并分别于

1996年和2008年进行了修订；2009年12月26日颁布了《中华人民共和国侵权责任法》，并于2010年7月1日正式实施，其中第八章的第65~68条专门针对"环境污染责任"作出规定。

好像也不好说政府和监管部门在环境治理方面无所作为。2007年12月4日，中国保险监督管理委员会和国家环境保护总局启动了环境污染责任保险政策试点，2008年确定首批参与试点的8个省市。2011年《国务院关于加强环境保护重点工作的意见》提出"开展环境污染强制责任保险试点"。2014年4月新修订的《环境保护法》提出了"国家鼓励投保环境污染责任保险"。在《国务院关于保险业改革发展的若干意见》中，提出"采取市场运作、政策引导、政府推动、立法强制等方式，发展安全生产责任、建筑工程责任、产品责任、公众责任、执业责任、董事责任、环境污染责任等保险业务"。2014年发布的《国务院关于加快发展现代保险服务业的若干意见》进一步指出，强化政府引导、市场运作、立法保障的责任保险发展模式，把与公众利益关系密切的环境污染、食品安全、医疗责任、医疗意外、实习安全、校园安全等领域作为责任保险发展重点，探索开展强制责任保险试点。

似乎更不能说保险业袖手旁观。相关资料显示，早在20世纪90年代，保险公司就和环保部门合作推出了环境污染责任保险，先是在大连、沈阳、长春等城市进行试点。但实际情况是，投保率始终不高，而且投保的企业数量连年下降，有的城市甚至因无企业投保，业务处于停顿状态。

也就是说，即使立法部门、监管部门和保险行业都想"有所作为"，但环境责任保险的发展仍然很不理想。据统计，2013~2015年，环境污染责任保险签单保费分别为1.93亿元、2.397亿元和2.73亿元，分别占当年责任保险保费的0.89%、0.95%和0.91%。而责任保险占非寿险的比重本来就很低。数据显示，作为总保费规模居世界第三位的国家来说，2013年我国责任保险占非寿险的比重仅为2.78%，而美国同期为15.81%，英国9.98%、德国8.63%、法国8.18%、日本7.41%、加拿大10.30%、意大利10.50%、澳大利亚14.68%。由此可见，保险业在环境治理方面应有的"位"和"为"都没有得到充分体现。

造成这种现状的原因何在？分析起来，我认为至少有以下几个方面的因素。第一，惩罚力度太轻，这使得企业投入环保设备、采取各种环保措施、减少环境污染的动力不足。例如《水污染防治法》、《中华人民共和国水污染防治法实施细则》以及《中华人民共和国防治陆源污染物污染损害海洋环境管理条例》对水污染企业的处罚额度上限仅为10万元，而多数仅在1万~10万元之间。第二，地方政府的"宽容"。在许多地方，一些产能高的污染企业也是地方政府财政收入的主要来源，对其进行处罚可能会产生工人失业和财政收入下降的严重后果。因此，一些地方政府对这些企业通常有着较高的"容忍度"，除非高污染企业被媒体曝光，引发众怒，否则一般不会对其进行实质性的处罚，这也是许多企业不愿意购买保险的另一个主因。第三，从客观上来说，环境责任损害的认定本身就有难度，加之费率厘定所必需的历史数据的匮乏，使得保险企业对环境污染费率的厘定缺乏科学依据，用"供方"默认、"需方"抱怨的话来说：费率多是"拍脑袋"确定的。因此，不管实际费率高还是低，企业总是抱怨太高，难以承受，能不买就不买。

要发挥保险业在治理环境污染，推动绿色发展方面的作用，我认为除了立法、教育等手段以外，还应当赋予环保部门更大的执法权限，加大对造成环境污染行为的经济处罚力度，提高致污企业处罚额度的上限，必要的话，建议采取像美国等发达国家使用的"惩罚性赔偿"制度来增大致污企业污染环境的成本。只有这样，才能提高企业转移风险的意愿，由此实现环境侵权责任的社会化，同时达到以儆效尤的目的。当然，作为供方的保险企业，更应当加强对环境责任损害认定工作的研究，制定出有客观依据的费率，以提高供给的质量和效率。

保险科技,路在何方[*]

脱虚向实,金融支持实体经济,特别是科技企业的发展,是当前中国经济发展的关键问题之一,在这个过程中,科技金融无疑可以扮演重要角色。这是因为,一方面,在影响、决定经济发展的众多变量中,科技无疑是最重要的变量之一;另一方面,科技产业本身的发展又离不开金融强有力的助推。没有金融资本的支持,许多科技成果很难完成从科学研究、试验开发到推广应用的全过程。

相对于一般企业来说,科技产业,特别是高新技术企业的命运无外乎两个:一旦成功,将产生大大高于一般企业的经济效益和社会效益;而一旦失败,将损失惨重,即所谓高收益与高风险并存。由于高科技企业特有的研发费用高、技术人才比例高、产品和服务的科技含量高等特点,其融资需求相对也很大。

高新技术企业的融资来源通常有风投、创业板市场、科技基金、私募股权、银行等渠道。但从现实中我们可以观察到,高科技企业高风险的特性与银行业以资金的安全性为第一要务的特性会产生很大的矛盾。缓解这个矛盾的思路之一就是我们在发展科技金融时,再加上另外一个领域,即科技保险,由此形成产、融、保相融合的经营模式。

科技保险是以与科技企业技术创新和生产经营活动相关的有形或无形财

---

[*] 发表于《中国保险报》"北大保险评论"专栏,2017年8月22日。

产、科技企业从业人员的生命或健康、科技企业对第三方应承担的经济赔偿责任以及创新活动的预期成果为保险标的的保险。科技保险在转移企业风险方面有其独特的优势：它适合各种类型的科技企业以及企业发展的各个阶段，可以覆盖各个环节，包括研发、生产、销售及其他经营管理活动中所面临的财产损失、人身伤害、研发中断、民事赔偿、侵权责任、融资等各种风险。从理论上来说，有了作为市场经济条件下最重要的风险管理的手段——保险的加入和由此提供的保障，是能够在一定程度上缓解高科技企业融资的难题的。

2006年初，中国保险监督管理委员会（以下简称"保监会"）和科学技术部联合下发了《关于加强和改善对高新技术企业保险服务有关问题的通知》，由此启动了科技保险试点工作。部分试点地区出台了相应的补贴及配套政策，如科技保险保费补贴、保费支出享受税收优惠、参保企业科技项目优先安排立项等。首批享受国家税务优惠政策的险种包括高新技术企业产品研发责任保险、关键研发设备保险、营业中断保险、出口信用保险、高管人员及关键研发人员团体健康保险和意外保险六个险种。在过去十余年的时间里，科技保险从无到有，从试点到推开，取得了一些进展。但总体来看，效果很不明显——科技保险的覆盖面很窄，投保率还很低。保监会2014年的数据显示，参保科技企业不足全国科技企业总数的3%。截至2016年底，科技保险的保费收入为77.66亿元，占全国原保费收入3.1万亿元的0.25%。

作为一个良好的风险保障机制的科技保险为什么也是"叫好不叫座"呢？这无疑有科技企业对保险认知不足的原因，但更重要的是由科技保险本身的特性所引起的一些相关问题没有得到很好解决所造成的。

科技保险也是保险的一个险种，因此，它的经营无疑也应当符合保险经营的一般原则和规律。一个非常重要的前提是：保险机构能够承担的风险应当大致符合"可保风险"的条件，即损失发生的频率较低，但一旦发生，其严重程度很高；具有大量的风险标的，损失的概率分布是可以被确定的，损失是可以确定和计量的，损失的发生具有偶然性。科技保险所面对的是科技企业。从风险管理的角度来看，科技企业与传统企业相比既有共性，也有特性，而正是这些特性，对科技保险的发展提出了很大的挑战。

首先,科技企业的"小众性"使得保险机构很难运用"大数定理"的原则来"熨平"风险程度。不像传统行业那样,科技企业通常以"新、奇、特"立足,其核心技术在支撑起其独特核心竞争力的同时,也使得承保"大量、相似的保险标的"这一保险业有效经营的基础相对失效。

其次,科技企业创新过程的复杂性使得它们面临的风险更大,而且,由于这些风险几乎都是"新鲜出炉"的,没有历史数据,损失等发生的概率难以确定,险种定价成为难题。

最后,科技企业技术的专业性使得信息不对称问题比一般领域的保险更为突出,保险机构由此面临较大的逆向选择和道德风险。

科技保险具有很强的正外部性,做得好的话,对科技的发展会产生重要的促进和推动作用。但从企业基于成本、收益的考虑来看,未必是一项符合商业利益的决策。因此,仅期待商业机构的自主选择,科技保险恐难很好地得到发展。

鉴于科技保险的特性、功能和作用,我认为只有政府、研究机构、保险行业协会和保险机构各方面通力合作,才能使得科技保险这一良好的风险管理机制得到更好的发展。从政府的角度来看,要大力支持建立科技保险基金;同时,进一步加大对科技保险的税收优惠和补贴的支持力度,用"看得见的手"来扶持"看不见的手",由此起到"四两拨千斤"的作用。研究机构要在认真分析研究高新技术产业发展规律的基础上,对科技创新过程可能产生的人身、财产、责任、信用以及投资等风险进行研究,为全面开发高新技术保险产品提供有效的依据。保险行业协会应当加强行业间的合作,广泛收集数据,共同研制、开发、推广科技保险产品。保险机构应当履行其应承担的社会责任,关注科技创新带来的各种风险,努力为科技企业提供全面的保险服务。

科技创新是国家经济发展的重要引擎,科技金融是科技产业腾飞的助燃剂,科技保险是科技创新的助推器。如何通过良好的机制实现产、融、保的结合,通过科技保险这一风险管理的最佳手段来促进、保障科技创新,推动科技金融的发展,由此推动中国经济健康发展,无疑是政府和保险行业应当认真思考和解决的问题。

在防范风险中更好地发挥保险的功能*

习近平总书记在 2017 年 4 月 25 日的讲话中明确提出,金融安全是国家安全的重要组成部分,维护金融安全,是关系我国经济社会发展全局的一件战略性、根本性的大事。在 7 月份召开的全国金融工作会议上,习近平总书记再次强调要抓好服务实体经济、防范金融风险、深化金融改革三项任务。而对保险业来说,"要发挥长期稳健风险管理和保障的功能"。

金融是现代经济的核心和血液,金融机构因经营不善而出现危机,不仅可能对该金融机构的生存构成威胁,而且有可能对整个金融体系的稳健运行构成威胁;一旦发生系统性风险,金融体系运转失灵,必然会导致全社会经济秩序的混乱,甚至引发严重的政治危机。这些都已经被国内外大量的事例所证明。

保险因其具有"资金融通"的属性而被视作大金融的一个分支,但又因其独特的风险保障功能而区别于一般意义上的金融,而这一功能恰恰是保险业立足、生存和发展的核心价值和独特意义所在。保险是市场经济条件下对风险进行管理的最有效的手段之一,这样说并不意味着在现实中它就一定会完美地扮演"风险管理者"的正面角色,在有的情况下,如果处理不好,它也可能制造新的风险,扮演"风险制造者"的负面角色。由此引出了一个关于"保险的制度责任"的严肃话题。我早就提出,保险业的制度责任就是要

---

* 发表于《中国保险报》"北大保险评论"专栏,2017 年 8 月 29 日。

以自身的稳健来保障整个经济和社会的稳定。如何达成这一目标？那就是必须有效防范和化解各类风险。

从保险业当前的情势来看，总体态势良好，但我认为仍须特别警惕和防范公司治理风险、偿付能力不足风险、流动性风险和信用风险四类风险。

第一，公司治理风险。中国企业普遍存在的治理结构不完善、内控制度不健全、"一股独大"、"内部人"控制等问题在保险业也都存在。国际经验和中国的实践都表明，大多数重大风险的暴露都与风险的长时间累积有关，而风险的长时间累积又与风险的隐蔽性和复杂性相连。应当说，保险业的风险天然具有隐蔽性和复杂性的特点，具有长时间累积的可能。因此，从这个意义上说，保险公司治理结构不健全和不完善所蕴藏的风险是不可小觑的。

第二，偿付能力不足风险。据中国保险监督管理委员会提供的数据显示，2016年，保险业整体偿付能力保持充足，年末行业综合偿付能力充足率为247%。不达标公司有所减少，仅有2家，但出现了两个需要警惕的现象：一是综合偿付能力充足率位于100%~150%区间的公司有所增加；二是偿付能力下降的公司数量有所增加。2016年第四季度，120家公司的充足率较第三季度有所下降，占全部公司的74%。偿付能力部分结构性指标下行，呈现稳中有忧的特征。

第三，流动性风险。当前，保险业仍处于退保和满期给付的高峰期，一些保险公司面临较大的现金流压力，流动性风险隐患加大。

第四，信用风险。近两年债券违约进入高发期，保险资金投资债券比例较高，信用风险凸显。此外，一些互联网金融平台蕴藏的兑付风险，通过信用保证保险业务传导至保险业。

除以上风险以外，其他还有投资风险、行业信誉风险等需要警惕和防范。

不可否认，发展、创新、对外开放过程中难以避免出现风险，但防范金融风险，确保国家金融安全，绝不是说不要发展和创新，绝不是说不要对外开放。实际上，不发展、故步自封、自我封闭，或者偏离主业的保费规模增长，才是行业发展中最大的风险。应当说，虽然按照保费总规模、人均保费和保险深度等指标来衡量，我国保险业在过去近40年的发展中取得了了不起的成就，但在发挥风险保障功能方面应当说还有相当大的提升空间。

从保险业增长的传统路径来看，人身（包括生命与健康）、财产和责任这三大风险载体是保险业立足、生存和发展的重要支撑。中国的人口基数很大，而随着经济总量的增大，城镇化的发展、法律制度，特别是侵权体系的不断完善，人身、健康、财产、责任的风险总量也会逐渐增大。而目前我国保险的覆盖面、投保率和风险保障程度明显不足。以下几组数据可以帮助我们"管中窥豹"。据2017年瑞再研究院Sigma报告的数据显示，2016年世界人均保费为638.3美元，中国为337美元，低于世界平均水平，世界排名第47位。如果对中美这两大经济体进行比较，差距则更为明显。2016年美国人均GDP为57108美元，中国为8123美元，中国人均GDP占美国人均GDP的比重为14.22%。而同期中国人均保费约为美国的8.07%。另外一个比较能够说明保险保障水平的数据是保险赔款占灾难损失的比例。从国际社会来看，保险赔款占灾难损失的比例世界平均水平为30%~40%，北美地区高达60%以上，而中国在发生各种大灾大难时，保险赔款占灾难损失的比重几乎都是在5%以下的个位数。长期寿险保单是衡量保险业稳健风险管理和风险保障的重要指标之一，而中国保险监督管理委员会2016年提供的数据表明：在全国约14亿张保单中，只有4000多万张长期寿险保单。从责任保险来看，2013年我国责任保险占非寿险的比重仅为2.78%，而美国同期为15.81%、英国9.98%、德国8.63%、法国8.18%、日本7.41%、加拿大10.30%、意大利10.50%、澳大利亚14.68%。虽然这几年我国责任险占非寿险的比重有所上升，但直到2016年，其比重也仅为4.15%。

历史经验和国际经验均表明，保险业之所以被视作"国家治理体系和能力现代化"的重要抓手，是因为良好的保险制度在基于风险保障和风险管理这一核心功能的基础上，能够派生出许多其他重要功能，由此对国民经济这个大系统的重要组成部分产生机体提振的作用。从当前我国经济发展的路径来看，保险业至少可以并且应当在以下体系的建设中发挥重要作用。

第一，投资体系的建设。由于保费收取与给付和赔偿之间或长或短的"时差"，大量的保险资金将会聚集到保险公司。保险密度越高，保险业所存储的资金就越雄厚。假定其他条件不变，这同时也意味着保险业的负债越大，未来的给付赔偿规模也越高。如果没有合理的投资使保险基金得到保值增值，以承诺性为基本特征的保险制度将难以有效履行其保障功能。由此可见，保险业虽然是为"风险保障"而不是为做"投资"而生的，然而，其经营的特点使其由"保障功能"派生出了很强的投资功能，成为资本市场上重要的机构投资者和其他投资领域中的重要参与者。但需要明确指出的是，保险业固然应当很好地做好投资以更好地履行保险的制度责任，但绝不应当用"投资思维"来经营保险，否则将在误导消费者、偏离核心功能的前提下，削弱和自毁保险业立足、生存和发展的基础。

第二，大数据平台体系的建设。在当今我们生活的这个信息化社会中，大数据正在深刻改变着人类的思维、生产、生活、学习、交往等方式。虽然其对经济社会发展的深刻影响力还未完全显现，其革命性的意义恐怕也还没有完全为人类所认知，但可以预见的是，谁先掌握了大数据，谁就优先拥有了竞争的实力和主动性。正因为如此，目前世界各国都在大力加强大数据的研究和应用，而大力实施网络强国战略、国家大数据战略也是"十三五"期间中国的重要任务之一。保险自身就是一个基于大数定理之上的行业。从它诞生之日起，对"大数据"就有着非常强烈的需求。没有数据，保险产品就难以定价，保险公司就难以防范"逆选择"和道德风险，保险业就难以跨时空、跨载体来聚集各类风险，熨平风险周期，降低风险损失。当然，随着技术的进步，数据的性质、采集和使用也会发生很大变化，保险业自身需要借助现代信息技术进行升级改造。但作为一个以"数据"为重要基础而生存和发展的行业，在当前大数据平台体系的建设中，保险业无疑可以贡献许多经验、智慧和技术。

第三，科技创新体系的建设。科技创新是一国经济发展的重要引擎，特别是在当今科学技术迅猛发展的背景下。相对于一般企业来说，科技产业，特别是高新技术企业一旦成功，将产生大大高于一般企业的经济效益和社会效益；而一旦失败，将损失惨重，即所谓高收益与高风险并存。科技保险作为风险管理的最佳手段之一，在提升企业的创新能力、放大科技投入的产出效应，促进、推动和完善国家科技创新体系的构建，由此推动中国经济健康发展等方面，可以发挥其独特的作用。

第四，巨灾风险防范体系的建设。由于人类活动对自然环境造成的影响，全球气候的变化，自然灾害和极端天气事件发生的频率不断上升，巨灾发生的频率也越来越高。中国是世界上自然灾害最严重的少数国家之一，如果缺乏有效的风险防范体系，随着经济总量的增大，自然灾害频发地区的经济脆弱性也会不断增加，由巨灾所带来的经济损失也会越来越高。由此可见，加快构建巨灾风险防范体系，提高巨灾风险的管理能力，对维护我国经济、社会的平稳发展具有重要意义。而国际经验早已证明，保险在巨灾风险防范体系中发挥着独特的功能。

第五，社会保障安全网体系的建设。促进社会公平正义、增进人民福祉，促进人的全面发展，这是人类发展的终极目的，也是党的十八大以来中国践行马克思"人的全面发展学说"的伟大实践。人的全面发展具有全面深刻的内涵，但其首要前提是安全——生命的安全、财产的安全……病、老、死、财产损失等，是构成人类社会主体要素的所有自然人在整个生命过程中都无法回避的严酷事实。而保险就是这样一项伟大的制度，它具有保障财产和生命安全、维护社会稳定、推动社会进步的积极作用，在整个社会保障安全网中发挥着基础和重要的作用。

改革开放以来，保险业无疑是中国经济发展中增长速度最快的行业之一，不仅在中国，而且从世界范围内来看也是如此。瑞再研究院 Sigma 7 月份公布的统计数据显示，2016 年，在全球 2.5% 的寿险保费增长中，中国贡献了 2.4 个百分点，其余的 0.1 个百分点则为其他所有市场的合计贡献率。在非寿险保费 3.7% 的增长中，北美和西欧贡献了 1.8 个百分点，中国为 1.7 个百分点，其余的 0.2 个百分点由其他市场分享。由此可见，我国的保险业有强劲的增长势头。我们需要在严防风险的同时，加快行业发展，在充分发挥其长期稳健风险管理和保障功能的基础上，更好地为提升国家治理体系和能力的现代化做出贡献。

织牢织密健康保障网的关键[*]

前不久参加由中国发展研究基金会主办的《织牢织密保健网——商业健康保险与基本医疗保险衔接机制研究》（以下简称《衔接机制研究》）的发布会，引发了我对以下三个问题的一些思考：一是健康保障研究的基本假定；二是商业健康保险与基本医疗保险衔接的意义何在；三是实现两者有效衔接的核心问题是什么。

第一，健康保障研究的基本假定

在日常生活中，存在着几个非常有趣的现象，我姑且将它们称作健康保障研究的三个基本假定。

一是健康认知中的吉登斯悖论特征明显。英国著名的社会学家、政治学家安东尼·吉登斯于 2009 年在《气候变化的政治》一书中提出了一个以他自己名字命名的吉登斯悖论，它所指的是在直觉上不具体、不可见的问题在其效果和影响方面却是巨大的。吉登斯悖论很好地解释了气候变化问题里存在的一个矛盾困境，即累积效应的严重性、可见性与日常生活中的式微性、不可见性之间的矛盾，由此使得气候变化问题的解决方案在实践层面上总是难以落到实处。而一旦气候变化的后果变得严重、可见和具体，人们就很难再有行动的余地了，因为一切都太晚了。

---

[*] 发表于《中国银行保险报》"北大保险评论"专栏，2019 年 4 月 10 日。

在我看来，人们对健康的认知与吉登斯悖论所指的环境气候问题具有极大的相似性。人们在年轻的时候，身体好的时候，通常不会把健康太当回事，也很难将健康保障纳入其规划之中。但铢积寸累，一旦身体出了状况，很多时候都是为时晚矣。

二是健康问题的负外部性非常突出。有一句格言这样说道：有两种东西丧失之后，你会发现它的价值，青春和健康。但青春逝去，未见得活力不在，睿智不在，优雅不在；而失去健康，即使青春犹在，年轻于你何用？财富于你何用？时间于你何用？这是我在2017年北大开学典礼致辞中说的一段话，引发了许多人的强烈共鸣。事实上，当一个人失去了健康以后，不仅仅是年轻、财富、时间等这些宝贵的东西与他无关，不仅仅是因为他自己的健康状况不佳而影响工作，而且还会耗费大量的医疗资源、社会资源，甚至拖累整个家庭。

三是健康保障的边际支出递增。"边际"是经济学的一个重要概念，我们常见的是边际效用递减、边际收益递减、边际报酬递减等现象，但在健康保障领域，则是一个完全相反的趋势，即健康保障的边际支出递增。排除重大疾病和特殊情况，通常来说，由于生理机能随年龄增长而逐渐衰退这一客观规律的作用，健康保障的收益将随年龄的增长而递减，而健康保障的支出将随年龄的增长而递增。有研究指出，一个人一生中在健康方面的投入，大约80%花在了临终前一个月的治疗上。

基于以上三个假定，产生了三个严重后果，即健康威胁的不可预知性、健康成本的高企性和健康支出的不可控性，由此凸显出健康议题的极端重要性。特别是在中国老龄化程度加深、老龄人口激增的背景下，健康保障的重要性和严峻性显得更为突出。

从理想的状态来说，进行健康教育，重视健康预防，让人们形成良好的饮食、运动等生活习惯是非常必要和重要的。但俗话说，人吃五谷杂粮，难免生病。因此，人们生病以后，就需要有应对疾病和健康问题的有效措施。

一种方案是完全由政府来提供医疗服务和融资保障，英国就因采取这种模式而成为福利国家的典范。但实践证明，这样做的效果并不是理想的，受医疗资源约束所产生的"病人等待"，无疑是最明显的缺陷之一。当然，如果我们到达了马克思所说的共产主义的高级阶段,物质财富充分涌流,没有资源耗尽之虞,也许可以这样做,但从目前的经济发展阶段来看,恐怕次优的选择还是政府、社会、个人各方共同来织就一张健康保障网,这也就是我国目前已经基本建立起来的以医疗救助层为保底层,基本医疗保险为主体层,商业健康保险和其他医疗保险为补充层的中国特色多层次医疗保障体系。

第二,商业健康保险与基本医疗保险衔接的意义何在

建立不同层次的医疗保障是有现实依据的,这个依据就是人们的需求不一样。供求机制决定了建立不同层次、满足不同人群医疗保障机制的必要性。既然有这样三个层次的保障网,它们分别锚定着不同的目标人群,那么,为什么要实现商业健康保险与基本医疗保险的衔接呢?换句话说,二者衔接的目的和意义何在?

我认为最重要的目的和意义就是由经济学中的一对基本矛盾关系,即公平与效率的关系引申出来的。

从理论上来说,一方面,各项医保制度的目标人群可能存在交叉,这可能造成资源的浪费,这属于效率问题;另一方面,由于缴费水平不同,各项制度的给付待遇之间存在很大的差距,导致卫生资源分配不公,这属于公平问题。也就是说,因为商业保险与社会保险的不衔接,既可能损失公平,也可能丧失效率。而如果商保和基本医保能够有效衔接,则会大大缓解公平与效率的减损问题。

《衔接机制研究》课题组的实践调研结果充分证实了这一论点。随着新医改的不断深化,商业健康保险与基本医保的衔接形式,已经由商业健康保险产品对基本医保的补充,逐渐拓展为经办基本医保、承办大病保险、补充基本医保以及与基本医保的信息共享和互联互通,取得了一定的成效,表现在以下几个方面。

一是商业保险机构经办基本医保,有效提高了统筹层次和保障水平,减轻了群众的医疗费用负担,缓解了因病致贫、因病返贫。例如,广东省湛江市城乡居民项目在经由商业保险机构经办后,城乡居民参保群众住院报销封

顶线从 2009 年的 1.5 万元提高到了一档 16 万元和二档 18 万元。

二是商业保险机构通过运用其专业技术优势，加大对不合理医疗行为的监督和管控，遏制了部分地区不合理医药费用的快速增长势头，提高了基本医保基金的使用效率。

三是商业保险机构通过专业化的管理，节约了基本医保基金，总体上降低了运行成本。例如，河南洛阳在开展此项工作的第二年，城镇居民医保人均医疗费用就由上年的 2160 元降至 1640 元。中国人寿在河南多地基本医保经办工作中推广医保智能监控系统，2017 年仅开封就检查出违规事项 29215 条，涉及金额 5492.65 万元；人工初审下发 4210 条，涉及金额 785.66 万元。

第三，实现商保和社保有效衔接的核心问题是什么

从目前来看，商业健康保险与基本医保的衔接还存在许多问题，例如，规模小、总体水平不高、保障的范围有限且精准性不够、公平性不足等。产生这些问题的根源与商业健康保险种类不够丰富、险种类别失衡，商保与基本医保的系统独立运行，难以实现互联互通、信息共享等有关，但我认为，根本原因还在于我们没有完全处理好商保与社保有效衔接的核心问题，也就是政府与市场的关系问题。

可以说，整个经济学说史就是一部国家干预与自由放任的论争史。也可以说，整个经济的演进史就是一部政府与市场关系的调整、变化的发展史。说得直白一些，经济发展既离不开市场，也离不开政府，可以讨论的是在哪些领域、哪些行业，甚至哪些产业，政府和市场的作用如何体现。而我认为，在社会保障领域，包括养老、医疗等，政府一定不能缺位，不但不能缺位，还必须承担起主体责任。然而，主体责任的发挥，绝对离不开市场。没有市场作用的有效发挥，我们的医疗保障就会既损失公平，又丧失效率，大量的实践已经证明了这一点。只有从理念上充分认识这一点，才能从顶层设计上做好各项制度、措施等的安排，实现商保和社保的有效衔接，只有商保和社保各自发挥比较优势，我们才能织牢织密健康保障网，共同应对健康威胁的不可预知性、健康成本的高企性和健康支出的不可控性，为全体国民提供有效的健康保障。

中国保险业：在不断开放中砥砺前行 *

7月20日，国务院金融稳定发展委员会推出11条金融业对外开放措施（以下简称"新措施"），其中的四条涉及保险领域。这是保险业发展历史上的又一个重要时点，它也必将为保险业未来的发展提供新的机遇与挑战。

回望历史，伴随着整个中国40余年的改革开放，保险行业也经历了从被动到主动、从有限到全面、从蹒跚到矫健的三个转变，"痛并快乐"地不断砥砺前行。

一、开放姿态：从被动到主动

2015年4月7日，"北大赛瑟双周讨论会"迎来了她的第100期。在这个特别的日子里，我与中国保险监督管理委员会首任主席马永伟先生就1994~2002年中国保险业的几次开创性改革进行了一场对话，《中国金融》以《中国保险业的匆匆那年》为题做了专题报道。在谈到对外开放问题时，马永伟先生回忆道："保险业加入入世谈判已是谈判后期，外方之所以希望保险业也加入谈判，是因为他们认为中国保险业虽基础薄弱，但市场很大。对于中方来说，世界贸易组织所要求的开放是一种全方位的开放，如果允许外资进来多一些，并对外资保险企业设立一定的限制，影响可能不会很大，但

---

* 发表于《中国银行保险报》"北大保险评论"专栏，2019年8月6日。

保险界普遍认为'狼来了'。"

对于马主席说的这一点，我深有同感。1995年第一次参加保险业年会时，听到许多业内人士对保险业开放的担忧。其中一位保险公司高管的评论让我至今都记忆犹新，"我敢断定，在中国目前这样的情况下，一旦开放，不出五年，中国的保险市场、金融市场将被外资所控制，中国的金融安全将受到极大威胁"。应当说，这种担忧也并非庸人自扰。当时保险业恢复发展仅十余年的时间，市场上仅有几家公司，一旦开放，它们面对的将是经营历史长达几十年甚至百年以上的世界保险业巨头。"航空母舰"与"小舢板"将在同一海域竞争，结果似乎不言而喻。

然而，历史所见证的是，中国保险业这艘"小舢板"不但没有被"击沉"，而且，在经历了大风大浪之后，在许多方面它已经可以与国际保险巨头同台竞争了。在2018世界500强排名中，中国保险公司进入500强名单的数量仅次于美国；而中国平安和中国人寿两家保险公司已经进入世界保险业的前十强。

落后就得挨打，但落后也有后发优势，只要战略战术得当，落后有时反而能够成就领先。不同的态度和应对，结果迥异，这是我们从历史中经常读到的辩证法。为了中国对外开放的大局，"弱小"的保险业打开了大门，却不承想，这一打开，不仅让保险业成为金融业对外开放的"排头兵"，也给自己插上了腾飞的翅膀。但不得不说，早期保险业的开放是带有一定被动性质的。

2001年中国加入世界贸易组织以后，继续坚持对外开放政策，并且循序渐进，主动加快了开放的步伐。2002年党的十六大报告指出，要"适应经济全球化和加入世贸组织的新形势，在更大范围、更广领域和更高层次上参与国际经济技术合作和竞争"。2007年党的十七大报告提出，要"坚持对外开放的基本国策，扩大开放领域，优化开放结构，形成经济全球化条件下参与国际经济合作和竞争新优势"。2012年党的十八大报告提出，"必须实行更加积极主动的开放战略，推动开放朝着优化结构、拓展深度、提高效益方向转变"。2017年党的十九大报告提出，"中国开放的大门不会关闭，只会越开越大"。2017年11月10日，国务院新闻办公室披露，我国决定进一步扩大金融业的对外开放，范围涉及证券、基金管理、期货、银行、金融资产管理、保险等各类金融机构。2018年4月10日，习近平主席在博鳌亚洲论坛年会开幕式上再次明确提出，2017年底宣布的放宽银行、证券、保险行业外资股比限制的重大措施要确保落地，同时要加大开放力度，加快保险行业开放进程，放宽外资金融机构设立限制，扩大外资金融机构在华业务范围，拓宽中外金融市场合作领域。

在经济全球化遭遇逆流，民粹主义、保护主义盛行的当下，中国积极主动地提出各项开放措施，不仅仅只是一种开放姿态的转变，更是彰显出一种推动、引领经济全球化的信心和决心。

二、开放范围：从有限到全面

中国于2001年加入世界贸易组织时，在保险领域主要就跨境服务的种类、外商在中国设立外资保险企业的形式和外资股比、外国保险公司在中国开展业务的地域范围、外国保险公司的业务范围、设立外资保险机构的许可条件及国民待遇六个方面作出了相关承诺，与此同时，在上述六个方面也提出了明确的审慎性限制要求。

加入世贸组织之后，中国认真履行了其承诺。2006年，也就是在中国加入世贸组织的第五个年头，中国保险监督管理委员会披露的《我国加入WTO法律文件有关保险业的内容》显示，到当年12月11日为止，中国如期履行了入世承诺。这之后，保险业对外开放程度持续深化，2012年《国务院关于修改〈机动车交通事故责任强制保险条例〉的决定》开始执行，标志着我国正式向外资保险公司开放"交强险"这一原先只有中资公司可以从事的法定保险业务。上月发布的"新措施"更是允许境外资产管理机构与中资银行或保险公司的子公司合资设立由外方控股的理财公司；人身险外资股比限制从51%提高至100%的过渡期，由原定2021年提前到2020年；取消境内保险公司合计持有保险资产管理公司的股份不得低于75%的规定，允许境外投资者持有股份超过25%；放宽外资保险公司准入条件，取消外资保险公司30年的经营年限要求。

发展的历史表明，随着中国改革开放的深入，保险业也从"有限"的开放逐步进入了"全面开放"的时代，并从不断扩大的开放中获得了长足的进展。

三、开放步伐：从蹒跚到矫健

1979年，国内保险业在经历了20年的停办再次恢复时，市场上只有中国人民保险公司一家公司，市场萎缩、机制缺失、人才匮乏、百废待兴。十余年之后的1992年，当美国友邦保险公司作为第一家外资保险公司在上海设立分公司时，全国只有5家保险机构，总保费收入368亿元，保险业总资产511亿元；2001年加入世贸组织时，全国共有保险机构41家，其中外资公司10家；总保费总规模达到2126亿元；保险业总资产为4591.34亿元。入世之后，保险业出现了爆发式增长。截至2018年，全国共有保险机构226家，其中包括来自16个国家和地区的境外保险公司在我国设立的57家外资保险公司，至此，世界500强中的外国保险公司均已进入中国市场。总保费规模为38016亿元，保险业总资产达到183309亿元。1992年，中国保险业全球排名第19位；2001年上升至第12位；2018年继续保持全球第二的位置（2017年上升至全球第2位）。2018年，外资寿险公司市场份额8.10%，产险市场份额1.94%。上海作为中国第一个保险对外开放的试点城市，外资寿险公司的市场份额达到24.62%，产险市场份额达到13.07%。

在保险业的对外开放进程中，中资保险公司完成了从对"狼来了"的恐惧到"与狼从容共舞"的华丽转身。这一切无疑得益于从被动到主动、从有限到全面的开放——开放倒逼了改革、促进了竞争、激发了创新、提升了效率。

四、展望未来，保险业任重道远

40余年的开放，中国保险业成绩斐然，但我们绝无理由妄自尊大。瑞再研究院2019年最新一期Sigma报告《世界保险业：重心继续东移》提供的资料表明，作为目前世界第二大保险市场的中国，市场规模仍不到美国的

40%，也小于欧洲三大市场（英国、德国和法国）的总和。此外，中资保险公司还有许多不足，需要下功夫向外资公司学习。

因此说，在我看来，认真向外资学习，仍然是今天内资保险公司的一项重要任务，与此同时，内资公司需要格外关注和重视的，不只是外资准入条件的放宽，更应当是如何满足消费者越来越强的多元化、个性化的保险需求；不只是境外投资者股份的上升，更应当是如何完善公司内部治理结构；不只是境外资产管理机构可以与保险公司的子公司合资设立由外方控股的理财公司，更应当是如何应对由保险科技的发展所带来的变化；不只是人身险外资股比限制从51%提高至100%的过渡期，由原定2021年提前到2020年，更应当是如何应对新的国际局势，特别是中美关系的变化带给行业发展的不确定性；不只是市场份额的变化，更应当是如何破解发展过程中人才不足的难题；不只是保持增长速度，更应当是如何解决长期存在的行业定位不清、保障功能弱化、发展方式粗放、保险乱象频发，提升发展质量的问题。当然，40余年开放的历史告诉我们，进一步开放的宏观环境和现实条件还将不断发生变化；开放所产生的问题，也只能在开放的进程中得到解决。

根据Sigma报告提供的数据，中国占全球保险市场的份额从1980年的0上升至2018年的11%。报告预测，到2029年这一份额将达到20%，到21世纪30年代中期，将超越并取代美国的地位。这绝对是让国人，特别是保险业人士骄傲和兴奋的一个预测。然而，需要强调指出的是，总保费规模在世界排名的不断上升，必须要伴随保险普及率的大幅提升，必须要伴随保险业风险保障作用的充分发挥，否则其排名意义将大打折扣。

开放是手段，不是目的。开放是为了建立一个更加完善的保险制度，由此让经济的健康可持续发展更加顺畅，让社会的繁荣稳定更有保障，让百姓的生活更加幸福美满，因此，我们期待更大的开放！无疑，随着"新措施"的出台，保险业的大门越开越大，今后国内保险业的竞争也会更加激烈。但只要市场竞争主体都能享有和遵循公平的竞争规则，只要市场监管者能够公正执法，创造和维护公平的竞争环境，开放所带来的竞争的结果，必然是最大化消费者的利益和社会福利。

高度重视新型传染病的危害与应对*
——由新冠肺炎引发的思考

新冠肺炎疫情在中国暴发，引爆了重大的公共卫生安全风险事件。病毒以一种变幻莫测、行踪诡秘的方式再次侵袭了人类，给人们的生命和健康带来了严重的威胁，对经济社会生活产生了重大冲击。

回顾 21 世纪以来集中暴发的各类风险事件，人类所面临的风险类型越来越多，挑战不断升级，而其中恐怖主义和金融危机因其直观的威胁和危害尤甚，各国都给予了极高的警惕并做了各种可能的应对。但实际上，"传染病"风险因其自身的特性，从某种意义上来说，其危害程度比恐怖主义和金融危机更大。埃博拉病毒暴发之后，比尔·盖茨先生在 2015 年 TED 的演讲中向世人发出了振聋发聩的警告："如果有什么东西在未来几十年里可以杀掉上千万人，那更可能是个有高度传染性的病毒，而不是战争；不是导弹，而是微生物。"

的确，由于新型传染病风险所具有的以下两个重要特征，导致相对其他类型的风险来说，防范难度更大，造成的危害更强。

第一，巨大的不确定性。

不确定性是所有风险的"共同标签"。完全可以这样说，没有不确定性

---

* 发表于《中国银行保险报》"北大保险评论"专栏，2020 年 3 月 6 日。

的存在，就没有风险的危害，也就凸显不了风险管理的重要性。但相比而言，传染病风险的不确定性特征则更为突出，这可以从以下两个方面来观察。

首先，从风险成因的角度来看。人类未知的边界永远大于已知，这是常识，也是"绝对真理"，对于传染病这类风险来说更是如此。与恐怖袭击和金融危机这些纯粹的"人为灾祸"不同，传染病毒，特别是一些高危病毒，由病原体生物产生，经人类活动传播，这种具有自然与人为双重因素的风险发生机理，导致更多未知和不确定性因素的存在。特别是在信息时代和经济全球化的背景下，由于人口密度的增加和人口流动的加速，更是加剧了自然与人为因素的交织与互动，进一步增加了此类风险的复杂性。

其次，从风险应对的角度来看。（1）人类在应对恐怖袭击和金融危机时，是人与人之间的博弈，而在抗击传染病毒时，是人类与另一个"不以人的意志为转移"的非人类之间的博弈。由于病原微生物的变异性，每一种新型病毒都是一个新的"事物"，囿于人类的认知局限，致使人类在应对每一次新型传染病时，很难像应对金融危机和恐怖主义那样，可以使用较为成熟的组合措施和手段。（2）传染病的源头、发生机理、传播链条、传播速度和致命性等都需要从基础性的病理研究开始，治疗方案也需要积累大量临床表现。国家卫生健康委员会迄今已连续7次更新治疗方案；新冠疫情暴发至今已经累计确诊超过8万人，但"零号病人"仍是一个谜；德国著名病毒学专家克里斯蒂安·德罗斯滕（Christian Drosten，德国第一位研发出新冠病毒PCR监测方法的专家）在面对一个在德国被再次广泛讨论的问题，即"德国应付疫情的准备工作"时回答道："这是一个没有意义的问题，因为该疫情以怎样的速度扩散，以怎样的时间跨度持续，没有人能给出准确的答案"。比尔·盖茨甚至称，"2019新型冠状病毒开始表现出百年不遇的病原体的迹象"。这些都说明，人类对新型病毒的认识是一个不断深化的过程。在这种情况下，撇开一些主观人为的因素，例如，恶意瞒报或漏报，客观地说，出于疫情的传染性特征所可能导致的民众生活、经济活动受到影响的范围和程度的考虑与权衡，决策者肯定会面临一个在疫情的发布时点和发布范围上如何准确把握"度"的难题。如果这个"度"没有把握好，就有可能或者出现

"应对过度",导致对人民群众正常生活秩序的打乱和对经济活动不应有的影响;或者"延误战机",导致极大的人员伤亡和经济损失。由此可见,仅从风险成因和人类难以迅速提供有效方案这一个方面来看,新型传染病的高不确定性及其所引发的应对的高复杂性,也是其他类型的风险通常难以比拟的。

但是,新型传染病风险的上述特征绝不应成为人类"不作为"或者"胡作为"的借口和托词。在此次疫情发生的早期,有些迹象已经显现,有些方面已经发出了预警,但由于我们在认识和体制机制方面的一些问题,导致"举国体制"被迫启动,这一教训值得我们深刻记取。

第二,超强的叠加效应。

各类风险的发生都有可能产生叠加效应,但类似新冠肺炎这样的新型传染病的叠加效应更强,这可以从以下三个方面反映出来。

首先,客观的疾病威胁与主观的恐慌情绪叠加。恐惧是人类的本能和天性,而恐惧源于未知。行踪诡秘的传染病风险极易诱发人们的恐惧感,由此衍生出忧虑、不安、害怕等各种不良情绪,导致身体的免疫力下降,从而更易于被病毒侵袭;如果社会应对不当,恐惧感的蔓延会加剧整个社会的恐慌,由此带来的连锁反应和巨大的负外部性,在某种程度上甚至会超过传染病危害本身,进一步放大传染病风险的危害程度。

其次,即期的生命健康影响与深远的社会政治影响叠加。病毒无国界。近年来世界各地频繁暴发的季节性流感、埃博拉病毒、禽流感病毒等各种传染病病毒,给全球各地人们的生命健康都造成了严重的伤害。据世界卫生组织等机构的报道,2013年在非洲暴发的埃博拉病毒蔓延到了9个国家,2009年于美国暴发的H1N1蔓延到了214个国家,此次疫情也不例外。截至3月3日,疫情已蔓延到全球除南极洲以外的所有大洲,60个国家和地区已报告有确诊病例。从目前的发展趋势来看,疫情在更多国家暴发将是大概率事件。除此之外,与其他灾祸和风险相比,新型传染性疾病所引发的对社会、政治方面的影响也极为明显,由疫情所引发的人间百态尽显:我们不仅看到了无疆的大爱与无私的护佑相伴,也看到了恶意的诽谤与公然的歧视相交。"阴谋论"甚嚣尘上,使得原本就存在的意识形态偏见和体制之争,借由病毒的传播而更加显性化。但与此同时，在新冠病毒暴发与防控的进程中，我们也愈发体会到了"人类命运共同体"，这一中国政府反复强调的人类社会之新理念的隽永与深刻。

最后，本土经济受损与全球经济受挫叠加。

经济的高速稳定增长是以资本、货物、人员等顺畅流动作为基础和重要支撑的。此次由于新冠病毒的影响，十几亿人被迫"禁足"，大多数行业的经济活动均受到不同程度的影响。有权威数据显示，短短一个月的时间，中国的经济损失已超过几万亿元人民币。在世界高度互联互通的今天，疫情也严重限制和影响了国际间的人文交流、商务交往和货物交换。作为世界第二大经济体、全球制造业中心的中国，不仅已经深入融合到全球产业链分工体系之中，而且近年来对世界经济增长的贡献率持续保持在30%左右。在这一重要背景下，新冠肺炎疫情对中国经济的打击，势必通过全球经济产业链环环相扣的生态特点，影响到其他国家的经济，后者的受挫，也必然反过来加剧对中国经济的不利影响。

面对新型传染病这样的高风险事件，人类既然回避不了，那就只能重视它、防范它并最终战胜它，而这需要各方面的努力和卓有成效的工作，以下三个方面的事项值得我们高度重视。

一是认真反思，加快各项改革，尽快补齐各种漏洞，提高国家应对重大突发公共卫生安全风险事件的能力。新冠病毒的暴发，以极其惨烈的方式让我们看到了它的极度危害性，也充分暴露了我国在应对突发公共卫生安全事件方面的漏洞、短板和问题。疫情过后，我们一定要在全面深刻反思和严肃追责的基础上，将对传染病风险的预防提到重要的地位，强化风险防控前置思维，并尽快进行各方面的改革，包括提高国家疾控中心的权责地位；建立和完善专业、及时、高效和透明的传染病信息上报通道；重视和大力支持流行病学、公共卫生、预防医学等学科的发展，尽快提高国家应对重大突发公共卫生安全风险事件的能力。

二是充分发挥社会力量，特别是保险机制的作用，形成多元化的传染病风险应对机制。新冠肺炎暴发以后，在中央和各地政府的统一部署下，各行各业快速反应。作为风险保障重要机制的保险行业也在忠实地履行自己的社会责任,做了大量工作,包括为在一线参与疫情防控的人员捐赠巨额保险保障、全面升级疫情理赔服务、提供专属保险等。但除了这些事后的风险管理措施以外,今后保险业还应当更多地介入事前的风险防范,加强对传染病保险制度的研究,参与疾病预防管理体系的建设,为新型传染病等风险提供事前风险预防、风险评估以及风险管控的专业意见,发挥政策性保险和风险保障基金的作用。从宏观层面来看,应当加强对其他社会力量的培育和建设,形成多元化的风险应对机制。

三是大力提升公民的公共卫生意识,提高全民的科学、人文与健康素养,从源头上预防和阻断传染病的发生与传播。2月7日《柳叶刀》发表的中国学者的论文指出:中国民间对于野生动物具有医疗作用的想象,可能导致自然界中的病毒感染人类。要避免这一后果,需要人们改变以往的饮食、健康观念,做到与自然和谐文明相处。2月24日全国人大通过立法,全面禁止非法野生动物交易、革除滥食野生动物陋习。"野味产业"是公共卫生安全的重大隐患,虽然这一法律来得有些晚了,但毕竟今后有法可依了。除此之外,还必须改变一些国人随地吐痰、乱扔垃圾,有的甚至随地大小便的陋习恶习,当看到"关于气溶胶传播,专家给出预防建议:不要用脚踩痰"的报道时,我的第一反应和问题是:"痰为什么会在地上?"少数人的这些陋习、恶习不仅有损整个中国人的形象,更重要的是为病毒的产生和传播提供了土壤。

比尔·盖茨在2015年的那次演讲中提到,"面对病毒暴发,全世界都没有准备好"。5年以后,在新冠病毒肆虐之时,重读盖茨先生的这一"警世恒言",有一种悲从中来、大彻大悟的感觉。风险演化规律提示我们,这次的新冠病毒侵袭,绝不可能是人类所遭受的最后一次灾难。

因此,为了防患于未然,人类必须高度重视新型传染病的危害性,并认真做好各项应对准备,否则将后患无穷。

快速适应与应对新技术对保险行业重塑的时代趋势*

伴随着现代科学技术的发展,以"数字化"为标志的新一代科技革命正以不可抗拒之势席卷全球,并逐渐演变为引爆各行业整体性变革的技术"奇点"。大数据、云计算、区块链、人工智能等技术在保险行业的应用,对整个行业产生了冲击和重塑,并催生了保险科技的兴起。在这一过程中,如何快速适应与应对新的时代趋势与变化,正确发挥保险科技的优势,规避新技术滋生的新风险,熨平变革冲击,是当前中国保险业发展的首要任务。

一、"保险科技"的概念内涵与理论基础

作为一种新兴概念,"保险科技"的内涵从金融科技的概念中衍生而来,并融合了保险业独有的行业特质。近年来,虽然保险科技的概念热度一再升温,但当前国内外学界和保险业界尚未对保险科技形成统一的定义。结合创新驱动等理论和国内外行业的实践,我对保险科技的理解如下。

"保险科技"是保险领域里一切有益的技术进步和创新活动的总和,其概念所包括的内涵和外延应当满足以下三个方面的本质规定:第一,在理念层面上,保险科技是保险行业顺应现代科技发展趋势,实现产业创新

---

* 发表于《保险业风险观察》2020年第4期。

驱动和高质量发展的重要抓手，是保持市场活力与竞争力的关键路径；第二，在技术层面上，保险科技是指人工智能、区块链、云计算、大数据等关键技术在保险产品和服务上的技术应用，强调其技术属性与应用价值；第三，在业务层面上，保险科技是对保险行业全产业链条的模式创新，是包含保险产品、咨询、平台、服务、监管、制度等一系列保险业生态系统的技术赋能与行业重塑。其中，理念层面的规定是发展保险科技的内生动力，它直接决定着保险科技在技术层面和业务层面的创新形态与方向；技术层面的规定是保险科技的具体表达形式，是保险业务重塑的基本工具，是理念催生的直接结果；业务层面的规定是保险科技的综合形态，它承载着理念层面的发展目标，是技术创新与制度创新的叠加，是对一系列技术的贯穿式应用。

作为保险领域与科技领域融合的典型代表，保险科技的兴起绝非随机性的偶然事件，而是保险行业内在规律驱动的必然结果，是时代发展的客观选择。矗立其后的则是创新理论、产业理论等坚实的理论基础。

马克思主义的创新理论认为，创新的本质是人有目的的、有计划的、能动的实践活动，是分析矛盾、解决问题、化解冲突的关键因素。科技与保险行业的融合，正是针对当前保险行业发展的主要问题，通过技术赋能化解行业原有的内部矛盾，以问题和需求为导向，对新技术进行产业化应用。

约瑟夫·熊彼特在其著作《经济发展理论》中总结了创新的五种基本形式，而保险与科技的融合，可以说全面涵盖了熊彼特提出的五种创新形式，包括：保险科技带来的产品创新；大数据、区块链技术应用催生的业务模式创新；新消费人群与需求的市场创新；可穿戴设备等新工具的应用创新；行业主体融合的组织形式创新等。

从产业升级的角度看，保险与科技的融合是产业从劳动密集型向资本技术密集型转型的过程，是行业内部和行业上下游间的业务功能升级。根据迈克尔·波特的四阶段驱动理论，科技与保险的融合是将无形的知识技术要素，导入传统的有形要素之中，实现从投资驱动向创新驱动阶段的转型。

二、新技术对保险行业重塑的态势已蔚然成风

党的十八大以后,国家开始高度重视数字经济的发展,一系列重大战略、规划和举措相继出台,促成了近年来保险科技的全面创新与应用。从技术赋能的路径上看,保险科技对保险行业的重塑过程重点体现在以下五个方面。

一是促进行业主体转型。面对"保险科技"带来的冲击,很多传统保险公司积极谋求技术升级,在科技研发上加大投入,整合数字化相关业务,打通"科技"与"保险"的对接通道。例如,中国人保的数字化战略,中国人寿的"科技国寿"战略,中国平安的"金融+科技"双驱动战略等,均在集团顶层设计上对公司的发展轨道与战略目标进行了调整。除传统大型保险公司之外,一些中小型保险公司也在深耕数字化保险产品,从保险科技的浪潮中获得了全新的发展机遇。总之,值得人们关注的是,保险科技的技术浪潮,在一定程度上冲击了保险市场的固定格局,不少企业借此脱颖而出。

二是带动保险产品创新。大数据、云计算、人工智能、区块链等新技术的发展,带来了前所未有的产品创新,深度改变着保险行业在产品定价、风险评估、理赔核保等多方面的技术应用。以大数据技术为例,保险行业以"大数法则"为运行逻辑,而大数据技术可充分挖掘高价值密度的信息数据,彻底激活保险业天然的"大数基因",更加清晰地揭示出风险发生和演进的一般规律。从实践来看,UBI(usage-based insurance)、保障金类保险、智能保险顾问与理赔、可穿戴设备等新型场景化的产品创新,已成为当前保险市场重要的消费拉动点和投资风口。

三是推动业务模式升级。保险科技催生出的各类新型保险产品,也使整个保险产业链条发生了深层次的改变。通过对保险业务全流程的渗入,保险科技已在保单设计、销售、承包、理赔等各个环节对行业进行着重塑。以理赔环节为例,长期以来,理赔难一直是保险客户诟病的主要问题,而藏匿在该环节的道德风险,更是保险公司一直忌惮和防范的重点。在保险科技的支持下,保险公司可以快速获取理赔信息,制订理赔方案,实现智能化的风险防控和反欺诈评估。有些公司甚至开发了"一键理赔"业务,新技术有效解

决了保险行业理赔难的业务症结。

四是催生资金管理方式变革。长期以来,我国保险市场的优质资产与政府社会长期债务之间,仍有巨大的配置空间可以优化。保险科技在资管领域的应用,可以帮助保险公司和保险资管机构实现智能投资与风险预警,优化资金投资方向和各类资产的配置比重,结合机器判断与人脑经验判断,提供更高质量的投资组合方案和风险防范对策。

五是助力行业现代化监管。"保险科技"的另一赋能路径是对行业监管者的能力提升。多年来,保险行业许多业务数据难以留痕,数据信息中心化的储存方式,也容易诱发数据造假等违规行为的发生,这些都给保险行业的监管提出了严峻挑战。保险科技的应用为我国保险业监管部门提供了新的技术工具和便利条件。网络化与数字化的保险业务模式,将加强保险行业数据的留痕程度与可追溯性。相比于传统的纸质化记录,数字化的信息储存更便于检索和核查。

综上所述,在全球数字化技术浪潮的冲击下,任何行业都面临着不进则退的压力与挑战。保险科技对整个行业重塑的态势已经形成,对未来的发展趋势,我有如下的基本判断。

首先,在未来较长的一个时期内,保险科技仍将成为整个保险行业的投资风口,其研发创投与科技孵化将依然拥有显著的增长态势,对保险市场潜力的挖掘程度难以预估;其次,保险科技所引发的产品创新和业务模式创新,将成为未来拉动我国保险市场需求和消费的重要增长点和驱动力,而保险与科技创新融合的深度,将直接决定这一驱动力的持久性;最后,国内保险市场,乃至全球保险市场,必将在此轮技术革命中重新洗牌,保险与互联网等科技行业的边界将被进一步打破,更多的行业主体将加入保险市场中的竞争,谁能在此轮保险科技发展中率先取得技术优势,谁就必将在未来保险市场的竞争中占得先机。

三、"保险科技"对行业的冲击与挑战

历史经验表明,任何一次的新技术冲击都同时伴随着突破与挑战。近年

来，保险科技虽然在我国取得了快速的发展，但仍面临着许多发展瓶颈。

1. 传统思维的羁绊

数字化技术给保险行业带来的变革，绝不仅仅只停留在技术层面上，而是对整个保险思维和行业范式的翻新。传统保险行业能否在思维和专业技能上实现快速调整，将直接决定着我国保险行业科技转型的成败。

传统的保险行业以劳动密集型为特征，标准化的产品类型、格式化的业务流程、以销售为中心的业务思路，在传统保险业的发展思维中根深蒂固。而保险科技所带来的变化，正是降低行业的劳动密度，改变传统分销模式，追求个性化定制与场景化应用，这些都将在很大程度上改变传统保险业的运行逻辑。我们完全有理由相信，保险科技对传统保险行业最重要的挑战之一，就是后者适应并应对数据化变革的能力。现代科技的进步往往具有极高的迭代速度，传统保险业如果不能迅速转变思维方式，必将影响其在此轮技术变革中的反应与表现。

2. 新型风险的滋生

人类发展的实践表明，任何一项新兴技术的产生，不仅会给经济发展和社会进步带来革命性的改变和新的发展空间，也将滋生出新的风险。

作为"保险"与"科技"两个高风险行业深度融合的产物，保险科技容易模糊两者产品的监管边界，使其在融合的过程中出现监管真空，让不法分子趁机非法套利甚至实施诈骗。这种跨行业的交叉融合，在风险演进规律的作用下，扩大了风险传播的速度与范围。信息安全、隐私泄露、高科技诈骗等已经成为保险科技带来的新型风险。

因此，面对保险科技的发展，我们一方面要加快科技进步，落实技术创新；另一方面，更要处理好保险科技带来的新问题、新风险和新挑战，及时查漏补缺，甄别并处理好有益创新和风险冒进之间的关系。

3. 行业监管的盲区

保险科技的创新应用在很大程度上打破了原有保险行业监管的格局和边界，给行业的监管制度带来了全新的挑战。

例如，伴随着保险数据量的增加，有关数据的归属权判别、垄断、歧视等问题,均需要法律说明;数字化时代的保险制度和法规建设亟待完成。随着保险科技的应用,很多保险企业出现了业务上的跨界融合,混业经营已形成趋势,有些保险产品甚至难以按现有的分业类型进行归类。保险行业的主体愈发呈现多样化的发展态势。保险公司、互联网公司、科创型企业、第三方平台等多种主体,对保险行业的生态圈进行着重塑,给保险监管部门的监管边界带来了挑战。

从总体上看,我国保险行业制度管理的建设明显滞后于保险科技的创新实践。而众所周知的一个事实是,技术进步的速度不会减缓,如果制度与技术之间的差距不断拉大,则"保险科技"所带来的负面作用将可能超过其积极影响。

4. 研发瓶颈的限制

虽然近年来,我国在保险科技的创新和应用上不断进步,但是很多核心技术仍存在一些亟待突破的瓶颈。保险业的科技应用以中低端技术为主,新技术在保险营销环节的应用转化最多,产业链深层次的高级技术转化仍然不足。

例如,人工智能技术尚不能兼容所有保险公司的传统系统,人工智能系统决策过程透明度低,稳定应用的业务连续性差;区块链技术存在安全性、去中心化和高效率三个方面的"不可能三角"悖论。对于复杂的数据结构,区块链技术难以满足高频次要求。保险行业对大数据的收集能力仍然薄弱,可穿戴设备、车联网等移动数据采集缺少统一标准,偏差问题经常出现。此外,虽然当前我国保险市场上已经出现了多种保险创新产品和技术应用,但从本质上看,同质化问题较为严重,并且存在许多"换汤不换药"的"伪创新"。

上述这些问题均表明,数字技术重塑保险行业的道路依然漫长而艰巨。我国保险科技的创新和应用需要进一步增加深度,在问题和用户需求的导向下,提高创新驱动的可持续性。

5. 专业人才的匮乏

科技与保险的融合,使保险行业不仅仅只是制度层面上保险人与被保险人通过契约实现风险转移的载体,更成为新技术的应用载体。社会科学与自然科学的叠加，给保险科技提出了更为复合性的要求，自然也给行业人才的需求提出了挑战。

当前我国保险行业复合型人才严重断层，兼具保险专业素养、风险管理理论、信息化技术知识的交叉复合型人才十分稀缺。精通大数据等新技术的信息工程师对保险行业的经营规则与业务场景缺乏了解，而有经验的保险行业从业者对新技术的原理又很难在短时间内掌握。

我们需要认识到，当前有三个方面的问题严重影响着我国保险行业复合型人才的培养。首先，面对保险科技的高速发展，我国高校保险相关专业的人才培养模式相对滞后，缺乏跨学科式的人才培养方案；其次，全社会尚未形成有效的产学研协同一体的人才培养机制，理论与实践仍存在断层；最后，保险行业尚未形成合理的复合型人才引进与升迁制度，保险行业复合型人才的发展通道匮乏。这三方面具体的问题，严重影响着我国保险科技在全球市场中的竞争力和可持续性。一旦我国保险科技的人才战略不能有效跟进，前期依靠网络规模所形成的互联网保险市场，将很难在保险科技的"下半场"继续保持优势和增长势头。

四、对"保险科技"发展的思考与政策建议

面对当前保险科技势不可当的发展需求，如何大力发挥保险科技的积极作用，降低保险科技对行业的负面冲击，是当前我国保险行业在新技术变革下需要思考的重要问题。

1. 清醒认识保险科技带来的"变"与"不变"

无论保险科技如何赋能或重塑保险行业的发展，保险最基本的行业属性将不会发生变化。因此，在大力倡导保险行业创新驱动的同时，也同样需要追本溯源，仔细辨别哪些是推动行业发展的"真进步"，哪些是哗众取宠的"伪科学"。

保险业从它诞生之日起，不管是发轫于几千年前古巴比伦商人转嫁风险诉求的现代财产保险，还是起源于几千年前古希腊和古罗马寻求损失分担机制的现代人身保险；不管是古代的保险思想，还是中世纪的保险计划，抑或

现代的保险行业，它们共同的特征都是风险转移、损失分担，这样一个特征是保险业独有的。客观而准确地说，保险因其独特的风险保障功能而区别于其他金融部门，这一功能是保险业立足和发展的核心价值与独特意义所在，它不因任何新技术的出现而改变。再比如，保险科技必然会拓展"可保风险"的内涵与外延，但不应改变商业保险公司只能承保可保风险的基本要求。保险科技可能会改变保险大数定理的数据基础，但不会改变该定理的基本规则。

因此，只有在不改变保险基本属性的前提下，科技才具有对保险行业真正意义上的赋能。一旦技术赋能脱离了保险行业的本质和基本要求，则此类产品不应被纳入保险行业的范畴。

2. 确保制度创新与技术创新的匹配与同步

保险科技发展的原动力来自技术创新，而保险科技落地应用的质量与成效，则与保险行业的制度创新密切相关。虽然通常来说，技术的迭代出新速度要快于制度的创新，并且保险科技引致的新问题和新挑战需要一个暴露过程，因此，保险行业制度的创新很难做到与保险科技技术创新完全同步，但制度创新也应同技术创新一样，得到市场主体和监管机构足够的重视，并努力实现同步发展，否则将会影响技术创新应用的成效。

针对如何加强保险科技的制度创新的问题，我认为可从以下几个方面进行思考：第一，充分甄别保险科技给保险监管可能带来的"灰色地带"，在相关法律和政策无法尽快出台前，可通过判例、负面清单、监管沙盒等方式进行管理；第二，加强混业监管措施，打通相关行业间和产品业态的监管边界，将各类保险科技主体统一纳入监管框架，明确新业务形态下的主体责任和监管责任；第三，针对新的技术与产品，政府要尽快推出统一规范的行业标准，加强技术应用和场景化的规范性建设；第四，针对因保险科技所产生的问题和弊端，做到及时公开、及时处置，以儆效尤，规范技术创新和科技应用的导向性；第五，保险监管部门同样需要强化技术创新，推动监管科技的发展，并充分利用数字技术可追溯等特征，加强保险监管的穿透性。

3. 重视基础研究，加强新技术的国际合作

以大数据、云计算、区块链和人工智能为代表的关键技术，既决定着我国保险科技发展的广度，更决定着保险与科技融合的深度。从当前的实践看，虽然我国在保险科技的创新与应用上已取得显著进展，但保险业技术赋能的广度明显大于深度，新技术的基础研究仍明显不足。

包括保险行业在内的很多行业，通常格外重视技术创新应用所带来的短期效益，而对收益回报慢、研究周期长、投入风险大的底层基础性研究严重忽视。新技术的应用层面经常推陈出新，创新迅速，善于横向拓展，但真正产生实质性进步的基础创新却十分罕见。

我国保险行业要想真正实现技术赋能的高质量发展，并在未来的技术创新中占有国际领先地位，必须重视新技术的基础研究，深耕数字化技术的底层逻辑与科学理论，在风险防控、精算评估等真正影响保险深层运行逻辑的方面开拓创新。只有这样，才可以实现可持续的创新驱动，在依靠网络用户基数优势的快起步后，再实现发掘需求深度的新一轮增长。具体来说，可拿出一部分行业资源，与高校和研究所合作，加强基础理论研究；与此同时，加强与国际的技术合作与交流共享，善用国际经验和理论成果，夯实我国保险科技的研究基础。

4. 探寻保险科技新型风险的传播机理，加强风险防范前置

在风险演化规律的作用下，保险科技等新型数字化技术的风险传递速度明显加快，涉及面也将大幅扩展，保险科技引致的新型风险及其危害，将显著高于传统模式下保险行业的风险危害。因此，如何防范保险科技带来的新型风险，是当前保险科技发展面临的关键问题。

对此，保险行业需要积极应对和主动预防。首先，应加强对保险科技新风险传播的机理分析，明确风险传播的规律和关键控制点。要针对薄弱环节和风险控制点加强风险防范的前置措施。例如，完善对终端设备和数据传输环节的信息安全管理，防范信息泄露风险；明确技术应用与数据共享的服务边界，消除监管的真空地带；建立保险新型业务与传统业务的安全防火墙与隔离带，努力降低风险的波及面；采用技术和制度的双重手段，加强保险行

业的风险感知与预警监控。其次，应清晰地辨识保险科技这一新兴技术的不确定性及其可能造成的危害程度，并权衡哪些是可以接受的风险，哪些是可以规避或者转移的风险，哪些风险是不可承受之重。在对保险科技进行风险防控的同时，要把握好激发创新与风险防控的平衡。既不可因对新型风险的恐慌而矫枉过正、防控过当，由此影响保险科技的正常发展；也不能因过于推动科技创新，而忽视对新型风险的管控，导致发生重大损失。在守正与创新、发展与冒进、公益性与营利性之间做好权衡和把控，是我国保险科技健康发展的关键。

5. 推动保险专业学科的与时俱进，重视复合型人才的培养

保险科技的发展应放眼长远，让"技术本位"的创新驱动回归到"以人为本"的培养发展当中。只有以人才为核心的科技发展战略，才能给保险科技的创新提供不竭的动力。

高校作为人才培养的"主阵营"，是保险科技复合型人才培养最重要的载体。针对保险科技对专业人才所需要的复杂性和前沿性的要求，高校保险类专业的培养方案，需要融合电子信息、大数据、人工智能等理工类专业知识。一方面，在本专业开设相关课程或组织专题培训；另一方面，要打通跨专业之间的学科交流，优化生源结构。具体而言，当前开设保险类专业的高校，亟须在教学资料和授课模式上与时俱进，增加保险科技的理论教学和工具应用，加大保险基础课程的通识性，如人工智能专业可以增加保险学、金融科技等课程内容，以此促进复合型人才的培养和交叉学科的发展。

除高校以外，保险公司、科研机构、科技类企业，甚至行业监管部门也可以通过加强联盟合作，倡导跨业合作和轮岗机制，关注中小型保险公司中的人才黑马，打通多元化的人才流通渠道。未来全球保险科技的较量，说到底仍是人才与培养模式的比拼，只有将更多的资源导入人才培养，才能为我国保险科技的进步提供知识要素，以此夯实行业高质量发展的核心基础。

访谈录

  孙祁祥2010年任北京大学经济学院院长,是这所百年学府历史上的第一位女性院长。20多年来,她独立或合作撰写了20多部著作、上百篇研究论文,先后承担多个政府部门和著名国际机构与公司委托的20多项科研课题,始终坚守讲台、爱岗敬业。她获得国际保险学会国际保险界的最高奖项,成为首位获此殊荣的中国学者。在发表获奖感言时,她自豪地说:"不是我个人有多厉害,是因为我背后有强大的祖国。"今年国际妇女节前,孙祁祥荣获全国三八红旗手标兵称号。

——《求是》2017年第6期扉页

成长、成才、成功*

主持人： 各位同学晚上好，欢迎大家参加由团委学术科创部讲座中心主办的"燕园韶华"迎新系列讲座。今天我们很荣幸地请到了经济学院的孙祁祥老师做一场以《成长、成功、成才》为题的讲座。孙老师是我校经济学院的博士生导师，她享受国家特殊津贴，是"北京大学最受学生爱戴的十佳教师"之一，现任北京大学经济学院副院长兼风险管理与保险学系主任。现在就让我们以热烈的掌声欢迎孙祁祥老师为我们演讲。

孙祁祥： 说实话，作为一名老师，能够受到学生的真挚邀请来做演讲，我感觉是一个很大的荣幸。

我听校团委的同学说，我们这一场讲座主要是针对新生的，因为你们刚进入燕园，可能对这个新的环境有些陌生，想听一听"过来人"是怎么过来的，有些什么体会。我作为一个从学生到老师的"过来人"，特别是在北大待了也快二十年了，教了很多届学生。从自己做学生、当老师的体验中，以及在我跟北大这么多届学生的交往中，也有一些体会、一些感想。我想校团委主办这场讲座的目的，也是想给同学们这样一个机会，让同学们感受一下校园的氛围，特别是听"过来人"讲一下切身体会，这样可能会少走一些弯路，减少一些迷茫。我不知道今晚的讲座能不能达到这样的目的，我试着来。

---

* 2008年9月25日北大"燕园韶华"迎新系列讲座首场演讲。

我想利用这个时间，结合自己的亲身体验和经验，给大家讲三个方面的问题。因为我是经济学院的老师，是学经济学出身的，那我在讲体验的时候，可能会与经济学有更多的一些联系。

大的思路我想着重谈三个方面的问题。

第一个大问题是打好三个基础。作为一个学习经济学的学生来说，或者是将来想要转入经济学的学生来说，这三个基础非常重要。

经济史学

经济史学我们知道有两条主线，就是经济发展本身的历史，还有就是研究经济的思想学说史，这两个方面在我们经济学院都有课程。那么，为什么要学习经济史学？或者换个方式问，经济史学在整个经济学中为什么这么重要呢？经济学大师熊彼特曾精辟地指出，经济学的内容实际上是历史长河中的一个独特的过程，如果一个人不掌握历史事实，不具有适当的历史感，或者是所谓的历史经验，他就不可能指望理解任何时代包括当前的经济现象。他还说："我相信目前经济中如果犯了根本性错误，大部分是由于缺乏历史的根基。而经济学家在其他方面的欠缺倒是次要的。"

我们经常会说，历史惊人的相似，既然是惊人的相似，了解历史上出现的一些现象，对于我们了解当前的经济现象当然就会很有帮助。我们也知道"以史为鉴，可以知兴衰"，历史之流，现实之源。可见，学好经济史学，对学经济学的学生非常重要。

数学

在经济学院学习的学生，将来也要学习很多数学的课程，包括高等数学、线性代数、概率论与数理统计等。如今经济学的现象分析会用到很多数学知识。当然，在历史上，我们去翻阅经济史，关于数学在经济学上的利用是有很大的分歧和争论的。因为有很多的经济学家实际上并不看重数学。记得我们当时学经济学的时候，虽然也开了数学课程，但没有现在这么多。在马克思的《资本论》中，他主要是运用质的分析比较多，量化的东西相对来说比较少。在传统的马克思主义经典经济学中，有人甚至把当时专门用数学或者是数学的分析方法来研究经济的学者称作庸俗经济学家，认为他们搞些模型，只会用数学分析工具。

现代经济发展这么多年以来，我们可以看到，数学的确是一种分析工具，我们常常用数学的方法来研究经济学，使分析的过程和分析的结论更加直观、更加精确。当然，现在也有一种为人们所诟病的现象，那就是为模型而模型，为数学而数学，有些人擅长或者喜欢写一些很多人都看不懂的经济数理分析文章，这也是需要防止的一种倾向。但是总体来说，数学方法在经济学中的应用是大趋势，数学是非常重要的一个基础分析工具。

英文

我想可能大家都会说，孙老师，英文这个不用你来强调，我们从小学甚至从幼儿园开始就已经知道英文的重要性了。可能你的父母在你们还咿呀学语的时候就把你们送到了某一个班，你们从那时候开始就学会了 ABC，就学会了许多的词汇。但实际上也有一些同学，他并不了解，一种语言的学习，特别是英语对于我们而言非常重要的道理所在。

记得有一年迎新的时候，我作为系主任致完欢迎词后，请学生们用英文做一下自我介绍。大约十几位同学介绍完自己之后，有一个男生站起来说："孙老师，我们都是中国人，为什么要说英文呢？"他很坦率。我说："英文很重要，我是想用这样一种方式告诉你。"之后，他很不情愿地用英文做了自我介绍。等到四年后的毕业晚会上，这位男生说："我还记得四年前进入北大，孙老师让我们用英文做自我介绍时我说的那些话。我对我自己因为少不更事感到特别内疚。我现在要特别感谢孙老师。因为我觉得英文真的是太重要了。"他后来读了研究生，之后进入一家著名的外企工作。他通过他的亲身经历由衷地感受到了在全球化的今天，无论是对外经贸往来还是学习交往，乃至待人接物，英文都非常重要。

为什么英文重要？大家知道，现在世界上大约百分之七八十的文献或者其他的许多载体都是使用英文的。如果说，你英文的程度、能力和水平高的话，那么在其他条件相同的情况下，你获得机会的概率就比别人要高。前两天有一位公司老总给我打电话，说他现在想招一个秘书，问我能不能给他物色一个。我问有什么条件，他说男性。我说你这不是性别歧视吗？他说，

"你也知道,我经常出差,带一个女秘书不方便呀"。我说,"对的,我理解"。他说第二就是身高这些方面都好一点,我开玩笑说,"这也是歧视呀"。当然我理解,这也涉及公司的对外形象,没有办法。他说,"第三个条件就是英文要好","因为我这是外企,每天接触的所有文件都是英文的,电话、邮件也全都是英文的"。我说我非常理解。这就是实例。

以上是我讲的三个基础,根据经济学专业的要求要打好的三个基础。下面我讲第二个大问题,就是在校园学习中应当坚持的五个原则。

学会放弃

如果在座各位在高中期间学过经济学的基础知识,你就应当知道,经济学是一门关于选择的学科。人的欲望是无限的,但资源是有限的,所以我们要在无限的欲望中间通过某种方式做出一个合理的、最有效率的选择。经济学有个很重要的概念叫"机会成本",你做这件事情,你就不能同时做另外一件事情,因为时间是有限的。比如说今天晚上你到这来听孙老师的讲座,你是不是就不能去看一场电影,或者不能去和朋友聊天,或者不能去教室里上自习啦?你不可能在同一个时间段里去做无数的事情。也就是说你做这件事情,你就不能同时做另外一件事情,那么做另一件事情可能获得的收益也就是你做这件事情的成本。对不对?如果说你觉得孙老师这场讲座对你来说有意义,而你放弃的那件事情收益是很小的,那么你的机会成本就是很小的。但如果说你放弃的那件事,比如说今天晚上一个男孩要和一个女孩子约会,那女孩子说:"你要是今天晚上不来和我约会,咱俩吹!"(笑声)那这件事就很重要了,你来听这场讲座,但那边和女朋友吹了,那你的机会成本当然很大了。不过,还是要看你怎么想了。比如你觉得孙老师这场讲座对你今后四年特别有意义,能改变你的人生,能找到一个比她更好的女朋友,(大笑)可能你的机会成本就是很小的。机会成本实际上是衡量你本人的一个价值取向,也就是你的偏好,受你所具有的信息等诸多因素的影响。

那么我们讲,为什么要学会放弃呢?因为事情很多呀!你报考到北大来,从某一个城市到了北京,才知道北京原来这么大,到了北大,才知道原来燕园这么美,到了经济学院或者其他学院才发现,原来有这么多的事情可以做，那就开始做吧。于是你就又上课，又做学生工作，又做志愿者，又做家教，还有其他许多事情，一年以后发现，我做了很多很多事情，但一件事情都没做好。看课程，GRE 很低；看学生工作，同学们抱怨服务不到家；做志愿者，人家说心不诚，因为该你去做的工作你老说事情多做不了；做家教，让你七点钟到，八点半才到，因为又被别的事情耽误了。你会发现很多事情你想做都没有做好，因为太多了，你什么都不想放弃，结果是什么呢？你可能什么事都没有做好。

当然啦，有的人可能效率特别高，我们经常发现这样的一个情况，比如说两个人同时做事情，并且做相同的事情，有些人所有的事情都能做得很好，有些人可能每件事情都没做好，这就有能力方面的问题。但总体来说，人的精力、时间是有限的，你一定要学会选择、学会放弃，这一点对于刚入校的学生来说特别重要。很多在北大待了一年、两年甚至三年的学生，后来跟我说到这个事的时候，会非常悔恨地说："我当时进入燕园，不知道应该选择做什么，因此就什么东西都做，做了以后我才发现什么东西都没做好。"听听吧，这也是一些过来同学的切身体会。

不轻易随大溜

这个事情说起来容易，但做起来可能不是那么容易。这些年有很多学生，包括我自己带的研究生都对我说过，要考 GRE，考托福，考这考那。我问你是想出国吗？他们说也不是，没想好。我说那你为什么考呢？他们会说，因为别人都在考。我说别人都在考你就一定要考吗？他们说别人都有这个成绩我要没有的话就觉得好像我挺傻的。我说，傻就傻呗，你干吗一定要人家说你聪明呢？你自己感觉怎么样才是最重要的，对吧？我发现很多学生，在做一件事情的时候，未必是他自己想做的，但是因为他周围的人在做，他宿舍的同学在做，他们班的同学在做，所以他就要去做，至于做完以后，效果怎么样，结果怎么样，对他的学习和职业生涯的成长重要与否，倒在其次。

我想结合自己的亲身经历来说这件事。从小到大，我基本上是一个不大随大溜的人，当然，不敢说所有时刻都是这样。我也跟在座的同学一样，有个天真烂漫的童年。那个时代，我们小姑娘都喜欢买那种钩花，小伙伴都在钩,一个钩得比一个好看。我就对我妈说,"妈,你也给我买钩针和线吧",她问我"你喜欢吗"?说实话,我在这方面没有太多天赋,我并不太喜欢。我妈说那你为什么要钩呢?我说,小朋友们都在钩啊。她说人家都在钩你不喜欢你干嘛要去做那个呢?我父母都是军人出身,属于严父严母那种类型,对我的要求很严格。但是却很开明,我们兄妹想学什么他们都非常支持。但是,如果你做某件事的原因是因为别人在做,那他们就劝我们别做。我妈妈对我影响最大的一句话就是"不要去跟别人比",坦率地说,我这个人的优点之一就是不跟别人比。有人说谁有钱了,谁做官了,你应该怎么样,你应该超过谁谁谁,我很少去想那些事。有些同学总来问我年轻的秘诀,我说不跟别人比是一个重要的秘诀,因为别人成功有他客观和主观的原因,有机遇和准备,而你的自我评估不一定准确,别人成功的事情你做未必很成功,你非要和人家比,活着就很累了。你应该去做你喜欢做、经过努力能够做到的事情,这样你会很潇洒地学习和工作,感觉学习和工作是美好的。我是一直坚持这样一个原则来做人做事的。

我读研究生的时候,也有很多同学出国、考托福。但实际上呢,你说我想不想出国?也没有说不想。你说我喜不喜欢英文?喜欢。实际上我是很喜欢语言的。别人就问我,那你怎么什么都不考?我说考试的机会成本太大,考试要花很多时间去做那些应试的东西,没什么太多用的。

我读博士的时候有个美国人教我们英文写作。有一次上完课后她问我,你们同学好多都跟我说他们想出国,但是你从来没和我说过,你不想出国吗?我说倒也不是,到国外去看看,见识见识也挺好的。她说,但你从来没跟我谈过,我说是,我不但没和你谈过,我也没参加过任何托福、GRE 等英文考试。她说,那为什么呢?我说,如果是有机会我还是非常愿意出去的。她说,你要是愿意出去我非常愿意给你写推荐信。她后来回到美国,还给我来了一封信,说如果需要她帮我写推荐信的话,她会非常乐意做。但即使这样,我也一直没有参加过任何英文方面的资格考试,但实际上直到现在,我仍然很认真地、持之以恒地在学习英文。我的同事经常开玩笑地对我说,你从来没有参加过英文考试,但你现在恐怕是出国交流最多的学者之一了。再如，有人跟我说，孙老师啊，现在像你这样年龄资历的许多人都会开车，你不想学开车啊？将来到哪里去开个会，参加聚会，别人都开车去，你只能打车去，多掉价？我说我不怕掉价。我真的不会觉得打个车会掉什么价。我干嘛要按照别人都有的东西来要求我自己呢？将来别人都有驾照我没有还显得我特立独行呢（笑）。

我讲这些例子的目的是想说，千万不要因为别人做什么你就去做，应该做你自己喜欢做的事。我在儿时，没有去学钩花，我妈妈说你喜欢干什么我支持你。我想学音乐我妈就去买二胡，学了两年不想学了，又迷上了小提琴，我爸爸出差的时候买了把小提琴给我。我哥对我妈说，别给妹妹买这些东西了，她只有三分钟的热度，干什么事情都没有持之以恒的精神，多浪费钱。我爸妈说，小孩什么都学点好，只要喜欢，也并不一定要成为什么家。不过，二胡我早就不知道扔在哪儿了，小提琴还在，但琴弦二三十年前就没了（笑声），可能作为一个古董还是有纪念意义的。这就是我想讲的第二个问题，不要随大溜。

开阔视野

视野这个东西，我觉得特别特别重要。比如很多新生到了学校以后，他会很迷茫地说我不知道该怎么学习，坐在课堂上听老师讲课，与同学交流，在图书馆或上网查资料……这就叫学习吗？这只是学习的一种方式，但学习是多方位的、多种途径的。在北大，我觉得拓展你思维的最重要的一个途径，就是听各种有益的讲座。

我一直跟我的学生说，你一定要学会利用讲座这种方式去提高你的综合水平，拓展你的知识面，开阔你的视野。据我的观察，有深厚理论功底的或者是有实践基础的大家，在一两个小时的时间里，用简洁的语言展示他们丰富的人生经历，向你传递人生智慧和深邃思想，你想想，这是多么好多么快捷的接受知识、开阔视野的方式啊？可是我们很多同学不知道利用这个方式和途径。有的学生你让他去听讲座，他觉得用处不大，因为可能与 GPA 没有直接关系。但那个时候他在干嘛呢？可能在未名湖旁边拿着一本书在念单词，可是这场讲座可能正好是用外语讲的。你要是听两个小时的讲座不比你在未名湖旁边背两个小时的单词效率高得多吗？因此，我经常跟同学说：要有选择性地多听讲座。

前两年我看了一个名为《挑战主持人》的电视节目。两个挑战者最后进入PK阶段，主持人马东说，"你们这一场的题目是'世界烹饪大赛'，作为主持人，你们现在要介绍这个烹饪大赛的嘉宾以及厨师和端出来的各种菜的菜名"。马东把这个题目布置下去以后，两个主持人就开始了。他们的做派非常好，因为经过专业训练，举手投足很有范。但是他们说的是什么呢？一位主持人说，"你看，现在五号厨师出来了，他手里端着一盆京酱肉丝"。另一位主持人说，"你看，六号厨师现在也出来了，他端着一盆猪肉炖粉条"。她们所说的许多菜名跟我们学校餐厅里提供的都是一样的（笑声），马东开玩笑说，"这可是世界厨艺大赛呀，怎么都是猪肉粉条、京酱肉丝之类的餐食呀"。我当时就在想，这些学生没有吃过鱼翅、海参等高档菜肴啊，既然如此，她们当然报不出这些菜名了。这就是一个眼界问题。为什么我们说刘姥姥进大观园，看什么都新鲜呢？贾府的那些东西我们在座的同学可能不稀罕看，可是刘姥姥没有看过呀。这就为什么我说眼界非常重要的原因。而眼界这个东西就是靠平常各种机会，包括讲座等各种获取各方面知识的渠道来累积的。我们讲"见多识广"，视野宽广了，对于你的学业、你的人生等都是有帮助的。所以大家一定要抓住各种机会，增长你的见识，开阔你的视野。

掌握正确的学习方法

学习方法是非常重要的。有些人可能效率非常高，有些人效率就非常低，有的是和他的智商水平有关，但有的是和学习方法有关的，当然，这也跟我们老师传道授业解惑的方式有关。

现在社会上有很多人抱怨我们学生的能力问题。比如，他们抱怨学生走向社会以后，动手能力很差，好高骛远，眼高手低。在这种情况下，我往往要在合适的场合，一方面检讨我们教学方面的问题，另一方面更是强调大学教育的特点。我认为大学教育与公司培训是两个不同的层次，也就是说，我们在大学里所学习的一些东西不能跟公司培训时学到的东西是一样的。如果一样的话，就没有必要办大学了嘛。大学强调的是一个"why"的问题，而公司培训强调的是一个"how"的问题。

我强调在给学生传授知识的时候，更重要的是传授一种学习方法。"授人以鱼，不如授人以渔"，大家都知道这么一个道理。你教给他一种学习方法，就如同给他一把钥匙，他自己就能够在他的岗位上继续学习。

日积月累

这很重要，你们千万不要把学习当成一个只要把课堂上老师所讲授的那本书学完就行了，因为教科书上讲到的很多东西，在现实的经济生活中会有对应的一些案例以及对应的很多宏观数据，这些东西也需要你有意识地去记一下。如果你脑子空空如也，你脑子里就只有那几个模型，没有任何鲜活的数据和鲜活的经济事实，就很难让你对一些问题产生联想和思考。而这些东西是怎么来的呢？就是靠日积月累。这一点很重要，我希望同学们在今后的学习中特别注意。

以上是我从学科的角度来讲的需要坚持的五个原则。我讲的是经济学的学习，但实际上，我认为其他的学科也适合。

接下来我想讲一下培养六个方面的素质和品德。

今天讲座的题目叫作《成长、成才、成功》。当校团委请我做这场讲座时，我就给了这么一个题目。这也是去年剑桥大学跟国内的几所大学联合举行的一次讲座上我给出的题目。结合自己的生活感悟，我认为以下六个方面的素质和品德对于成就你们的人生非常重要。

要有一颗感恩的心，感激生活

我们每个人都有父母、亲人、朋友。我不知道你们在成长的过程中，对父母对你们的付出持一种什么样的态度。我接触过现在的许多孩子，他们中的有一些对父母的付出抱着一种理所当然的态度。他们会觉得，又不是我自己要出生的（笑声），父母生了我当然就有养我的义务。但其实想想看，我们对父母真的应当持有一颗感恩的心。没有他们我们不可能来到这个世界，来享受这一切。当然，在享受的过程中，我们肯定也会遇到一些挫折甚至苦难。

先讲讲我自己的经历吧。在"文化大革命"期间，我父亲是走资派，加之爷爷还是地主,当时很受歧视。上中学的时候,我最怕受表扬,为什么呢?因为班主任很喜欢我,但她也是地主出身,她怕表扬我别人会说她阶级阵线不清,所以,每次表扬我的时候,她都会这样开场:孙祁祥同学虽然出身地主,但是,什么什么怎么好。我从小学到高中时,个子比同龄人都高一些,总是坐在最后一排。每到这时,同学们就都回过头来看着我,这种"表扬"其实让我很受伤。实际上,我出身于革命家庭,父亲是1938年参加革命的老革命,但那个年代是特别讲究阶级出身的,讲祖宗三代的成分。我那个时候年纪小,这种心灵上的创伤还是非常大的,恨不得自己也是工农子弟。不过,说是这么说,从小到大,我都非常感谢父母对我的教育和关怀,虽然军人出身的他们对我们要求很严厉。

对我周围的人,包括我们家的小时工我都特别感谢。有人就问为什么感谢她?你不是支付她工资了吗?我说是支付她工资了,但她也帮我做了很多事情,节省了我大量的时间。所以说,我希望我们同学都要有一颗感恩的心,对你的父母、对你的家人、对你的朋友、对你的同学,都要心存感激。

懂得欣赏,长于学习

"三人行,必有我师",大家都知道孔子的这句话。我不知道你们会怎么看待同学的长处。我觉得我看别人的优点会比看自己的优点多。看别人优点的时候,你应当发自内心地欣赏并努力把这个优点学下来。你看别人的时候如果觉得哪些是缺点,是你不喜欢的,那你也可以反思一下,我身上存不存在这些问题。如果存在就想法把它给克服掉,这样不就能够更快地成长进步吗?

我们要懂得学习,学习你身边的人的长处。我们北大的学生都非常的优秀,但山外有山,天外有天,你不要总拿你的长处去跟别人的短处比,而要看别人的长处,这样你会像海绵一样去吸收别人的长处,不断地充实自己,不断地完善自己。

坚忍不拔,持之以恒

我曾经看过一个有关比尔·盖茨的故事。讲他13岁的时候,有一次一位牧师到他们那儿讲学,牧师就让那些小朋友背诵《圣经》里面的一段话,其中有一段连牧师布道的时候都很难背下来,只能念。他给了这些学生一个星期,说你们试一下,看看能不能背下来。一个星期以后,牧师再回到这个学校,问哪位同学能背下来,小盖茨说"我来试试吧"。结果他一字不落地背了出来。牧师很吃惊,问盖茨是怎么做到的?比尔·盖茨说:"我竭尽全力。"比尔·盖茨成为世界首富已经连续 15 年了,他辍学经商的经历大家都知道,他是怎么创造出如此庞大的一个商业帝国?这跟他的个人品质中坚忍不拔这一特点是有直接关系的。坚忍不拔这个品质在成就人的事业中非常重要,这点可以从许多成功人士的成长经历中看到。

有人说过快车和慢车的区别,很有些道理。说慢车为什么慢?并不是速度上不去,而是因为它老停靠站。而快车为什么快,倒不是因为它的速度快,而是它停的站少。那么,"停站太多"在我们人生的追求中就是指我们被太多的事情分心、干扰了。我们做事情要心无旁骛,不要有太多的杂念,一心一意地去做一件事情,那你就能把这件事情做好,做到极致,所以这种品质非常重要。

关注细节,追求卓越

"细节决定成败"这句话我想大家都知道。但是怎么决定成败大家不一定都清楚。可能你们人生阅历中这方面的经验还是少一些。我给大家举几个例子。今天下午有一位学生来看我,他问我在忙什么,我说准备给新生做一个讲座,他说:"太好了,孙老师。你去做讲座,一定要给他们讲你当接线生的故事,因为这个故事不仅激励了我,也激励了很多人。"这个故事说的是,我当年下乡四年后回城,在我家乡的电信局当话务员。我们话务班的女孩子比我幸运,因为她们没有下乡,而是直接招工进入了话务班。她们对这份工作可能没有觉得是一回事,但我当了四年知青,对于这份工作很珍惜。当然,也是我的一个特点,就是希望做什么事情都尽量能做得很好。我发现我师傅接线的动作特别优雅,所以我就特意观察并认真模仿我师傅的规范动作。还有就是我在很短的时间里把市区各个单位的电话号码都背下来了,因为这样就不用每次都去查电话号码,由此可以大大提高接线效率。这样认真工作的结果是,我在话务班工作了一年,就因工作出色而被抽调到电信科以工代干。一年以后，又因工作出色而到局里的政工处以工代干。

　　我考大学的时候，单位的好多人都说：你为什么要上大学？你已经有那么好的工作了，好多人都梦寐以求，你为什么还要辞掉这么一份工作去上大学。我说：没别的，就是想读书。现在回过头来说我那个学生为什么说接线生的故事那么激励他呢？他说："老师，你认真工作不是为别的，就是要把这份工作做好，而在做好的过程中，却'无心插柳柳成荫'了。"因为在一开始的时候，我对能得到一份接线生的工作就已经非常满意了，根本没指望到科里后来到局里去做干部。这一切完全是因为我努力做好了这份工作，追求细节、追求卓越所带来的结果。

　　我的同事、朋友说我做事很认真，我感觉这是一种本性，也就是说做事认真不是因为有人在看。我再给你们举个例子。我当时上大学的时候，两节课以后做课间操，你做不做都无所谓。大部分同学做操的时候都很随便，而我则特别认真。有一天，做完操以后，一个女生突然走过来问我："同学，你是哪个系的？"她可能觉得这么问有些冒昧，于是赶紧又说了一句："我是外语系的，我观察你好多天了，你做操好认真呐！你是不是体育系的？"（笑声）我说："不是，我是经济系的。"她说："这么多人在做操，我没有看见一个人像你那么认真。"我说："既然做操不就是为了锻炼身体吗？做不好就达不到锻炼效果了呀？"（笑声）。其实我当年下乡的时候也是这样，不管是插秧还是割稻子，我都要求我的动作像农民一样。

　　有些同学可能知道，我曾经去哈佛待过一年。之前真没有梦想过，但我遇到了一个天赐良机，幸运地进入哈佛这所学术殿堂。而这个机会则完全来自偶然。那天我应邀参加北大中国经济问题研究中心的一个会议，中午吃饭的时候，恰好与哈佛大学教授马丁·费尔德斯坦先生坐在一起，边吃边聊，聊着聊着就进入他很关注的中国保险市场，而这恰是我的专业。在此之前我并不认识马丁·费尔德斯坦教授，那是我们第一次见面。聊了一会儿以后，他很不经意地问了我一句："你英文很好，出过国吗？"我说："我曾经在印第安纳大学商学院做过一年的访问学者。"他问我怎么去了印第安纳大学，我告诉他是因为当时资助我的公司总部就在印第安纳。末了，我开玩笑地说:"如果公司在波士顿,也许我就去了哈佛。"他说:"那我邀请你。"很快,他真的就给我发来了邀请函,就这样我去美国经济研究局和哈佛大学做了一年的访问学者。这之后我才了解到,费尔德斯坦教授曾担任里根政府时期经济顾问委员会的主席,兼任美国国家经济研究局主席,是当时社保界的一位旗帜性的人物。得到这位大人物的邀请,是我的幸运。但就像我的许多朋友说的,如果你英语尤其是口语不突出、专业不精通,自己没有这个能力,幸运之神也不会降临到你的头上的。

履约责任,一诺千金

做人一定要有责任感,你承诺的事情一定要去做,不管代价是什么。说实话,我感到有一些人在这方面不是很在意。但是如果你做事没有责任感,让人不放心的话,你很难交到真正的朋友,你也会丧失掉许多机会。

给大家举一个例子,就这事有人甚至说我很傻。大家都知道好多年前张艺谋曾经导过一部歌剧,叫《图兰朵》。我有一位朋友在国外的一家大公司工作,她说她的老板和她请我看这场歌剧。我很高兴,马上答应了。之后发现时间不行,赶紧告诉朋友说去不了啦。她问为什么,我说我事先跟别人有约,就在同一天晚上。她说:"祁祥,你要知道,这可是最后一场,今后不会再有了。"我说我真的特别想去看,可是我跟人家约了一个事情。什么事情呢?说起来实际上也不是多大的事,就是当时有一家美国公司在我们系刚成立的时候给了我们很大的支持。公司的首席代表是一个香港人,他在北京的任期结束了,要回香港去。我在一个多星期前跟他约好,那天晚上要请他吃饭,算是为他践行,因为第二天他就回香港啦。就是这么一个事情。最后我真没有去看这场歌剧,虽然自己也觉得很遗憾。

但正因为我有这个特点,我在与人合作的过程中,很容易获得别人的信任。很多人说,"孙老师,和您合作特别愉快,您是一个特别守信的人,承诺的事情一定做到。我们特别愿意与您再合作"。同学们,这一点非常重要,在今后与人交往,与同学交往,与朋友交往的过程中,一定要信守承诺。

心态平和,善于合作

歌德曾经说过:"人生是由无数小烦恼组成的念珠,达观者是微笑着数完这串念珠的。"我们现在的年青一代其实是非常幸福的。现在的年轻人没有经历过我们这一代人所经历的许多挫折。在这种情况下，他们一旦遇到了挫折，就感觉不得了了。其实只是因为他们没有经历过更大的挫折而已。挫折少一方面可能是好事，因为不用像我们这一代人因为客观原因而浪费很多时间和机会，你们可以在最好的那段时光去学习。像我进大学的时候已经二十三岁了，而你们大多在二十二岁就大学毕业了，我是在工作七年以后才上的大学。后来很多人问我："孙老师，你们那一代人上大学的可能都不多，何况读博士，当教授的，为什么你能走到这一步呢？"我说，这倒不是因为我有多大的宏伟目标，我这个人的特点就是，做一件事情时，希望把它尽可能地做好。但与此同时，我们的心态也应当平和，不要患得患失，不要想着一定要达到多大的宏伟目标。我不知道我这样讲会不会让大家失望，我对我的学生讲得最多的就是你们不要设远大目标，而很多的老师、很多的成功人士都跟你们说，你们要设立远大目标。我不知道我这样讲会不会觉得老师是在误导你们。没准四年之后有同学说，就是因为入学时听孙老师的讲座，老师说不要设远大目标，搞得我四年来碌碌无为。其实我的意思是什么呢？"千里之行，始于足下"，始于足下很重要。要踏踏实实、认认真真地去做事情，你设不设目标，至少从我的成长经历来看，关系不大。我当研究生也不是事先设了目标的，纯粹因为偶然；我上博士生也不是事先设立目标的，也是个偶然的事情。出国也是挺偶然的，事先也没有立过志，真的，我连托福等各种英语测试都没有考过。可能我这个人的运气比较好吧，但我其实特别相信，机会偏爱有准备的头脑。我说不要设立多大的目标，但并不是说你不要做好你手头的事。恰恰相反，你一定要努力做好每一件哪怕是很小的事情，这样当机会来临的时候，你才能抓住机会。

千万不要以为是孙老师现在走到这一步了才这么说的。之前我说过那个《挑战主持人》节目，我是绝对没有勇气自荐去做主持人的。但有人问过我，你不是做过主持人吗？是的，我曾经做过中央电视台不到一年的专家主持人，但这也是一个偶然的事情。1993年，当时的《经济半小时》设计了一个栏目叫"经济专家论坛"，很多著名的经济学家都去做过访谈。大概是10月份的时候,他们请我和另外一位学者去谈税制改革的问题。讲完以后,栏目的负责人对我说:"孙老师,我们栏目正在物色专家主持,大家都觉得您特别合适,您来行不?"我一听,第一个反应是推辞。很多人都觉得我很自信,其实我不是的。栏目负责人给我做了半天思想工作,说了许多国外的经济学家如何在业余时间兼做此类工作,做这类工作又如何能够对自己的专业有帮助之类的话。回来以后,我跟我丈夫说了,他觉得是一件挺好的事情,很支持,就这样我走上了主持之路。

我想说的是,我人生经历的许多事情并不是我主动去追求的,但当机会来了的时候,我抓住了这些机会,而抓住机会的前提是你有这个准备和素质才行。所以我说,同学们大可不必设太高的目标,但是要认真做好手头的事情,这样才会使你的心态特别平和,不会很浮躁。如果得到了一些机会,你会觉得这是"额外"的收获,因此会感到很高兴,而如果没得到的话,你也就不会太失望了。

再一个我想强调的是要学会善于合作。要知道,现代社会是一个高度讲究合作的社会,很多事情是不可能一个人完成的,而是团队里的成员共同努力完成的。你们在跟同事、同学、朋友交往合作的过程中一定要抱着这样一种心态,要善于观察别人的长处,这样就容易跟别人合作,这对你事业的发展,对你个人成长,对你的家庭幸福都是非常重要的。

以上我简要谈了六个我所认为的一个人在成长、成才和成功的过程中应当具备的品质和素质。总结起来,其中很多方面是属于情商的东西。以往我们都认为,一个人的成功很大程度是与智力有关的,但实际上,现代研究表明,情商在一个人的成长过程中非常重要。在智力程度大致相等的情况下,情商越高的人,成功的概率越高,获取机会的可能性越大。有人曾经做过统计,在同等智力的情况下,情商高的人,成功的概率要高出9倍,在获取一个职位或者获取一个工作机会以及跟别人合作等方面都能胜人一筹。

心理学家认为情商水平高的人具有以下几个特点:社交能力强,性格外向而能带给人愉快,不易陷入恐惧或伤感,对事业较投入,为人正直,富于同情心,情感丰富,无论独处还是与许多人在一起都怡然自得。所以我特别希望同学们能注重情商的培养。

亚里士多德曾经说过"优秀是一种习惯"。所以我非常希望同学们在平常的生活和学习中去发现这些好的习惯,让它成为一种自然,成为你的一种标签,这样,你不但能在事业上取得良好的成绩,而且你还能够生活得非常愉快。我非常欣赏并身体力行人们常说的"三乐"准则,那就是"知足常乐、自得其乐和助人为乐",希望让欢乐伴随我们的一生。谢谢大家!

主持人:非常感谢孙老师的精彩演讲,下面进入交流互动环节。

问题:孙老师您好,您刚才说的不用特意去建立远大目标,而是先做好手头的每一件事,那么动力何在?

孙祁祥:这个问题问得非常好。做好每件事情的动力何在?我是一名教师,作为教师,有一个基本的责任,就是我们讲的"传道授业解惑也"。既然你是教师,就要履行好教师的职责,比如给同学们认真讲课,给同学们认真指导,做好自己的科研等,简而言之,我的动力基于本职工作的责任要求,很简单。

如当年我是下乡知青的时候,我想我就是一个农民,农民的基本职责就是把田种好,那个时候我不会想着是不是二十年、三十年后我会到北大去读书,去当一名教授的,我真的没想过,也不敢想。我在那片田里的时候,想的就是如何把这片田种好。

问题:孙老师您好,您刚才提到过一个原则是要学会放弃、学会选择,要考虑机会成本,但是您也提到过要履行承诺,一诺千金。这也就是说,在某些时候这两个原则会有冲突,比如当时那场歌剧,您计算过成本吗?

孙祁祥:决定要做什么事情之前一定要认真考虑,不要什么都答应,都承诺,也就是说要学会放弃。一旦答应了,承诺了,就要坚守你的承诺,而不管成本是什么。

比如今天下午正好有一个人来找我,说是一家公司想请我做一个课题。

我答复他说做不了，当时正好我的一个学生也在场，他说现在好多人拉课题都拉不来，人家主动找上门来您都不做。我说这是因为我的精力、时间不够。接下来的话，这个课题的质量可能就没有保证。这就是学会放弃。

但是承诺的事情就必须去做。比如我当年第一次出国，那是1994年，我到学校的人事处去办手续，人事处的人一看我的表格，来了一句："又是经济学院的。"我一听，心里咯噔了一下，问他怎么了。他说："你们学院之前好多人出国都不按时回来。"我赶紧说："我一定会按时回来的。"他虎着脸说："每个人出去的时候都这样说。"听他这样说我，我也很生气了。有句话叫作"无欲则刚"，我心想大不了他不给我办手续，那我就不出去了，拉倒吧。因此，我对那个人说："谁没回来你跟那个没回来的人说去，别冲我说。"他一看我火了，嘟囔了几句，但最终还是给我办了手续。

第二年当我完成访学任务回国以后，时任院长晏智杰老师对我说："孙祁祥，你按时回来了太好了，因为当时很多人跟我说不应当放你走，说你条件挺好，肯定不回来了。我跟他们说，你会回来的，但我心里没底，你按时回来了我非常高兴。"其实对我来说，按时回国只是一个最基本的承诺。

问题：孙老师您刚刚说要学会放弃，因为我已经听到很多您已经放弃的东西，我想问您到目前为止您觉得您最大的放弃是什么？

孙祁祥：今年校学工部编写了一本给新生的书，里面有一部分是"师长赠言"，我也写了一个赠言。我在里面提到，经常有人问我为什么愿意在学校当老师，因为你既有机会从商，也有机会从政。我说我就喜欢当老师，为什么呢？因为当你变得越来越老的时候，你面对的永远是一群二十岁左右，充满青春活力的学生的时候，做老师的那种幸福感就会油然而来。我喜欢做老师，那种精神上的享受可能是做别的工作得不到的。

问题：我想问一下，就是您刚才说的欣赏别人的优点。如果我信心不强或者社交能力不够的话，与别人交往我难免会感到有点自卑，但是如果与别人交往对比的话，是不是我就不能提高自己的能力了呢？

孙祁祥：我说得比是比什么呢？不是荣誉、地位这些东西。比这些会让你心烦，会让你觉得怎么这么不顺。自我评价一下我自己，我是一个比较随遇而安的人，一个很知足的人，从小到大都是这样。最近看了残奥会以后这种感觉更加强烈。看看那些运动员做着一些健康人都很难做到的事情，你在佩服他们的刚强之外，更应珍惜你现有拥有的一切。许多事情都是这样，当你拥有时并不觉得珍贵，而一旦失去时则突然感到太可惜了。对比这些你不觉得你太幸福了吗？我想说的是什么意思呢？就是说不要去比荣誉、钱财、地位这些身外之物，但是你要去观察、学习别人的品质，那些能够成功塑造你的优秀习惯的东西，去学这些东西，这是两个不同的概念。不知道我讲清楚了没有？

问题：孙老师您好，您刚才谈到了一个与人合作的重要性，我想请教孙老师怎样在我的生活和学习当中或者是在以后的工作当中与别人建立一种良好的信赖及长久的合作关系，以及在这种合作当中如果出现了利益方面的冲突，我们怎样去克服？

孙祁祥：我刚才强调了合作的重要性，特别是当今社会，合作对于一个人成长、成功、成才是非常重要的。首先我觉得你在跟别人合作的时候一定要非常谦逊，你一定要很诚恳地对待你的合作方，一定不要以为你什么都比人家强，你一定要想人家在很多方面是比你行的。你跟别人合作的话你也能够获取利益，你也知道你的长处能给对方带来收益，这样的合作才能带来双赢。还有一点我讲到的就是要信守诺言，你如果是一个讲信誉的人，别人是愿意与你合作的。

我再给大家讲一个例子，如何建立一个合作关系，怎样保持长久。三五年前，国家发展和改革委搞了一批社科的招标项目，向全国社科界招标，做"十一五"规划。当时我带了我的团队去申请这个项目，全国有50多个项目中标，北大除了我领衔的这个项目以外，还有林毅夫老师的一个项目。我们非常认真地做完项目交上去不久，国家发展和改革委那边的人打电话过来说，"孙老师，你们的项目做得非常好，我们还想请你们再做一个项目"。我当时听到这个话的第一个反应就是，你做的东西让人家认可了，人家会主动找你。如果你随随便便应付差事，下次人家就不找你了，有了第一次就没有第二次了。我每接一个项目，都会非常认真地带着我的团队做。在这期间可能会有其他人来找我，我一般都不会接，不管你给我多少课题费，因为我的精力、时间和能力都有限，我必须把手头的东西做好，做好以后你的信誉就建立起来了，我们做过的很多项目都是如此。例如，我承担过韩国三星委托的一个项目。当时三星中国区的人找我做这个项目，我说我做不了，因为时间特别短，后来他们请示了总部，说还是希望请孙老师做。我说，要我做的就话，就必须延长一些时间才行，他说我们同意延长时间。从以上的事情你可以看到，一旦你在别人那里建立了一种信誉，你可以获得许多机会。所以不要急功近利。否则，从短期看，你可能获得了一些功利，但从长期来看，则是得不偿失。

问题：孙老师，其实我觉得您是一个最有远大目标的人。因为我觉得可能您对于某个经历，在某一个时刻可能还不能确认我们确实要追求一个实际的东西，但是您一直在追求一种品质，对于外界的诱惑您一直在抵御，您一直在坚守自己内修的一种东西，并且在这样一种主体的追求当中您抛开了旁骛，最终选择了老师的职业并可以为此付出终身。我觉得您一直以来都有着这样一种远大的目标。

孙祁祥：谢谢你！从小到大，总有人问我，什么是你的远大理想和远大目标，我说我特别不幸地告诉你，没有。在你们这代人小的时候，可能说想做科学家、想做艺术家。你知道我小时候想做什么吗？最开始的时候，我说我想当农民，后来到我上中学的时候，看到学生打队鼓，特别羡慕，就希望做个鼓手。小的时候真的没有像这位同学今天总结出来的那样，将做老师作为我追求的远大目标。但我很庆幸我现在在教师这个岗位上。

谢谢同学们！

主持人：由于时间的关系今天的讲座就到此结束，最后让我们以热烈的掌声向孙老师表示感谢！

孙祁祥：站上国际领奖台的中国学者[*]

持续一天的小雨，让暑假期间的北京大学经济学院里里外外都显得格外宁静。学院大厅的照片墙上，百余年间、22 任院长（负责人）中，我此次要采访的孙祁祥教授是唯一的女性，红色的西装照令安静的大厅显得生气勃勃。

2014 年 6 月，在英国伦敦举行的国际保险学会（International Insurance Society，IIS）第 50 届年会上，北京大学经济学院院长孙祁祥教授因其杰出的学术成就及对中国保险业的贡献，荣获 2014 年度约翰·毕克利创始人奖（John S. Bickley Founder's Award）。这个奖是国际保险界的最高奖项，专门用来表彰对保险思想、实务或教育做出卓越贡献的个人，其评奖委员会每年在全球范围内推选出一位获奖人。孙祁祥教授则是首位获此殊荣的中国学者，也是有此奖项以来的唯一女性获奖者。

在堆满书籍的院长办公室里，我有幸与匆匆赶回来赴我之约的孙祁祥教授有了如下对话。

荣获大奖 实至名归

记者：您是首位荣膺约翰·毕克利创始人奖的女性学者，同时也是首位获此殊荣的中国人，想必一定有特别不同的感受吧？据说您在今年国际保险学会年会 50 周年颁奖晚宴上的获奖感言反响尤其好。

---

[*] 《金融时报》、中国新闻网采访，2014 年 8 月 27 日，李倩。

孙祁祥：约翰·毕克利创始人奖的获奖者由 IIS 评奖委员会通过无记名投票选举产生，旨在表彰对保险思想、产品、实践或教育做出重大、深远贡献的个人，其评奖委员会由保险业资深高管、学界领军人物及对保险思想、产品、实践或教育做出重大、深远和卓越贡献的个人组成。因此，获此殊荣对我而言非常意外、非常荣幸，而评委们少有的一致把票投给我，既是对我多年工作的肯定，也是对中国保险人的一种认可。你刚才提到获奖感言，的确，几分钟的即席演讲让我赢得了多次掌声（笑），会后，许多我认识的和不认识的人都用"实至名归""太棒了"来对我表示祝贺。之后，国际保险学会的主席又专门邀请我参加第三天有英国查尔斯王子出席的一个小型圆桌会议。

愿做桥梁　促进交流

记者：能讲讲您和 IIS 的渊源吗？中国保险业在全球保险市场的参与程度目前达到了什么水平？

孙祁祥：IIS 始建于 1965 年，是全球最大且声名最卓著的行业组织，其会员包括全球业界领袖、行业高管和专业人士、国际监管机构及学者，遍布世界 90 多个国家和地区。我是 IIS 董事会里的第一位、也是唯一一位中国大陆学者，也是连续 13 年应邀作为学术主持人主持分会讨论的唯一一位亚洲学者。这其实不仅是对我的认可，也表明了国际社会对中国市场的重视。

实际上，改革开放以来，中国的保险业经历了 30 多年的高速增长，整个行业发展突飞猛进，保费收入和保险资产增长迅速，在维护社会稳定、支持经济建设等方面发挥了重要作用。加入世界贸易组织之后，中国按照国际规范全面改善投资环境，吸引投资，加快保险产业结构调整，进一步拓宽保险资金运用渠道，不断提升中国保险业的竞争能力。中国保险业虽然取得了很大成就，但是与发达国家相比仍然有很大差距，尤其是在发挥保险的风险保障和风险管理作用，跨国经营，开发国际保险市场，进入全球保险服务供给、分销体系等方面做的还很不够，国际化程度很低，在国际经济组织中拥有的话语权还远不够多。要融入国际社会，我们不仅要了解世界，而且也要让世界各国了解我们。

而我特别希望起到一个"桥梁"的作用,我每次参加国际保险行业学术会议或者其他活动时,在把最新的学术思想带回国内的同时,也力求把中国的保险学理论与实践传递到世界各地,让世界各国了解中国保险市场的发展。我很欣慰作为学者能推动这种交流。

传承历史 延续辉煌

记者:我看到国际保险学会主席格雷格·伍德林(Greig Woodring)对您的评价是:"自始至终一直致力于前沿创新与相关研究,研究领域除商业保险之外,还涉及社会保障。是政策制定者的重要顾问和智囊。"想问问您,作为继马寅初、赵乃抟、陈岱孙、樊弘、陈振汉等大师级人物之后北大经济学院百余年历史上的第一位女院长,您想怎样打造北大经济学院这个品牌?如何完成传承历史、延续辉煌的使命?

孙祁祥:我曾在 2012 年举行的经院百年院庆纪念文章中写道:"北大经院是一座让人仰止的高山,是无数英雄豪杰托起了这座山峰;经院是令人炫目的大海,是无数夺锦之才汇成了那片汪洋。我们应当问自己,这世上优秀的人太多了,凭什么你在北大经济学院获得了这份教职?你为这座高山增添了什么样的石?你为这片大海贡献了什么样的流?我希望我们这一代经院人有能力接过前辈的接力棒,继承他们爱国、开拓、实干、奉献的精神,延续经院辉煌的历史。我希望在 10 年、20 年乃至更长时间以后,我们有那份自信、那个底气、那些业绩来对我们的后辈讲述我们今天奋发努力、为辉煌的百年经院增砖添瓦的故事。"这些年来,正是这份使命感和责任感,驱使着我和我的同事们团结合作,努力勤奋地工作,使经院在各个方面的工作都上了一个新台阶,这让我还是感到很欣慰的。

许多国家目前都面临老龄化的挑战和机遇,社会保险对于保险人而言无疑是举足轻重的。2003 年,为了能够更好地为中国保险与社会保障事业提供政策指导,并提供达成这一使命所需的各种信息,我们在北京大学成立了中国保险与社会保障研究中心（CCISSR）。邀请了一批国内外的优秀专家学者加入中心，打造了一支国际化的研究队伍。自成立以来，中心已经举办了10次成功的大型学术论坛，大量的资深学者、政策制定者以及行业领导者与会并共享信息与理念，探讨解决问题的方法。中心还发布并出版了多项经济研究成果，包括10多本有深刻见地的著作及报告。

我自己这些年除了教学工作以外，还独立、合作撰写了20多部著作及上百篇研究论文。先后承担了多个政府部门和著名国际机构与公司委托的20多项科研课题，包括国家社会科学基金、教育部、发展和改革委员会、保险监督管理委员会委托的课题。

辛勤耕耘 执着坚守

记者：据了解，您1995年从国外学习回来，有家美国公司开出了数十倍于您年薪的优厚待遇邀请您加盟，被您婉言谢绝了，之后也有公司和政府部门"挖"您，但您还是执意留在了北大，而且一干就是20年。您是如何看待教书育人的？

孙祁祥：我的确有过做其他事情的机会，但由于骨子里那份对校园的喜爱、对学生的喜欢和对那种相对来说无拘无束生活状态的喜好，让我拒绝了一些在许多人看来不错的"诱惑"。但实际上，应该说，正是自己这份"清醒"、这份"坚守"与这份"执着"，才使我有幸能在北大度过与无数优秀学生相伴的岁月，让我有一份宁静和独立对专业问题进行自己的思考，由此也为自己的人生带来许多感动和感悟。

我经常对我们的老师和同学们说，经院的目标是为未来大师级的学者、大企业家、大科学家、大政治家注入优秀的"基因"，提供茁壮成长的环境。但重要的是，我们首先要培养的是具有健全人格的"大写的人"。"独立、民主、自由、质疑、批判"被称为大学之精髓，我希望我们的学生带着独立、求新、质疑的精神来到经济学院学习，全方位地培养自己的生存能力、适应能力和自我发展能力。

采访后记

  采访结束时,外面的小雨也停了。送我出来的孙祁祥教授长发、长裙、优雅、从容,如同这静谧的燕园被雨水浸润得充满张力。即使没有学生的暑假,似乎也未让她获得片刻喘息,送走我后,她马上要赶往另一个会议,而刚刚的午饭时间也被她进行了充分"利用",好在她与那位前来学院应聘的海归学者这一顿"工作餐"聊得颇为愉快。

  就在我刚刚走到不远处的停车场时,手机响了,是孙教授的来电:"对不起,刚才匆忙中给你的《中国保险业发展报告》是2013年的,没走多远吧?可否回来换一下?"

  当我走回到经济学院的楼前,孙教授已经拿着书等在了那里。

跬步千里 燕园芳华*
——记全国三八红旗手标兵孙祁祥

  具有百年光辉历史的北京大学经济学院内，李大钊、马寅初、陈岱孙等曾在此任教的大师照片分外醒目。这所著名学院的掌门人、年过六旬的孙祁祥教授快步走进会议室。只见她一身墨色短西服，眉目清朗，优雅干练。

  今年国际妇女节前，孙祁祥荣获全国三八红旗手标兵称号。得知此消息时，她正在挑灯修改学生论文。国际合作会谈、学校大会、给学生上课、学院领导班子会……她的日程安排得满满当当，院长、教师"双肩挑"的重担让她马不停蹄。

  "此次获奖，我深感荣幸，特别感恩，但也'诚惶诚恐'，因为我是一个特别怕辜负别人信任的人。"孙祁祥说，"这份荣誉更是一种激励和责任，我必须更努力地工作，履行一名教师的光荣责任"。

  "怕辜负别人的信任厚爱"或许是孙祁祥一生奋斗最朴素的初衷。她笑着说，除了入党和上大学外，她这一生并未设定什么大目标。父母"踏实做人、老实做事"的家风，让她从小到大"凡事都尽力做到最好"。之后在命运的拨弄下，读书深造、出国访学、担任系主任、担任院长……她一步步被推至台前。

---

* 新华社，2017 年 3 月 5 日，魏梦佳。

在同学、同事眼中，孙祁祥做学问有股"韧劲儿""狠劲儿"。

攻读北大经济学博士期间，她每天骑自行车去研究所、图书馆查找数据，写作时更是夜以继日。最终手写 24 万字论文，出版后即获北京市哲学社会科学优秀成果二等奖。

为撰写适用于中国实际的保险学通用教材，孙祁祥更是耗费心血。这本名为《保险学》的教材一经出版，就被教育部指定为全国高校推荐教材，一版再版，迄今已重印 30 多万册，被国内数十家大学采用。

作为北大经济学院学术带头人之一，孙祁祥还主持了数十项重点研究课题，对推动我国改革开放建设和保险业改革发展产生重要影响。她参与主持的《中国保险业"十五"发展规划》，发布后成为指导中国保险业发展的重要文件。

在猎头公司眼中，孙教授"重承诺""不爱钱"。

大学毕业后，孙祁祥有过许多不错的从政或从商的机会，但她从未动心。1993 年，北大经济学院成立保险系，博士毕业留校仅一年，37 岁的孙祁祥被推举为系主任。从未接触过保险专业的她，开始白手起家组建保险系，后被派往美国访学一年。

1995 年，孙祁祥学成归国。一家美国公司开出 30 万元的年薪请她加盟，孙祁祥谢绝了，当时她在北大的月薪仅 400 多元。"不是说我不喜欢钱，是良心和做人的原则告诉我不能这样做"。

因教学科学成果突出，行政管理出色，2010 年，孙祁祥当选北大经济学院院长，成为该院历史上首位女院长。多年来，她带领师生开拓创新，在教学、科研、国际交流等领域开展改革，使学院发展迈向新台阶。北大风险管理与保险学也成为享誉国内外的品牌学科。

在国际同行眼中，孙祁祥是中国保险学界的代表人物，具有"将中国保险教育和西方保险教育完美结合的非凡能力"。

2014 年，国际保险学会将国际保险界最高奖项"约翰·毕克利创始人奖"授予孙祁祥，她成为首位也是目前唯一一位获此殊荣的中国学者和女性。

"我之所以能站在国际舞台上,不是因为我有多厉害,而是因为我背后的祖国。"她说:"没有国家做支撑,个人再优秀也不可能脱颖而出。"

1986年起,她先后在兰州大学、北京大学任教,至今学生数千人,其中包括100多名硕士生、博士生和博士后。尽管这些年获得"中国经济女性年度人物""中国保险年度人物"等诸多荣誉,但最让她看重的还是"北京大学最受学生爱戴的十佳教师"称号。

在学生眼中,孙祁祥"英姿飒爽""睿智儒雅",是"精神导师"。

她教导学生学术严谨,每篇论文都反复讨论,修改意见总是密密麻麻,甚至细致到错别字和标点符号。而她的精力充沛,凌晨或深夜都能及时回复邮件的习惯,也让学生惊奇。

"她给我的感觉是刚柔并济。"孙祁祥的学生、中央财经大学副教授张楠楠认为,"老师诠释了一个完美的女性角色——果敢、有责任心、有担当,能迎难而上",同时"待人接物温柔平和,注重合作,常怀感恩,倾心帮助学生,让人感到真诚和温暖"。

许多已走上工作岗位的学生仍记得并受益于她曾经的寄语,这让孙祁祥特别开心。"我非常享受跟学生交流的时光,看着他们成长,那种得天下英才而教育之的乐趣,那种成就感和幸福感,是很难从别的职业中体会到的。"

如今,孙祁祥除了给学生上课,手头还有几项重大科研课题。她说,希望2018年卸任经济学院院长时,能把一个制度建设完善、教师队伍齐整的学院交给下任。

"她的为人特质对今天的女性特别重要,就是既要自强自立,也要产生温暖和光亮,让人感受到热。"张楠楠说,孙祁祥给成功者的定义是"对他人有价值、对社会有贡献、自身感到幸福","我也把这当作人生信条,希望能成为这样的人!"

最爱是教书(时代先锋)[*]

——记北京大学经济学院院长孙祁祥

北京大学燕园,有很多银杏树。它们以明快硬朗的风格,装点着这座百年的园子。北京大学经济学院院长孙祁祥,也正如银杏树,外表坚毅,内涵优雅。她以学术成就登上国际舞台,也以师者的雍容,安静地教书育人。

"我的背后是祖国"

孙祁祥头上有许多光环——

她是迄今为止唯一一位连续10多年担任国际保险学会学术主持人的亚洲学者,并且是该学会理事会里第一位,也是唯一一位中国大陆学者;

她是第一位作为人物介绍出现在"美国风险与保险学会"会刊上的亚洲人,被外国同行誉为"具有将中国保险教育和西方保险教育完美结合的非凡能力";

她获得国际保险学会国际保险界的最高奖项——2014年度约翰·毕克利创始人奖,成为首位获此殊荣的中国学者和女性获奖人……

如此多的唯一和首次,标示着孙祁祥在学界的地位。然而面对这些荣誉,她更多的是感恩。颁发约翰·毕克利创始人奖时,会场500多名外国学

---

[*] 《人民日报》2017年3月6日,宋梁缘、刘维涛。

者和业界专家听她发表获奖感言。满场真诚的掌声，令她由衷自豪："不是我个人有多厉害，是因为我背后有强大的祖国。"

孙祁祥的成长史，的确与国家发展息息相关。她1979年考入兰州大学经济系，自此始终坚守经济学研究领域。过去的近40年中，中国速度惊艳世界。国家日新月异的实践，为学者孙祁祥提供了大量机会。

1993年，北京大学经济学院决定设立保险学专业。孙祁祥当时刚刚留校一年，只是学院经济系的一名教师，组织上安排她来负责这个新专业的筹建。

孙祁祥决定自己编写一部保险学教材。多年以后，她还对编教材时的状态记忆犹新："那时候我卧室的灯是常亮的，经常夜里突然有了想法，就立刻从床上跳起来涂涂改改；有时候出去买东西，脑子里突然迸出想法，就赶紧拿出笔纸记录下来……"

几易其稿，教材《保险学》出版了。如今，这本教材已出版五版，获奖无数，被国内数十所高等院校的保险金融专业选作教材。

在她的领导下，北大保险学专业快速成长。2008年和2009年，先后被批准成为国家级"质量工程"的"特色专业"以及北京市级"质量工程"的"特色专业"。由她在2003年牵头创立的北京大学中国保险与社会保障研究中心（CCISSR），连续三届蝉联"北京大学优秀科研中心"的称号，成为国内外风险管理与保险界政、产、学、研交流的重要平台。

20多年来，孙祁祥独立、合作撰写了20多部著作、上百篇研究论文。先后承担多个政府部门和著名国际机构与公司委托的20多项科研课题。

有专家如此评价孙祁祥：一直致力于前沿创新与相关研究，研究领域除商业保险之外，还涉及社会保障，是政策制定者的重要顾问和智囊。

"我的职业是教师"

孙祁祥有很多头衔。但她最钟情的是老师的身份。她常常说："不要叫我院长，我的职业是教师。"

36岁那年，孙祁祥以"北京大学首届研究生学术十佳"的优异成绩博士毕业，留校任教，至今已20多年。

研究领域离市场如此近，又有如此过硬的专业知识和出色的能力，孙祁祥身边一直不缺机会，有的是从政，有的是经商，但都被孙祁祥一一婉拒。

任教期间，孙祁祥曾赴美国学习。归国后，一家著名猎头公司联系她，一家美国公司为她开出了当时可谓天价的年薪，孙祁祥不为所动。"北大把我送到国外去学习，就是为了回来建设我们自己的学科，良心和做人的原则告诉我不能走。"回忆往事，孙祁祥说。

说起对校园和讲台的坚守，孙祁祥有过深刻的自我剖析："我骨子里那份对校园、对学生和对相对无拘无束生活状态的喜好，让我拒绝了一些在许多人看来不错的诱惑。但实际上，正是这份清醒与执着，让我享有一份宁静和独立，从而对专业问题有了自己的许多思考。"

孙祁祥，这位"北京大学最受学生爱戴的十佳教师"对教师这个职业的理解简单而深刻：言传身教。在学院毕业典礼上，她把对成功的理解分享给学生们，成功就是"对他人有价值、对社会有贡献、自身感到幸福"。她的"院长信箱"向教职工和学生们开放；"院长接待日"每月一次；学生的学术论文总是布满她密密麻麻的批改意见；学生的请教邮件，她总是及时回复，毫不保留地传授经验。

2010年，孙祁祥出任北京大学经济学院院长，成为这个百年学府历史上第一位女性院长。在她之前，是一串光辉的名字，马寅初、赵乃抟、陈岱孙……如何跑好自己这一棒，孙祁祥有自己的思考。

孙祁祥经常说，经院的目标是为未来大师级的学者、大企业家、大政治家注入优秀的"基因"，但首先要培养的是具有健全人格的"大写的人"。"我希望我们的学生带着独立、求新、质疑的精神来到经济学院学习，全方位地培养自己的生存能力、适应能力和自我发展能力。我希望我们的学生基础厚、视野宽、素质高、能力强、修养好。"

经济学院2016年的毕业生都收到了一份毕业礼物——一枚小小的银杏胸针，这是来自母院的祝福。孙祁祥的嘱托，也许今后会时时回响在他们人生的关键时刻："你们毕业后不是工作机器，而应当具有人文关怀，拥有广阔的胸怀……"

"女掌门"孙祁祥：高山仰止 愿添一石[*]

北京大学经济学院百年来第一位女院长、国际保险界最高荣誉"约翰·毕克利创始人奖"第一位女性获奖者、2016年度全国三八红旗手标兵……孙祁祥身上的标签，每一个都足够耀眼。

上过山、下过乡、做过工、留过洋，拨开重重光环，复杂多元的生活经历，洗练出一个深刻又简单的孙祁祥。她是经济学界知名的女性面孔，正引领着中国风险管理与保险学科的前沿发展，也笔耕不辍书写着女性成长和价值实现的励志诗篇。

百年学院首任女院长

"我一旦决定去做一件事，就会全力以赴，尽可能在能力范围内把事情做到最好。"现已年过六旬的孙祁祥，在人生道路上一步一个脚印，走得淡定，走得坚实。

1973年，孙祁祥高中毕业"上山下乡"，每天第一个出工，最后一个收工，顺利入党；回城做话务员后，由于工作出色，短短三年，从一名普通话务员成长为政工干部。

在校求学期间，孙祁祥"女学霸"潜质逐渐显露。1979年，孙祁祥考入

---

[*] 央视网，2017年5月10日，"最美人物"第354期。

兰州大学经济系，而后以一篇题为《根本出路在于改革国家所有制形式》的论文在经济学界初露锋芒。她师从著名经济学家萧灼基教授，在北京大学又以"首届北大研究生学术十佳"身份博士毕业，留校任教。

1993年，北京大学设立保险学专业，她从熟悉的经济学专业调入保险学这个新专业，赴美学习一年。学成归来，她拒绝猎头公司开出的30万年薪，接下月薪400多元的保险学专业主任一职。

2010年，孙祁祥成为北京大学经济学院百年历史上首位女性院长，敢于担当，勇于创新，成绩斐然。

由她任首任主任的北大保险学专业被批准成为国家级"质量工程"的"特色专业"；由她牵头设立的北京大学中国保险与社会保障研究中心连续三届蝉联"北京大学优秀科研中心"称号；由她撰写的《保险学》成为国家级规划教材，一版再版，被国内数十所高等院校的保险金融专业选作指定或推荐教材。

她还是国际学术交流中的"熟面孔"。国际保险学会董事会里的唯一一位中国大陆学者，第一位应邀在美国风险与保险学会年会上（1996年）宣读学术论文的中国大陆学者，第一位作为人物介绍出现在美国风险与保险学会会刊上的亚洲人。作为亚太风险与保险学会的前任主席，孙祁祥的学术足迹遍布世界各地，孜孜不倦，做起了中国风险管理与保险学界的对外的探路者和领路人。

教师本色：培养"大写的人"

孙祁祥有很多头衔，但她最喜欢的称呼是"老师"。她每学期都坚持开课，教过的学生数以千计，带的研究生有100多人，许多已经成为各行各业的栋梁。孙祁祥对教育的理解是"培养、造就对社会有用的人"。

担任院长后，如何让中国经济学科的诞生地、一个百年历史的老学院再创辉煌？她感到了沉甸甸的压力。

孙祁祥经常说，经院的目标是为未来大师级的学者、大企业家、大政治家注入优秀的"基因"，但首先要培养的是具有健全人格的"大写的人"。

在"传道授业"的同时，孙祁祥利用各种机会为学生"解惑"。尽管工作很忙，她仍然会抽空和学生谈心，了解同学们的学习和生活情况。她的"院长信箱"向教职工和学生们开放；"院长接待日"每月一次；学生的学术论文总是布满她密密麻麻的批改意见；学生的请教邮件，她总是及时回复，毫不保留地传授经验。

有人说，世界上没有一所大学像北京大学这样与世界、国家、民族的命运联系得如此紧密，也没有一个大学的经济学院像北大经济学院这样和国家的经济发展紧密相连。孙祁祥自问：北大让人高山仰止，你为这高山增添了怎样的石？你为这大海贡献了怎样的流？"唯有努力工作，努力奉献，才能对得起这份荣幸，对得起续写经济学院百年辉煌的使命！"

"女子自立，方能更强"

在北大经济学院一楼大厅会客区的墙面上，悬挂着这所著名学府百余年来各个时期院长（主任）的照片，孙祁祥是唯一的女性面孔。

她对于女性价值的思考从未停歇。"女性的价值，就是自我存在和自我实现的价值。"孙祁祥认为，当今社会为广大妇女提供了许多机会，只要不断勤奋努力做自己感兴趣的事，一定会取得成功。"你的态度而不是天资，将决定你的高度。"她在各种场合对女性同胞谆谆叮嘱：善待自己，常怀感恩之心；每天三省吾身，想想自己是否足够努力、足够优秀；做最好的自己，活出自己的精彩。

孙祁祥最欣赏的女性特质是：身体柔软但具有刚强的意志，自信满满但又谦逊好学，决断果敢但又温文尔雅，人格独立但又亲切随和。她一直在努力做自己欣赏的人。

经过20多年的辛勤耕耘，孙祁祥已成为国内风险管理与保险学界公认的学术带头人，在风险管理与保险学科的教学、科研、国际学术交流、领导建设学术梯队、综合学术影响力等方面做出了突出的贡献。

2017年2月27日，全国妇联决定授予10位杰出女性"全国三八红旗手标兵"荣誉称号，其中就包括孙祁祥。

孙祁祥：从女学霸到百年学院掌门人*

一头利落的短发，一身得体的黑色套装。孙祁祥，这位言谈举止中透着优雅、干练的北京大学经济学院院长，刚刚荣获全国三八红旗手标兵称号。

作为一名上过山、下过乡、做过工、留过洋的学者，孙祁祥为我国风险管理与保险学科的发展做出了突出贡献。对卓越、极致的不断追求，使她成为我国风险管理与保险学界的领军人物。

"是金子总会发光"

20世纪50年代出生的孙祁祥是个地道的湘妹子。从小，喜欢读书的她就是名副其实的学霸。一次，班上选课代表，因为作文常被当作范文来读，同学们都推荐她当语文课代表；选数学课代表时，同学们又说，"孙祁祥数学好，选她当数学课代表吧"，选英语课代表的时候也是这样……上大学，是她早早埋在心底的梦想。但这个梦想迟到了7年。

1973年，知青孙祁祥来到湖南岳阳的中村公社大众大队。这个从没做过农活的城里姑娘，每天第一个出工，最后一个收工。早春时，在冰冷刺骨的稻田里"抢插"；盛夏时，冒着40多摄氏度高温，在蚂蟥的围攻中"抢收抢种"。孙祁祥特别感谢这段经历，"经历过上山下乡那段日子的磨炼，以后再

---

* 中国经济网-《经济日报》2017年3月7日，杨学聪。

遇到事不会觉得苦了"。

当她有了上大学的机会,父亲说:"现在以经济建设为重,我觉得你可以选择经济学。"父亲的这个建议,让她选定了一生的专业。

付出总有收获。1987年已在兰州大学留校任教的孙祁祥,以一篇题为《根本出路在于改革国家所有制形式》的论文在经济学界初露锋芒。在北京大学读博期间,她荣获"北京大学首届研究生学术十佳"。当时为论文选题,她跟自己较了几个月的真。定下题目以后,夜以继日地调研、写作,让她"脱了一层皮"。1992年初,20多万字的论文《模式转换时期的收入流程分析》出版,发表以后即获得"北京市哲学社会科学优秀成果奖"。

1993年,北京大学设立保险学专业,她成为领导和老教授们眼中最合适的人选,于是从她熟悉的经济学专业调入保险学这个新专业,赴美学习一年。学成归来,一家美国公司给她开出30万元的年薪,当时月薪400多元的她不为所动。之后,有许多在外人看来很有"诱惑力"的工作机会都被她婉拒。用她自己的话来说,正是自己的这份"清醒"、这份"坚守"与这份"执著",让她有幸在北大度过了与无数优秀学子相伴的岁月。给她的人生带来了许多的感动和感悟。

在风险管理与保险学领域,孙祁祥是公认的学术带头人。她主持的数十项国家级、省部级课题,以及出版发表的专著和论文,在国内政、产、学界产生了十分重要的影响。

2014年6月,在英国伦敦举行的国际保险学会第50届年会上,孙祁祥荣获了该年度"约翰·毕克利创始人奖"。这是国际保险界的最高奖项,每年在全球范围内推选出一位获奖人。她是首位获此殊荣的中国学者,也是该奖自1972年设立以来的唯一女性获奖者。

"在伦敦领奖的那一天,面对着来自50多个国家的500多名代表,我真的感到特别自豪,获奖不是因为我多么厉害,是因为我们的国家在崛起。"孙祁祥谦虚地说:"外国人选我,最重要的是因为我是北大的教授,是一名中国的学者。"

最爱"老师"这个称呼

记者的采访,安排在全国三八红旗手获奖消息发布的第二天。当祝贺纷至沓来时,孙祁祥还在做她该做的事。"昨晚在修改学生论文,今天一早又收到一位研究生的第三稿论文。我从来都是把荣誉当作激励和责任来看的。我是一个特别怕辜负别人信任的人,因此,唯有更努力工作才能对得起这些荣誉。"

在各种各样的头衔中,"老师"仍是她最喜欢的称呼。她每学期都坚持开课,教过的学生数以千计,带的研究生有100多人,许多已经成为各行各业的栋梁。她被北大学生评选为"最受学生爱戴的十佳教师"。

北大保险学专业从无到有,为了能有一本合适的教材,她自己动笔。"我的性格就是追求极致。这种性格很累很较真。"回忆起那段吃饭睡觉都想着写作的日子,不怕苦的孙祁祥用"殚精竭虑"来形容。自1996年出版以来,这本《保险学》获得了无数的奖项,一版再版,30多次重印,一直是国内最受欢迎的教科书之一。

在"传道授业"的同时,孙祁祥也利用各种机会为学生"解惑"。有北大校友说,每有困惑,都要翻一翻孙老师说过的话,因为"她是我们的精神领袖"。

2003年"非典"期间,一位学生通过互联网发来问候:"孙老师,好多年了,我现在还清晰地记得你给我们做的那场名为《为了明天的辉煌,要安于今天的寂寞》的讲座。谢谢您。"孙祁祥回想起来,那场讲座后,有学生说:"如果早些听到讲座,我可能会少走许多弯路。"

毕业几年的学生们回来看她,大家对一位就职于国际著名会计师事务所、已经跃升高位的同学大加赞赏。问及原因,这位校友回答,要感谢孙老师的两句临别赠言。"一句说'是金子总会发光',另一句是'夹着尾巴做人'。我一直在努力按照老师的要求认真做事,老实做人。"

追求极致的"女掌门"

"我不是一个有很高目标的人,所以,不会和别人攀比,不会心浮气躁和焦虑。"孙祁祥看淡挫折、压力、名利。"我只是在尽力做好自己，因此在获得赞赏时，我总会觉得这是一种恩赐。"但命运却厚待这位认真又淡泊的女性，不仅让她获得了很高的学术成就，更是一步步把她推上了领导岗位。

在校外，她担任或曾经担任国家经济体制改革委员会经济体制与管理研究所特约研究员、中国金融学会学术委员会委员、中国保险学会副会长、北京市经济学总会理事、首都女教授协会会长等许多社会兼职。兼职了，就要干事。每有所托，她都力求做到完美，特别怕辜负别人的信任。每当自己的观点被政府、企业采纳，她都能收获浓浓的幸福感。

她还是国际学术交流中的"熟面孔"：是迄今为止唯一一位连续10多年担任国际保险学会（IIS）学术主持人的亚洲学者，并且是该学会董事会里的唯一一位中国大陆学者；她还是第一位应邀在美国风险与保险学会（ARIA）年会上宣读学术论文的中国大陆学者，第一位作为人物介绍出现在美国风险与保险学会会刊上的亚洲人。她的学术足迹遍布亚洲、欧洲、北美洲和南美洲，被外国同行誉为"具有将中国保险教育和西方保险教育完美结合的非凡能力"。

2010年，孙祁祥成为北京大学经济学院百年历史上首位女性院长。如何让中国经济学科的诞生地、一个百年历史的老学院再创辉煌？她感到了沉甸甸的压力。

既要教学，又要搞科研，还要负责全院行政事务，孙祁祥无疑是个大忙人。"我是个比较有时间概念的人。"她说。繁忙的工作，让她抓紧一切可以控制的时间做事。"刚开始，我新带的学生收到我早上5点多钟或晚上11点后给他们发的邮件时，会感到吃惊，以后他们也就习以为常了。"

上课、当导师、开班子会、谈合作……这个总是在自省是否尽心尽力的"掌门人"，每天的日程都满满的。在过去的几年中，她带领全院师生，勤勉工作，学院各项工作取得了新的成绩。她希望在自己卸任时，把一个更加学术化、更加国际化、更具社会影响力的学院交给继任者。

登上国际领奖台的中国教师*
——记北京大学经济学院院长孙祁祥教授

孙祁祥教授,湖南长沙人,博士生导师,北大博雅特聘教授,享受国务院政府特殊津贴的专家,北京市教学名师,北京大学"最受学生爱戴的十佳教师"。现任北京大学经济学院院长,长期从事保险与社会保障的教学科研工作。

春风化雨育英才

多年来,孙祁祥一直承担着本硕博各个层面的一线课堂教学任务。她创新性的工作和新颖的教学方式得到广大学生的喜爱,上过她课程的同学一致认为,她讲授的课程是他们在北大上过的最好的课程之一,不仅可以吸取知识、开阔视野,又能历练思维、提升表达能力。她为研究生开设的"国际保险理论与实践"课程一直采用全英文教学,已经成为北大保险专业研究生阶段的一门品牌课程,甚至有很多外校的研究生和已在国外获得学位的学生慕名前来旁听。2007年,她主持的北大专业核心课程"保险学原理"荣获"北京市精品课程"和"国家级精品课程"荣誉称号。她撰写的教材《保险学》至今已更新六版,重印30余次,先后获得教育部推荐教材、北京市哲学社会

---

* 《中国教工》2018年第7期。

科学第五届优秀成果奖、普通高等教育"十五""十一五""十二五"国家级规划教材、北京市精品教材、首届中国大学出版社图书奖优秀教材一等奖、第七届全国高校出版社优秀畅销书一等奖、第五届金融图书"金羊奖"等多项荣誉,被国内数十所高等院校的保险金融专业选作指定或推荐教材,广受好评。有读者这样评价:"孙祁祥教授的《保险学》一版再版,我们也是一读再读,真的堪称经典,影响绵延致远。"

作为北京大学经济学院这座拥有一百余年历史的经济学重镇的带头人,孙祁祥特别重视坚守经济学教育的本真初心,引导学院广泛吸收和借鉴国际经济理论和相关学科的优秀成果,密切联系中国改革和发展实际,构筑世界一流的大学人才培养模式。2009 年,由她主持的经济学院"培养世界一流经济学本科生教育"项目被教育部认定为"人才培养预期效果好,在本领域复合型拔尖创新人才或应用型人才培养模式改革中具有示范带动作用",成为教育部批准的"国家创新实验区"项目;由她牵头完成的"探索建立大学生社会实践的长效机制,培养世界一流经济学本科人才"项目,荣获 2012 年北京市高等教育教学成果一等奖;"开放办学,探索经济学人才整合培养模式"项目,获得 2017 年度北京大学教学成果特等奖。

在孙祁祥看来,大学教育不只是传授知识,更要为学生发展奠定全面基础,也就是要践行"全人教育"理念。日常的学生指导,院长开放日与学生的交流,担任院长后每年开学及毕业典礼都精心准备的致辞等,都是她言传身教、促进学生全面成长的见证。2017 年,孙祁祥作为教师代表在北京大学开学典礼的致辞《珍惜》,诠释了新时代积极、健康、向上的人生观和价值观,引起了社会各界的强烈反响,网络阅读量超过 2 亿人次,被学生们誉为"8000 新生来到北大的第一节最生动的教育课"。

风雨躬耕建学科

早在 1987 年,孙祁祥就以一篇题为《根本出路在于改革国家所有制形式》的论文在中国经济学界初露锋芒。之后,她在宏观经济、社会主义市场经济理论等领域著书立说,成果显著。1993 年,北京大学顺应经济发展需求，设立了保险学专业。应组织安排，孙祁祥转入当时在中国还处于发展初期的保险研究领域，组建保险学专业。

作为北大风险管理与保险学系的首任主任，面对无教材、无教师、无课程的"三无"状态，她赴美学习，通过刻苦钻研、分析比较和实地考察，创建起了科学的学科发展规划。在她的带领下，经过全系师生的共同努力，北京大学经济学院的风险管理与保险学科迅速成长，在2007年先后被评为高等教育北京市级特色专业和国家级特色专业，并于2017年首批获得"全球优秀保险学科"国际认证。

从2010年起，孙祁祥成为北京大学经济学院百余年历史上第一位女性院长，她带领全院师生，通过对人、财、物等资源的协调和整合，重点建设和推进六大优势学科集群——传统优势学科集群、历史悠久的特色学科集群、具有战略意义的基础学科集群、对国家经济建设有着重要意义的重点学科集群、新兴学科和交叉学科集群、经济学前沿分析工具集群——依托现有学科的历史传统、瞄准国际发展的前沿、赶超国际先进水平，取得了显著的成效。

镂心鉥肝著文章

孙祁祥是公认的学术带头人，她主持的包括国家社科基金重大项目在内的数十项国家级、省部级课题以及在国内外学术刊物上发表的许多论文，在国内相关领域的政、产、学界都产生了十分重要的影响。

由她主持的国家发展和改革委"十一五"规划课题"中国系统性金融风险与国家经济安全"的成果，作为向国务院高层汇报的重要研究资料，为国家《国民经济和社会发展第十一个五年规划纲要》作了重要的前期研究准备；由她主持的"中国保险业"十五"发展规划"课题成果后来经中国保险监督管理委员会发布，成为指导中国保险业2001~2005年发展的重要纲领性文件；"经济全球化背景下中国的贸易强国战略与外贸风险管理"课题的主要成果经新华社《国内动态清样》报送中央高层及省部级领导，引起国家对政策性保险业发展的高度重视，直接影响了国家关于出口信用保险运行模式的选择。

此外，她关于"处理转轨成本是个人账户从'空账'转变为'实账'、改革和完善中国养老保险制度的关键""保险制度是市场经济不可或缺的重要组成部分""美国金融危机对中国保险业的六大警示""'十二五'期间中国应当重视宏观综合风险管理，确保经济与社会的动态均衡与协调发展"等观点和研究成果在学术界和相关领域都产生了广泛的影响，其科研成果多次获得省部级和北京大学的优秀成果奖，包括首届"陈岱孙经济学论文奖"、北京市哲学社会科学成果一等奖、中国保险学会保险理论创新成果一等奖、北京大学人文社会科学成果一等奖、曹凤岐经济与金融理论突出贡献奖等。

连接中西建桥梁

孙祁祥不遗余力地推动国际理论研究和交流。她是迄今为止唯一一位连续十五年担任国际保险学会（IIS）学术主持人的中国学者，也是唯一一位亚洲学术主持人，并且是该学会董事会里的第一位、也是唯一一位中国大陆学者；她是第一位应邀在美国风险与保险学会（ARIA）年会上（1996年）宣读学术论文的中国大陆学者，是第一位被美国风险与保险学会会刊进行专题人物介绍的亚洲人，被外国同行誉为"具有将中国保险教育和西方保险教育完美结合的非凡能力"；她还是亚太风险与保险学会（APRIA）的前任主席。她经常受邀去国外的大学、研究机构和学术团体讲学、交流，学术足迹遍布世界各地，为推动中国风险管理与保险学界的对外学术交流起到了探路人和领路人的作用。

在国际学者眼中，孙祁祥是中国风险管理与保险学界的标志性人物，因为"她的工作和领导力不仅影响了中国的保险学理论与实践，并把这种影响带到了世界各地"（国际保险学会评奖委员会主席伯恩哈德·芬克语）。在2014年于英国伦敦召开的国际保险学会第50届年会上，国际保险学会将"约翰·毕克利创始人奖"授予孙祁祥，她也由此成为该奖项自1972年设立以来荣膺此称号的首位中国学者和女性获奖人。2017年，全国妇联将"全国三八红旗手标兵"——中国妇女界的最高荣誉称号——授予了"教学科研成果卓著、国内风险管理与保险界学术带头人"的孙祁祥教授。

孙祁祥：让最好的自己光彩夺目*

对于获得全国三八红旗手标兵称号，孙祁祥显得很平静。她说，获此荣誉很高兴，我只是力图把该做的事情在能力范围内做到最好。

2014年度国际保险学会"约翰·毕克利创始人奖"得主

这天为杂志拍摄封面，孙祁祥拎着装满衣服的大包从电梯里走出来，步履轻盈、身姿挺拔，出人意料的年轻。让人很难将面前这生动美丽的女子与学术超群的经济学教授、北京大学经济学院院长联系起来。她服饰精致，搭配得体，难怪她总是被问"为什么那么年轻就当了院长"，尽管她常常是那群人中年龄最大的。在近三个小时的采访中，一位学者丰富人生的诸多节点被她条分缕析，然而在清晰理性的河流两岸，开放的是真性情的花朵。

荣誉不是期待来的

孙祁祥收到"约翰·毕克利创始人奖"评奖委员会主席的来信是在2014年初，打开信她有些诧异，她知道"约翰·毕克利创始人奖"是国际保险界的最高奖项，专门表彰对保险思想、实务或教育做出卓越贡献的个人，每年在全球范围只推选一位获奖人。她想，怎么可能是我？今天不是愚人节啊。

---

* 《中国妇女》，2017年3月9日，苏容。

随即将信放置一旁。

彼时的孙祁祥已经在国际保险协会做了14年的学术主持人,在国内外学术界久负盛名。她是高产的研究者,承担了许多政府部门以及著名国际机构委托的20多项科研课题。独著、主笔、主编了20多部著作,撰写了上百篇学术论文。她是中国及国际保险行业多种组织的董事会成员或顾问。她发起并筹建的北京大学中国保险与社会保障研究中心,经过十多年的发展,已经成为在国内外具有重要影响力的研究机构。她是北京大学经济学院——这所中国第一个经济学科诞生地的著名学府百余年历史上的首位女院长……

孙祁祥是一个专心走路的人,从没有打算由外界来标示她走了多远或者走得多快,直至收到评奖委员会通知她在伦敦颁奖的邮件时,她才意识到,"这还是个真事"。

在当年国际保险协会对外发布的新闻中,协会主席格雷格·伍德林(Greig Woodring)这样高度评价孙祁祥:"鉴于孙教授的杰出贡献和声望,她最有资格获得约翰·毕克利创始人奖。"评委们从未有过的意见一致,孙祁祥高票当选,成为该奖自1972年设立以来首位获此殊荣的中国学者,也是唯一的女性获奖者。

当天,为她颁奖的是专程从美国赶来的已故约翰·毕克利先生的女儿。站在领奖台上,孙祁祥用流利的英文发表即席演讲,赢得了数次掌声,这位中国女子的魅力令无数人折服。

她的学生被老师强烈的光环吸引,一次次追问:您是怎样规划人生的?老师平静地说:其实我没有刻意规划,所有荣誉都是不期而至的。潜台词是:人生是一场马拉松,要跑到终点,一定要把眼前的每一步都跑扎实。

从本科到博士,孙祁祥读的都是政治经济学专业。1993年,北大经济学院设立保险学专业,院领导找她谈了两个小时的话,希望由她来筹建这个新专业。从美国专修"风险管理与保险学"回国后,她便开始撰写《保险学》教材,每天都在想着如何写好一本学生接受、业内人士爱读的教科书。她查阅大量文献,一遍一遍设计、修改写作思路。午夜梦回,想到一个更恰当的案例,她会立刻翻身起床将它写下;买菜路上灵感突至,她会猛地停下脚步,掉头回去修改……她进入的是她人生中无数次经历的状态——殚精竭虑。

这本书一经出版，便被资深专家推崇，获得教育部全国高校推荐教材、北京市哲学社会科学优秀成果二等奖、北京市精品教材奖、中国大学出版社图书奖首届优秀教材一等奖……每年全国有六七十所高校使用，一版再版。

不掉一针织好人生

在拍照前一天，记者给孙院长发微信，嘱她早睡，以尽可能保证第二天的拍摄状态。此刻坐在记者面前，她气定神闲，目光专注，状态显得极好。然而她却透露，早睡是不可能的，当天早上五点十分她就起床了。"我几乎从来不睡懒觉，只要醒来，体内似乎就有一种声音对我说，时间如此宝贵，你应当起来做些事情。"

小时候的孙祁祥不是一个做事很认真的孩子。学织毛裤，中途掉一针，她不会拆掉重来，而是胡乱用线一系，然后织下去。妈妈批评她织出的是"残疾"毛裤。妈妈的言传身教让她渐渐认真起来，在此后的人生中，她像一个精心编织的女子，不掉一针，不丢一线，每一个段落都织得细密规整：

中学时孙祁祥门门功课优秀，有一年同学们选课代表，她一个人独担语文、数学、英语三门课代表的工作；

上山下乡，她认真观察农民如何分秧、插秧、割稻子，直到自己像真正的农民一样动作准确而漂亮；

回到城里当话务员，为了提高工作效率，她在一周内记下全市几百个电话号码……

"文化大革命"结束，全国恢复高考，喜欢读书的孙祁祥于1979年考入兰州大学。人生循着她认真编织的经纬铺展，之后考取研究生、留校任教，水到渠成。

大学教师孙祁祥，继续以一如既往的态度醉心于"编织"本身——教学生，做研究，写论文……先生说她胸无大志、随遇而安，她不解为什么要有"大志"，做好自己不就行了吗？于是，"最好的"她愈发光彩夺目，即使她自己不冲出来，也一样要被人挑出来。

那年，她去武汉开会，会议休息期间，她认识了北大著名教授萧灼基。一番交谈后，萧教授突然说，"欢迎你来考我的博士生呀"。考北大的博士，这可是孙祁祥从未想过的事情。她犹豫着，因为知道北大的博士很难考，尤其英语，听别人说14页的考题，3个小时的时间，很少有人能全部做完。回家和先生商量，先生说，"考啊，你有这个实力。尝试了，即使考不上也没有关系嘛"。

回忆起这段经历，孙祁祥开心地笑起来，丈夫的话激发了她喜欢挑战的个性。就好比去年她在海南第一次单独驾驶海上摩托艇，开始被人以年龄太大为由劝阻，她却非要去挑战一下。没有什么能限制她，年龄不能、性别不能，困难尤其不能。

为考博她做了最充分的准备。只用了两小时四十分钟就做完了全部英语题，考试成绩超过录取分数线20分以上。这一年，萧教授只招了她一个博士，她也由此成为北大新学位制度实施以来培养的首位经济学类的女博士。

嘈杂中静听内心的声音

20世纪末，孙祁祥身边很多人都在学开车。有人开玩笑地对她说，身处"精英"人群，不会开车意味着"落伍"，参加聚会只能打车那是没面子。孙祁祥不以为然：会开车我就有面子吗？直到四年前，先生做了个小手术，一段时间没法开车，她突然感到不会开车很不方便。"我是那种有了念头就立即行动的人。"那年8月她还在美国访学，立刻打电话在驾校报了名，回国后按期学完，9月底就拿到了驾照。"我干什么事情不是因为别人都在干，而是因为我自己需要。"

这是个嘈杂的世界，让内心的声音成为最强音并非易事。

当年教育部在武汉大学组织了一个比较经济学研讨班，邀请了英国一位著名的教授来讲课，全国各高校教授"比较经济体制"课程的老师齐聚武大，孙祁祥位列其中。一个月后课程结束，英国教授给兰大校长写来一封信，信中说，贵校的年轻老师孙祁祥非常优秀，建议送到国外深造。信转到经济系，主任很兴奋，许多同事朋友也都说，赶紧联系教授出国吧，多好的机会！孙祁祥竟毫不动心。

后来在北大读博士，教英文写作课程的美国老师在学期末主动找她说："孙，你们班很多同学都跟我说想出国，你却从来没有说过。你的英语很不错，难道你不想出国吗？"孙祁祥回答："不是不想，只是认为出国需要进行很多考试，花费太多时间精力。"

两年后，孙祁祥被学院派到国外学习。这之后，她的国际交流活动遍布亚洲、欧洲、美洲、大洋洲，从来没有考过托福、GRE的她，却是北大出国交流最多的教授之一。

她的终身幸福，一样是她内心声音引领的结果。孙祁祥说，丈夫对她有"相助之恩"。

第一次和他见面，孙祁祥还在读大三，介绍他们认识的老师对他大加赞赏，相亲的感觉却一般。他虽然只比她大三岁，却"长得略显成熟"。就这样不温不火地过了一段时间，有一天他约她去家里，在路上，她喜欢上了他。"他似乎上知天文下知地理，特别博学，而且体育还特好。"

可她没想到，她谈了一个好多人都反对的恋爱。好友说她脑子进水了，堂妹"质问"她是不是找不到对象了！她第一次带他回湖南老家，妈妈也对他不看好……但孙祁祥心意已决。

事实证明，她的选择是正确的。每次有机会来了，她习惯性地说自己不行时，先生总给她鼓劲：你可以！你有实力、有潜力。先生对她的每一点成绩都比她本人还要高兴。她拿到驾照的那天，他去接她，本想将她一军，让她自己开车回来，没想到她二话不说，坐上驾驶座，稳稳当当地就开回来了。几天后，她去理发店，理发师一见她就夸：大哥说了，别人学完车还要找陪驾练好多天，你直接就把车开回来了。孙祁祥乐了，"当我的面他老损我，背着我，就这点小事还出去'吹牛'"。

当然也有矛盾。他爱整洁，经常收拾房间，有时她随手放的东西经他一整理找不到了，她就对他发急：拜托了，我跟你说了一百次了，你能不能不动我的东西？但她也真心钦佩丈夫整理家务的能力，感谢他对家庭的付出。

"他在新华社当记者,也是单位的顶梁柱。工作虽然很忙,但家中的琐事多由他打理,让我没有后顾之忧。"

用思想和行为影响人

第一次从美国访学归来,孙祁祥一度成为猎头的目标,一家美国公司给当时月薪只有400多元的她开出了年薪30万元的高价。她竟没有任何纠结地拒绝了。

她喜欢当老师,也因为这是父亲的愿望。父亲有着辉煌的过往。12岁当兵,参加过抗日战争和解放战争。"文化大革命"中被打成走资派受到迫害,工宣队去他曾经的作战部队做调查。老首长一句"孙子明作战英勇,不怕死"的评价,让他很快就被"解放"了。父亲就是她心目中的英雄。在那个特殊的历史年代,地主出身和耿直的性格,使他不可能在仕途上走得太远。但他生性淡泊,不计较得失的生活态度深刻地影响了女儿,给了孙祁祥面对纷繁人生的力量:不纠结、不图利、不好高骛远,取舍皆由本心。

这给她力量的人,也是她生命中最大的牵挂。

长年照顾父亲的保姆称孙祁祥是她所见过的最孝顺的女儿。父亲中风之前,无论多忙,她每天必定给他打十多分钟的电话,排解他的寂寞。

父亲是57岁离休的,比规定的年龄提前了三年。组织上不批,他打了三次报告,说身体不好,一定要回家。最主要的理由是,他50岁的妻子因高血压病休在家十年,他想好好陪伴她。

没想到命运给他挖了个巨大的陷阱,让他一脚踏空——离休报告批下来10天,他挚爱的妻子突发脑溢血离他而去。那一刻,他不在她身边。单位组织老干部旅游,他放不下妻子本不想去,可是她说,你革命一辈子没有好好休息过,我是老病号了,没事的,你放心去吧。一去竟成永别。

那一年,孙祁祥27岁,刚刚考上研究生。她痛不欲生,"妈妈没有享过我一天的福啊"!回到家,她看见的是一夜白头的父亲。

这是她心里最深的痛。三十多年过去了,说起那段往事,优雅矜持的女教授仍哭得像个孩子。

父亲最后一次来北京，住了三个月。回去后女儿给他打电话："爸，你什么时候再来？"他说："我不去了，你以为我不知道，你为了陪我，早上起那么早，晚上睡那么晚，我心疼！"孙祁祥无语。父亲在的时候，她为了让父亲高兴和安心，故意让自己显得一点都不忙。中午回家陪他吃饭，饭后陪他下棋，晚上和他一起看电视剧，直到父亲上床休息，她才去书房工作，早上趁他没起床又早早起来加班……"当我的面不说，可是他什么都知道！"

如今，爸爸想来也不能了。91岁的老人卧床已经整整三年，不能说话不能动。孙祁祥在父亲90岁的时候，为他做了一本画册，题词："永远的战士，大写的人生。"这是父亲的人生写照，他是她和兄长们的标杆。

她喜欢像父亲一样，用自己的思想去影响青年一代。看到学生们因她而进步而改变，真是无比的欣慰，那种内心的富足是世界上任何工作都不能相比的。而当她向学生提出要求的时候，她也常反躬自问：要求学生勤勉，我做到了吗？要求学生认真严谨，我做到了吗？要求学生拥有一个丰富立体的多彩人生，我做到了吗？

她希望学生做"快乐的成功者"，因为她就是那个享受学习、享受工作也享受生活的人。

她的爱好多到令人惊讶的程度。小时候拉过小提琴和二胡，中学参加乒乓球校队，打了四年校冠军，还得过北大研究生女子组亚军。大学时代，她是系排球队队长。她爱游泳、爱滑雪、爱打一副牌的"升级"……爱好是工作的调剂，也训练了她从一个领域快速进入另一个领域的应变能力。更重要的是让她充满生机和活力，保持了极为年轻的状态，有力量挑起肩上沉重的担子。同时以一个有人格魅力、学识魅力的好老师的形象出现在学生面前——她曾被学生评为北京大学"最受学生爱戴的十佳教师"。

曾有人说，世界上没有一所大学像北京大学这样与世界、国家、民族的命运联系得如此紧密，也没有一个大学的经济学院像北大经济学院这样和国家的经济发展紧密相连。孙祁祥常常自问：北大让人高山仰止，你为这高山增添了怎样的石？你为这大海贡献了怎样的流？"唯有努力工作，努力奉献，才能对得起这份荣幸，对得起续写经济学院百年辉煌的使命！"

"女子自立,方能更强"*
——著名女经济学家孙祁祥的成才之路

岳阳小美女,一直是学霸;下乡当知青,回城干话务;由"硕"读到"博",北大当院长;教书又育人,初衷从不改。这,就是著名女经济学家孙祁祥的成长成才之路。

"三八"前夕,她告诉记者:"我的成长经历与社会上许多成功女性一样,证明了这样一个道理:女子自立,方能更强!"

军人家的女孩子

孙祁祥出生于军人家庭。父亲12岁就当了小八路,母亲16岁从军。她是家里三个孩子中的老幺,也是唯一的女孩。从小父母对儿女的家教很严。如午饭后,父亲会命令躺在三个小床上的儿女们:"把头朝向墙壁,不准说话,赶紧睡觉。"

孙祁祥幼时,在马路边采了点蓖麻籽,准备拿去卖钱。父亲看到后说:"这是公家的东西,怎能随便采摘?"不由分说一顿暴打。孙祁祥用刚学的一句"文化大革命"语言"要文斗不要武斗"对着父亲大喊。父亲愣了,停了手。不过,孙父的确是一个公私分明的人。小时候,她拿着父亲放在家中的

---

* 《湖南日报》2016年3月7日,徐亚平。

单位信纸写字被父亲看到后，父亲会很严厉地说："这是公家的东西，如果你需要，我给你去买。"

"不要跟别人比，最重要的是做好自己！"这是孙妈妈最爱跟儿女说的一句话，对孙祁祥一生影响很大。长大后，她把旁人对她的评价"自律、不斤斤计较、活得很潇洒"归结为从小父母的教导。

孙祁祥12岁那年，部队来岳阳招小兵，她报名应征。但通知下来一看，她因为鼻炎未被录取。她哭着找到父亲，要他去说情，因为招兵部队领导是她父亲曾经的战友。老战友把实情和盘托出："鼻炎只是表面上的理由，真正原因是'政审'没通过，因为你是走资派、地主出身。"

父亲回家说了一句对女儿一生影响深远的话："我和你妈妈从小都是靠自己闯出来的。你今后一定要靠自己的能力在社会上闯荡立足。"

知青队的女队长

"文化大革命"期间，孙祁祥高中毕业，成为当时"上山下乡"浪潮中的一朵浪花。1973年，孙祁祥下放到岳阳县中村公社大众大队，被20多名知青推举为知青队长。

4年间，从犁田到耙田，从插秧到割稻，从挑粪到撒粪……孙祁祥干过南方农村所有的农活。"春插"时，每天四五点就要去扯秧，田里的水冷的刺骨。"双抢"季节，室外温度经常高达摄氏40度以上，他们必须冒着酷暑，忍着蚊虫蚂蟥的叮咬，抢收稻谷……艰苦的环境很快打掉了城里姑娘的"娇骄"两气，打造了她能直面困难、不畏艰辛的坚强意志。

因为所谓出身问题，孙祁祥在加入少先队、共青团时都要"考验"几次，不过入党倒还挺顺。带队的老农、80多岁的仔爹在讨论孙祁祥入党的小组会上一言九鼎："小孙这孩子能吃苦！"

现在，常有人问孙祁祥："你们那一代人上大学的不多，而你不仅上了大学，并且读完了博士，取得了不小的成就，你是如何走到今天的？"她说："我曾经诅咒过那个年代，它让我们经历过许多不公与痛苦。但我也得感谢那个年代，它让我学会了自立、自尊与自强。"

电信局的女干部

"知青"返城后,孙祁祥被分配在岳阳市电信局当电话接线员。她非常珍惜这难得的工作机会。为了提高接线效率,她在不到一周的时间里记住了全市几百个单位的电话号码;当同事上厕所的时候,她会尽量用自己交换机剩余的线帮同事接通打进的电话。工作中,她时刻关注电话运转的状况,及时接听、联通、拆线。

那时候,邮政电信部门是一个半军事单位,想着能在话务班工作,她就很知足了。不料一年后,由于工作出色,她被抽调到电信科以工代干;又一年后,她被抽调到政工科以工代干。

短短3年时间,孙祁祥从一名普通话务员成长为政工干部。

大学里的女班长

1977年高考一恢复,孙祁祥就参加了高考,但因被录取的学校不理想,所以她放弃了。按当时的规定,她第三年才再次报考。当时不少朋友都不理解,"你都已经'以工代干'了,为什么还要去读书?"他们不知道,上大学是她从小的梦想。

孙祁祥学习成绩一直很好。上高中时,她的作文常被作为范文在课堂上朗读。有一年选语文课代表,同学们一致推举她,选数学课代表时,同学们又说"孙祁祥数学也不错,选她吧",再选英语课代表时,大家还是说"就孙祁祥吧"。

1979年,孙祁祥报考兰州大学经济系并被录取。主课"政治经济学"大约上了两个月左右时,任课老师搞了次突击考试。她得了96分,全班第一,同学们称她为"女状元"。这个"意外"给了她很大的自信。

她学习更加认真了。直到本科毕业,学习成绩特别是政治经济学、资本论等主课一直在班上名列前茅。大学4年,班长除了第一年是班主任老师指定外,其他3年都是由同学们投票。孙祁祥当了3年班长,领导着这个由44

位男生、6 位女生组成的班级夺得过"全校优秀班级""全校女排冠军队"等荣誉。

经济学的女博士

1986 年,孙祁祥硕士毕业后留校任教。1988 年 10 月,她的一篇学术征文被"全国理论界纪念'十一届三中全会'十周年"的会议选中。她去武汉参会,偶遇北大教授萧灼基先生。萧先生询问了她的硕士论文题目、学习情况和工作经历后说:"你考我的博士怎么样?"

萧先生的邀请让孙祁祥心动,家人也非常支持,于是她决定考博。短短几个月里,除了教课,几乎所有时间她都用来备考。最终以优异成绩考入北大经济学院,师从萧先生攻读"经济发展战略"方向的博士研究生。这一年,萧先生只招了她一个,她由此成为北大新学位制度实施以来培养的首位经济学类的女博士。

读博期间,孙祁祥勤于读书写作,成果颇丰,荣膺"首届北大研究生学术十佳"称号。萧先生作为导师代表参加颁奖典礼时高兴地说:"孙祁祥,你轻轻松松就拿到了博士学位,而且还让我这个导师沾了你这个学生的光。"

1992 年,孙祁祥博士毕业,她选择了留校任教。次年,北大经济学院新增保险学专业,院里决定由她出任系主任。

1995 年,孙祁祥从国外学习回来。多家公司和政府部门"挖"她,但她还是选择留在了北大。为了充分发挥北大经济学院在保险学教育和研究方面的优势,2003 年,她创立了北大中国保险与社会保障研究中心并任主任。在她带领下,中心连续三次蝉联北大文科优秀科研机构的称号,在保险与社会保障领域发挥着重要的学术交流、国际合作和智库作用。她撰写的《保险学》为教育部向全国高校推荐教材,普通高等教育"十五""十一五""十二五"国家级规划教材,荣获"中国大学出版社图书奖优秀教材一等奖"。她所主持教授的"保险学原理"荣获"国家精品课程奖"。她的许多研究成果被政府部门采纳,成为政策制定的依据。她是国务院政府特殊津贴获得者、国家社科基金重大项目的首席专家,先后获得"北京大学最受学生爱戴的'十佳'教师""中国经济女性年度人物""中国保险年度人物""全国三八红旗手的标兵"等荣誉。

2014年6月,在国际保险学会第50届年会上,孙祁祥因其杰出的学术成就及对保险业的贡献,荣膺国际保险界最高奖——约翰·毕克利创始人奖。其评奖委员会每年在全球范围内推选出一位获奖者。孙祁祥是自该奖1972年设立以来首位获此殊荣的中国大陆学者,也是此奖项设立以来的唯一女性获奖者。

出色的女院长

24年过去,孙祁祥从一名讲师成长为教授。2010年,她出任北大经济学院院长,成为百余年经院历史上第一位女院长。

大学毕业后,她有许多在外人看来相当不错的从政或者从商的机会,但她从未改变过当教师的初衷。她在就任院长的大会上说:"院长,是一个头衔、一个岗位,但对我来说,这更是一份信任、一份责任、一个使命、一个担当。我和我的团队深感荣幸和责任重大。因为我们要服务的是一个有着百年历史的、一个在中国最早建立经济学科的、一个声名卓著的学院。"

在首个任期内,孙祁祥带领全院师生勤奋工作。院班子换届时,北大社科部组织校内外专家评估、师生座谈、校友访谈、个别访谈,得出结论:"经济学院领导班子团结进取,在学科建设、队伍建设、教学科研、社会服务、管理服务诸多方面取得了突出的成就和业绩。学院领导班子以先进的办学理念和全球化的宽广视野,确立了科学的发展目标和清晰的发展思路,定位准确,推进措施切实有力,成效明显。"

2014年,孙祁祥开始了院长的第二个任期。"能有机会为这所百年学府做力所能及的工作,是我莫大的荣幸!"她希望"接过前辈的接力棒,继承他们爱国、开拓、实干、奉献的精神,延续经院辉煌的历史"。

孙祁祥：将优秀变成习惯*

可以用太多的身份来介绍孙祁祥，她是北京大学这所中国著名学府的经济学院百余年历史上的首位女院长；国际保险学界最高奖的首位女性获奖者；中国保险学界的标志性人物；全国三八红旗手标兵；北京市师德榜样；网络阅读量达3亿人次的北大开学典礼致辞《珍惜》的作者……

然而，走近孙祁祥，你才会发现，上面这些"身份"并不能完全概括她。优雅、睿智、坦荡、坚守、勇于挑战、追求极致、"大心脏"、兴趣爱好广泛……这是另一个即使没有任何"头衔"笼罩，但也同样魅力四射的孙祁祥。

"刷屏"女教授

作为北大经济学院院长、博士生导师，孙祁祥绝对是学生们眼中的偶像。而作为中国保险研究领军人物，她更是学界和业界的知名面孔。但你可能想不到，在河北至北京高速公路的检查关卡，孙祁祥居然也可以"刷脸"。

2017年党的十九大会议期间，孙祁祥带队去雄安调研，因为忘带身份证，当地政府特地为她开了"受邀考察，请予放行"的证明。结果，负责检查的特警看到介绍信和孙祁祥以后，惊喜地说："您是北大开学典礼上那位

---

* 《女友》2019年第2期。

演讲的女教授吗？下次请您一定给我签个字。"

高速公路检查站特警所指的就是孙祁祥在北大2017年开学典礼上名为《珍惜》的演讲。该演讲上传到网络后，自发传播的点击量超过3亿人次，成为各大平台争相置顶的热门视频。

一段开学典礼上的演讲，缘何刷屏？

许多人都在说珍惜，但像我们这样一些经历过上山下乡、经过改革开放全过程的人说出来，意义可能不大一样，所以可能引起许多人的共鸣。

1992年，孙祁祥以"北大首届研究生学术十佳"的身份博士毕业，师兄们对她说："师妹从政就是撒切尔夫人，做学问就是罗宾逊夫人（英国的一位很有成就的女经济学家——编者注），从商就是百万富翁"（90年代初百万富翁就是中国的顶级富人）。当然他们是开玩笑，意思是她可以有很多选择。但她的回答是："谢谢你们这么看重我，但我的内心告诉我，我想做一名老师。"这就是为什么她在《珍惜》的演讲中说："请珍惜你内心的渴望。"

正是因为珍惜内心的渴望，1995年孙祁祥赴美进修归来后，有猎头公司给她开出了30万的年薪，但孙祁祥却平静地婉拒了，仍然选择当一名月薪只有400多元的老师。

一位杰出学者的思考，一位成功女性的感悟，一位老师的真心分享，凝结成这段简练优美的刷屏演讲："珍惜当下、珍惜他人、珍惜自己，特别是自己的健康，珍惜内心的渴望、珍惜这个伟大的时代。"这次经典的演讲不仅打动了北大开学典礼现场的8000多名学子，而且引发无数国人的感动与思考。

对此，孙祁祥感到很欣慰，她说："自己的一些人生体会和感悟能够对他人有所启迪和教益，这是一件让人很开心的事情。"

素描孙祁祥："是金子总会发光的"

演讲以超高点击率刷屏，不过是孙祁祥奔涌人生里的一朵浪花，这位取得诸多卓越成就的女性,无论在工作还是生活中,实在是有太多的闪光之处。

很多媒体都提到过这段往事。20世纪80年代中期,留在兰州大学任教的孙祁祥,很快在专业领域崭露头角,她的论文《根本出路在于改革国家所有制形式》被以加编者按的形式发表在《金融时报》的头版,引起很大反响。之后,她被邀请参加一次高级别的研讨会,认识了北大著名的经济学家萧灼基教授,萧老师鼓励她报考自己的博士生。一年后,原本并无读博计划的孙祁祥以优异成绩考入北大。

如果说和萧老师的相识是偶然,那么,它需要两个前提:第一,被关注,因为她已经在专业领域初露锋芒;第二,足够优秀。

类似的事情数不胜数,20世纪90年代初,央视《经济专家论坛》邀请孙祁祥以专家身份接受访谈,没想到做完节目后就被制片人盛情相邀:"来给我们当特约主持人吧!"

这个节目需要一个高学历、懂专业、外形条件还要好的女主持人。栏目组之前在中国电视报上刊登广告,招了两个月也没有找到合适人选。孙祁祥一来,所有人眼睛都亮了:就是她!

就这样,孙祁祥主持央视《经济专家论坛》节目近一年的时间,直到1994年出国学习。

2000年,她受邀去哈佛大学,缘起也颇为传奇。

那天上午开完会以后,午餐时,我跟马丁·费尔德斯坦教授恰好坐在一起,我们聊了一些问题以后,他问我:"你英文很好,来过美国?"我说:"是的。""去哪了?""印第安纳大学商学院。""为什么选择了印大商学院?"马丁问。"因为当时资助这个项目的公司在印第安纳州。如果当时那个公司在波士顿,没准我就去哈佛了。""那我可以邀请你呀!"

就这样,一场看似"漫不经心"的闲聊,开启了孙祁祥的哈佛之旅。她以访问教授的身份在哈佛大学经济系和美国国家经济研究局做了一年的访学,而邀请他的马丁·费尔德斯坦是美国哈佛大学著名的经济学教授,曾做过美国里根总统时期经济顾问委员会的主席、全美经济学会的会长。

诸如这样的事情还有很多。孙祁祥谦虚地说自己很幸运,但谁都知道,机会绝不会垂青没有准备的人,也不会降临实力欠缺的人。

不止一位学生表达过这样的敬佩:"孙老师,我们觉得您特别有规划,人生设计得特别好。"

孙祁祥说:"这是因为学生们还是不了解我。实际上我是一个随遇而安的人,很多事情的发生,其实都是被动的。"

孙祁祥字典里的"随遇而安",其实用另一句俗语来定义更准确——是金子,总会发光。

特写孙祁祥:人生关键时刻,珍惜内心的渴望

拥有多重身份的孙祁祥,有太多值得书写的故事,而对她来说,无论在外人看来具有多大诱惑的事情,她所坚持的原则始终是不变的,那就是听从内心的召唤,珍惜内心的渴望。

"吾道一以贯之",这句孔子对曾参说的话,用在孙祁祥身上真是恰如其分。

一位曾经采访过孙祁祥的记者说过:"我太佩服孙老师了,她一生中遇到过那么多足以让一个人改变人生轨迹的机会,但每次她都能够那么淡定、从容地坚持自己的选择。"

本科毕业时,作为党员、班长,成绩名列前茅的孙祁祥有两个选择:一是留校读研;二是去中央机关工作。后者意味着什么,答案似乎很清晰。然而,孙祁祥却因为特别朴实的原因,选择了第一条。"先生比我高两级,那时我们已经确定了恋爱关系,而因为他已经留校了,所以我决定考研,这样就可以跟他在一起了。"

要放弃去北京、去中央机关工作的机会而留在兰大,有同学跺着脚冲她嚷:"你这是脑子进水了吧!"

回顾一路走来的历程,孙祁祥说:"没什么纠结,我只不过是始终坚守内心的渴望。"

做一名老师,做一名好老师,是父亲对她的期望。

考大学选经济学专业，毕业选择职业当老师，都是父亲的建议。但我必须说，我特别感谢我父亲。

从青年教师到北大保险学专业主任，再到北大经济学院百年历史上的首位女性院长，孙祁祥说，无论头衔有什么样的变化，她的内心始终认定自己的职业是老师。

一版再版，被国内数十所高校选作指定教材的、荣获无数奖项的《保险学》，足以让学界和业界记住孙祁祥的名字。而回忆这本书的写作过程时，孙祁祥用了"殚精竭虑"四个字。

1993年学院成立保险学专业，把我派到美国学习，快要回国的时候，我的一位美国老朋友对我说："祁祥，我期待在不久的将来，能看到你写的保险学。"

这句话触动了孙祁祥，也给了她动力，"既然我要从事这个专业，我就应当写一本教科书"。

在之后一年多的时间里，她近乎疯狂地投入这本教材的写作中，没有白天黑夜。

1996年《保险学》问世，孙祁祥至今还记得，第一个评价来自中国财经大学的李继熊教授。"李老师对我说，这本教材深入浅出，写得很不错。李继熊老师教了一辈子保险学，是保险学界德高望重的老教授。他的抬爱，让我很受鼓舞并且特别开心。"不久，《保险学》作为教育部的推荐教材，为国内数十所高校采用，再之后，一版再版，获奖无数，读者好评如潮。

我觉得，这就是做事认真的结果。我的原则是，不做则已，要做就要在自己的能力范围内做到最好。我做事不是冲着荣誉去的，但如果有了荣誉，我会将之看成上天对我格外的眷顾。而这个眷顾又会促使我以后努力做得更好。

最能够佐证孙祁祥这段话的例子，莫过于她获得约翰·毕克利创始人奖的经历，该奖项是国际保险界的最高奖，从20世纪70年代初设奖以来，每年全球只有一位获奖人。她是中国大陆的首位获奖者,也是有史以来唯一的女性获奖者。

从2000年开始,我每年都参加国际保险学界的年会,我知道这个奖项的分量,所以,当2013年11月第一次收到通知我获奖的信件时,我根本不相信,还认为是谁在开玩笑。一个多月后,我看到了国际保险学界在纽约的新闻发布会的消息以后,才知道这是真的。我当时的第一个反应是,真不可思议,我怎么能获得这个奖!

2014年7月,国际保险学会在英国伦敦隆重召开了第50届年会,约翰·毕克利的女儿专程从美国飞到伦敦,为孙祁祥颁发这项以她父亲名字命名的大奖。面对来自全球500多名公司高管、著名学者和各界名流,孙祁祥用流利的英文发表了即席演讲,赢得了数次掌声。之后,她被邀请参加查尔斯王子出席的一个小型座谈会。在20多位参会者当中,她是唯一的一位亚洲人。

偷师孙祁祥:命运眷顾勤奋努力的人

在北大经济学院会客区的一面墙上,悬挂着建院以来各时期学院掌门人的大幅照片。在长达106年的历史长河中,孙祁祥是唯一的一位女性。

但孙祁祥却并不喜欢人们总拿性别说事。她说:"我虽然经常受邀就一些女性话题发表演讲,并认为这是一种社会责任,但实际上,我并不喜欢被限制在女性话题中。"

孙祁祥的父亲是一位1938年参加革命的抗战老兵。她有两位兄长,孙祁祥虽然是家中唯一的女孩又是老小,却从未被父母特殊照顾,这也养成了她独立平等的个性。

因为我是女孩,所以我就应该得到额外照顾,我非常讨厌这种想法和做法。我经常对我的学生,特别是对女生说:不要养成抱怨的习惯,抱怨命运不公,抱怨环境不好,而要经常反躬自问:我是否足够努力,我是否足够优秀。

一个很有趣的小故事是,不久前她们中学老同学重聚,一位同学过来问孙祁祥,"你还记得我吗?我比你低一级,我们都是校乒乓球队的。每天早上,你我都是按老师的要求准时到学校练球。我还记得你打球的样子,打每一个球都十分认真。当我们两人打比赛时,你是用脑子打,知道找我的弱点。所以有你在学校时,我没得过校冠军"。

中学的乒乓球比赛,与孙祁祥后来所面临的竞争相比,当然算不上什么,但就是在这样的小事情中,仍能窥见她即使拥有出众的天赋,仍然足够勤奋努力的一面。

今天的孙祁祥,无论是作为国内风险管理和保险学界的学术带头人,还是作为北京大学经济学院的院长,在光环之下,她所承担的责任、压力也是很大的,但同事评价说:"她总是能够很从容地应对。""难道你不焦虑吗?"记者问。"肯定也有焦虑,但我心态比较好。我的体会是:一个人不要有太多的欲望,但如果真要做一件事,就要全力以赴、义无反顾地去做。"

作为师者,为学生传道、受业、解惑,她全力以赴;作为学者,她在专业上的钻研与所取得的成就有目共睹;作为公众人物,她发挥自己的社会影响力,传播正能量……

编辑的话

采访当天,我们在孙祁祥的办公桌上看到一本摊开的《世界大趋势》,美国著名未来学家约翰·奈斯比特最著名的一本著作。"为什么阅读这本老书?"记者问。"我们现在处于一个新时代,和旧时代相比它有什么样的特点?它的未来会呈现什么样的趋势?对于我们做理论研究的人来说,把握发展的规律和趋势,跟踪变化、适应变化,以不变去应万变,这是我们现在特别需要的一种态度和原则。"孙祁祥说。

这种无论人生何时都在吸取新知、思索未来的姿态,不禁让人联想到一个月前,她受邀在中国计算机大会上发表《关于信息社会的经济学思考》的特邀报告。现场7000多人反响强烈,网络直播也吸引了大量观众。

将优秀变成一种习惯,永远保持年轻的心态,永不停止学习、探索的脚步,这就是孙祁祥。

孙祁祥教授：
愿你们成为知行合一的笃行者*

  从 9 月 22 日傍晚 7 点降落兰州中川机场，身在兰州不到 24 小时，1979 级经济系校友孙祁祥的行程可以说是满满当当——匆匆赶到母校与严纯华校长晚饭会面，紧接着赶到咖啡厅与从兰州各地赶来的曾经的学生们叙旧。工作人员都十分担心地嘱咐她一定好好休息，可第二天一大早，她依旧是气定神闲、精神抖擞地出现在开学典礼榆中校区的现场。

  孙祁祥对这次重返母校的发言十分重视，在"选题"上经历几番"挣扎"后，决定继《珍惜》《精神》之后推出《笃行》，合成"知行合一"演讲三部曲。演讲稿直到典礼的早上才反复推敲定下终稿，这也正是孙祁祥一向做事风格的体现，严谨扎实中不断向极致靠拢。对于自己反复修改的要求她不忘向工作人员致歉，干练利落的语调又不乏真诚与温暖。从北大到兰大，转变了时空，未变的是对学子们一如既往的热切期盼和殷殷嘱托，这份饱含深情的演讲一经校媒发布，校内外兰大校友纷纷借由评论区表达敬意和自豪之情，并相继获得人民网、环球网、经济网、中国理论网等全国多家媒体的转载报道，社会反响强烈。

---

* 兰州大学校友会采访，2018 年 11 月 26 日。

结缘兰大 收获美好

"知青"生涯结束后,她曾在城里做话务员,这份在当时十分稳定体面的工作已是人人称羡,可是"文化大革命"结束后全国恢复高考,喜欢读书的孙祁祥想都没想就决定参加高考,1979年在父亲的建议下,她以第一志愿考到了兰州大学经济系。后来又在兰大读研、留校任教,前前后后正好十个年头,回忆起这段校园时光,是恩师们求真负责的身教,是同窗间快乐单纯的幸福。

大一时的"政治经济学"课间,孙祁祥问了张照柯老师一个问题,张老师想了一会说:"我还真不是很清楚这个答案。"这件事孙祁祥自己倒没有十分放在心上,可当天晚上,张老师特意找到正在教室上自习的她:"我回去查阅了一些资料,我想答案应当是这样的……""张老师住在校园外,在没有手机、微信的年代,那么多间教室,我真不知年过半百的张老师花了多长时间才找到我的。"开学典礼上孙祁祥与2018级学弟学妹分享兰大老师曾带给自己的感动,正是那个答疑解惑的夜晚,在孙祁祥心中埋下了最初的学术研究与为人师表的初心和坚守;也因此在离开兰州前,她不管行程如何紧张,仍然不忘拜访当年的恩师。

当时班里的同学年龄参差不齐,可来之不易的学习机会使得大家在努力上进的氛围下对同窗时光亦十分珍惜。作为班长的孙祁祥带头参加各种文体活动,记忆犹新的是自己"经济系左撇子"的"外号",擅长"砍式发球"的她带领经济系女排曾一路"称霸"全校……美好快乐的兰大时光温暖了孙祁祥的青春年华,多年过去依然熠熠闪光。

摒弃喧哗 执着初心

1987年,作为兰大经济系青年教师的孙祁祥参加了教育部在武汉组织的比较经济学研讨班,邀请了英国一位著名的教授来讲课,全国各高校教授"比较经济体制"课程的老师齐聚武大。四周的课程结束后,这位英国教授特地给兰大校长写了一封信,信中讲,贵校的年轻老师孙祁祥特别优秀,建议送到国外深造。信件转到经济系,主任很兴奋,许多同事和朋友也纷纷鼓动,"赶紧去联系教授出国吧,多好的机会啊!"孙祁祥却不为所动,"我当时并不想出国"。

从兰大到北大,孙祁祥深知自我心之所向,始终没有离开校园,这种不为外界"杂音"所扰的风格帮助她走到哪里都将根深深扎进脚下的沃土。早已声名国内外的她,这些年来不知有多少家公司、机构高薪请她去工作,她都婉言谢绝了,"外面的世界的确很精彩,但我本心就是钟情校园,喜欢这种自由包容的学术环境,喜欢和学生们在一起"。许多学生也会十分疑惑地问她:"您为什么不下海经商?"孙祁祥不解,为什么大家认为所谓优秀的人都一定要"下海"呢?"选择做什么事绝不是因为其他人都在做",孙祁祥深谙自己心之所向的理想生活,喧哗的外音中保持内心的笃定和清晰显得尤为可贵。

但行好事 莫问前程

"在兰大的生活我可以用'舒适'来形容,我甚至从没想过要外出深造,但机会来了我就'接住'了"。从兰大离开去往北大深造在孙祁祥说来是个十分偶然的故事,在这之前她似乎更是一个随遇而安的人,而机缘就是这样奇妙。1988年,经济理论界在武汉召开了纪念党的十一届三中全会召开10周年理论研讨会,就是在这次会议休息期间,孙祁祥认识了北大著名学者萧灼基教授。一番交谈后,萧老师对她毕业论文的"股份制"选题十分感兴趣,深感这个年轻人是个学术"好苗子",便开口提出:"你可以来考我的博士啊。"考北大的博士?这可是孙祁祥从没动过的念头,但会后,这个想法就如同星星之火,开始在她心中慢慢生根、发芽,在家人的支持下她决定试一试。北大博士考试难度相当大,尤其是英语,长达十三四页的试题三个小时的时间,很少有考生可以做完,也因为这样的难度每年录取分数线都在四五十分徘徊,而当年孙祁祥一举拿到了70分的高分。为准备这次博士考试,孙祁祥可谓下了苦功,在她的做事风格中,只要这件事下定决心去做,不管结果怎样,要做的就是拼尽全力地"笃行之"。这一年,萧教授只招了她一个博士,她也由此成为北大新学位制度实施以来培养的首位经济学类女博士。

这种"笃行"的做事风格,从兰大到北大,从考博到著书,孙祁祥一以贯之。大学期间孙祁祥读的都是政治经济学专业。1993年,北大经济学院设立保险学专业,院领导找她谈话,希望由她来筹建这个新专业。从美国专修"风险管理与保险学"回国后,她便开始撰写《保险学》教材。她查阅大量文献,一遍一遍修缮写作思路、整理案例资料。常常躺在床上准备入眠时因为想到一个恰当的案例,她会立刻翻身起床将它写下;骑车时灵感突至,她也会立刻靠边停下记录……"那真的是一个可以说十分'痛苦'又'疯魔'的殚精竭虑的状态,但当我最终将这件事做好时,那种幸福感是无与伦比的,我十分享受思考和求解的这种过程。"

母校华诞 殷殷祝福

踏实、质朴、低调、奉献,描摹母校兰大孙祁祥用了这四个关键词,母校的气韵随风化雨一路滋养与相伴。回望走过的漫漫路途,孙祁祥曾在2017年北大新生开学典礼中感慨个人走向与国家命运的紧密勾连:"40多年前,当我还是一名上山下乡知青的时候,我绝对想不到,有一天自己能够进入大学读书,更别说攻读博士学位、出国学习、当上北京大学的教授。我常常想,我是幸运的。"时代变迁的车轮滚滚,比起自己的前辈,孙祁祥无疑是赶上一个伟大时代的幸运者,而对于如今正值母校百十华诞的关键节点,充满理想的兰大学子,无疑更是幸运的。短短一天的兰大之行加之2018级新生精彩的军训表演,孙祁祥感受到兰大学子一脉相承的低调、质朴的特质,更是对母校师弟师妹寄予厚望:"希望你们做一个对社会有贡献、对他人有价值,自身感到幸福的人。"孙祁祥寄语兰大学子,不忘前行中带上坚毅、真诚、善良、自律、敬畏与担当,成为知行合一的"笃行者"。

走出兰大三十年,孙祁祥置身书山学海,倾心高等教育,承恩师探索前行之路,与学子共飨知识美妙,收获成就无数。

北大教授谈"笃行"*
——孙祁祥教授心声感动莘莘学子

从兰大到北大,珍惜并笃行

志存高远,今朝齐聚萃英山下;坚守奋斗,明日共谱兰大华章。秋意渐浓,热烈的金城夏日落下了帷幕,一群刚刚经过军训洗礼的"00后"新生结束了为期18天的军训之旅,正式开启了他们的大学生涯。

9月23日上午,兰州大学2018级本科生军训结训暨开学典礼在榆中校区西区田径场隆重举行。在母校金秋华诞之际,在莘莘学子相聚兰大之时,1979级经济系杰出校友、原北京大学经济学院院长、国务院政府特殊津贴专家、美国哈佛大学访问教授、北京市师德榜样、全国三八红旗手标兵孙祁祥教授出席兰州大学本科生开学典礼并致辞,与大家携手迎接希望,畅想未来,筑梦兰大。接下来让我们一起走近女神,聆听大师思想,感受大师风范。

笃行是一种治学理想,也是一种人生态度。孙祁祥教授以《笃行》为题,古代经典中的微言大义因而跨越历史的长河,纷至沓来。坚毅、真诚、善良、自律、敬畏、担当是孙祁祥教授对今日兰大学子践履所学的热切期盼。时隔数年,孙教授以校友的身份重回母校,收获感动之余,也为微凉的金城初秋带来一丝温暖和惬意。

---

* 人民网,2018年9月25日。

对话孙祁祥：
险资入市是大势所趋，但切忌投机投资*

本期嘉宾：北京大学经济学院原院长，亚太风险与保险学会（APRIA）前主席 孙祁祥

孙祁祥是北京大学保险学科的组建人，也是国际保险学会唯一的中国籍董事。她被外国同行誉为"具有将中国保险教育和西方保险教育完美结合的非凡能力"，还曾于2014年获得国际保险界的最高奖项——约翰·毕克利创始人奖，成为该奖项自1972年设立以来首位获此殊荣的中国学者和女性获奖人。

近日，孙祁祥接受了搜狐财经和《经济》杂志的联合访谈，讲述了我国保险行业的对外开放与发展进程，并展望了我国保险业的增长前景。

孙祁祥说，中国保险业的对外开放经历了从"狼来了"的恐惧到"与狼共舞"的从容，再到完美胜出的转变过程。外资保险公司的进入同时倒逼了国内保险业的改革，最后实现了中外资保险企业共同成长的双赢局面。

保险业的开放是我国金融对外开放进程中最早落地的一项内容。孙祁祥认为，目前外资对中国保险业的开放程度要求更高，但是进一步的开放也并

---

* 搜狐财经联合《经济》杂志"致敬建国70年"系列访谈——"致知100人"第25期。搜狐智库2019年9月27日。

不足以撼动国内保险公司的市场份额。

孙祁祥还认为，保险资金的入市并非权宜之计，而是大势所趋。一方面，入市是保险资金保值增值的需要；另一方面，资本市场也需要保险机构的长期且稳定的投资资金。但她也强调，目前险资入市的矛盾主要在于资本市场不稳定。

"如果资本市场发展得不好，险资被套牢，保险公司就可能面临无法赔付保险金的情形。"孙祁祥说，保险机构要切忌以投机的方式进行险资投资。

展望中国保险行业的未来发展，孙祁祥称，中国保险业人均保费的深度与密度仅相当于世界平均水平的66%和52%，因此仍有巨大的增长空间。

搜狐财经&《经济》杂志：1995年你从宏观经济转向保险行业，当时是出于什么契机？

孙祁祥：从本科到博士期间，我一直学的是政治经济学。博士时的研究方向是经济发展战略，主要做宏观经济、国企改革和市场经济方向的研究。

我的博士论文是《模式转换时期的收入流程分析》。我在1991年开始选题时，改革开放已有十多年了，中国经济发生了很多变化。当时关于市场经济的讨论很多，但理论界并未达成共识。

因此，我想通过对政府收支、企业收支和居民收支变化轨迹的实证分析，从宏观和微观的角度观察经济转轨过程中发生的变化，从中提炼一些规律性经验和发展趋势，进而形成对整个国民经济状况的全面与清晰的把握，由此对改革决策的制定提供理论依据。

博士毕业后，我顺利留校，教授经济学原理和股份经济等课程。1993年底，北大准备成立保险专业，院里指派我去组建这个新专业。我从来没有学习过保险，对我来说，连"保险"这个词都很陌生。于是我对院长表示，我胜任不了这份工作。

院长说："从教学经历上看，你虽是一名年轻老师，但你的教学和科研都不错，师生对你评价都很好，你没问题的。"就这样，院长和我谈了两个多小时。他的信任让我感动，于是，我接受了这个挑战。

1994年，美国林肯国民公司资助我去美国学习。从美国回来之后，我开始从事风险管理与保险的教学和研究。2001年，我在参加一个会议时遇到哈佛大学教授马丁·费尔得斯坦教授。他在社会保障领域的造诣颇深，邀请我去哈佛大学经济系和美国国家经济局做访问教授。就这样，我跟着他开始进入社会保障领域，做了一些相关研究。

搜狐财经＆《经济》杂志：业界和学界都很熟悉你领衔的团队所发布的许多研究成果，特别是《中国保险业发展报告》和《保险市场热点分析》这两大系列。根据你的研究，目前我国保险行业的发展有哪些特征？

孙祁祥：在不同的时间段，其特征也不同。总的来说，有以下几个方面的特征。

第一，市场规模不断扩大。保费收入和资产规模分别从1980年的4.6亿元和14.52亿元增长到2018年的3.8万亿元和18万亿元。

第二，保险产品更加丰富。由最初单一的财产保险，扩展到包括财产险、人身险、责任险和信用险四大类和上百个险种。

第三，国内保险公司的数量由少变多，竞争力由弱变强。1978年中国刚刚恢复保险业时，只有中国人民保险公司这一家公司，随后中国平安、太平洋等公司相继成立。目前我国有200多家保险公司，其中包括57家外资保险公司。

第四，法制逐渐健全。从1985年的《保险企业管理暂行条例》到1995年第一部《中华人民共和国保险法》（以下简称《保险法》），目前我国已经形成了以《保险法》为核心的保险业监管法律法规和规章体系。

此外，当前保险发展环境和人们的保险意识都发生了巨大变化。

搜狐财经＆《经济》杂志：我国保险业的发展可分为哪些阶段？

孙祁祥：从发展历程来看，保险业是金融领域最先开放的行业。1992年，美国友邦在上海设立分公司，标志着我国保险业对外开放正式步入试点阶段。

1995~2000年，保险业进入规范发展和对外开放的扩大阶段。在这一时期，相关保险的法律法规陆续出台并不断健全，监管体系也进行统一管理，经营秩序更加规范。

同期，保险市场经营主体不断增加，保险业对外开放试点城市从上海扩大到广州、北京等全国大中城市，一批外国保险公司获准进入我国保险市场，投资方式也由最初的外商独资发展为中外合资的方式。

2001年，保险业开放被作为重点谈判领域，对中国加入世界贸易组织起到了至关重要的作用。

当时，欧美国家的保险业已经非常成熟，其国内市场已基本饱和，迫切需要开拓新的市场。对外资来说，人口众多、市场广阔，又在进行对外开放的中国保险市场无疑是一块尚待开垦的处女地。

当时国内保险界对此非常恐慌，许多人都认为保险业不能马上开放，因为我们还太弱小了。如果立马开放保险业，国内保险业不出五年就会被外资打得七零八落，金融安全将面临极大威胁。

我对此进行了深入的研究，并于1996年在《中国证券报》上发表了题为《中国保险业的态势与发展思路》的长篇专访。我当时认为，虽然外资进入中国后将使保险业承受很大压力，但同时也将倒逼国内保险业进行改革，让国内的保险公司和外资企业同台竞争。

中国加入世界贸易组织标志着保险业进入全面对外开放的阶段。截至目前，保险业对外开放已经超过20年。中资对外资的态度经历了从"狼来了"的恐惧到"与狼共舞"的从容，再到完美胜出的转变。

截至2018年底，外资的市场份额在国内占比不高，22家外资财产险公司仅占整个产险保费的1.94%，28家外资寿险公司仅占整个寿险市场份额的8%左右。

搜狐财经&《经济》杂志：现在进一步加大保险业的对外开放，这与20年前有何不同？

孙祁祥：初期的对外开放只需满足三个条件即允许外资设立或开办分支机构：第一，30年以上的经营历史；第二，50亿美金的资本金；第三，在中国成立代表处两年以上。

除第三个条件受限外，绝大多数外资保险公司都符合条件。也就是说，最初对外开放的动力来自外国资本的要求，是从无到有的初级的对外开放。

现在外资保险公司进入中国已经 20 多年了，外资保险公司在中国的分支机构已经相对完善，对消费者和监管政策更加了解，人员也有所本土化，而且其在技术、管理、服务等方面更具优势。

外资保险企业目前要求更高层次的开放。在这种情况下，外资保险业进入中国将对内资构成新的挑战。

但从当前的发展趋势来看，外资保费的占有率和市场份额都不大，中国老百姓还是很信赖国内同等规模的保险公司，如中国人寿、中国人保、太平洋保险、中国平安、泰康保险等。

总之，保险业进一步开放将对国内保险公司产生压力，同时也会倒逼国内保险公司的改革，促使内资进一步强化制度建设，提升竞争力。

从发展趋势看，外资从整个中国市场中拿走的份额不足以撼动国内保险公司的地位。最终，双方将通过竞争与合作，实现内外资的双赢。

搜狐财经 &《经济》杂志：目前大家对保险公司的风险分散比较关注，如何看待当前再保险行业的发展？

孙祁祥：保险是对被保险人的风险进行聚集和管理，但被保险人的小额风险聚集在一起后，风险也会变大，由此出现了对原保险公司的风险进行分散和管理的再保险公司。

在一个成熟的市场中，既有原保险公司，也有成熟的再保险公司。

我们还可以通过资本市场来分散风险。20 世纪 90 年代初期后，我国出现了保险期货、保险互换、保险期权等风险证券化产品。不过由于各方面的原因，目前保险风险证券化的比重仍然很小。在国际上，保险风险证券化仍未真正发展到能有效分散保险公司风险的阶段。

我国再保险需求不断扩大。虽然再保险市场在股改后有了较大改善，但供给能力相对不足，仍有很大的发展潜力和空间。

搜狐财经 &《经济》杂志：近来，大家十分关注险资入市，你认为险资入市是基于什么考虑？

孙祁祥：险资入市不是权宜之计，而是保险市场和资本市场发展的必然结果。

保险公司的经营模式是先收保费，再赔付。保险是基于大数法则（law of large numbers）经营的——投保人有成百上千万，但所有人不会都在同一天发生事故。保险企业一般会提取足够的保险责任准备金，当投保人发生事故时，便用准备金进行赔付。

在提取准备金赔付前，大量的保险资金处于闲置状态，这些资金无疑需要保值增值。特别是寿险的期限相对较长，更需要保值增值。险资入市是保险资金保值增值的必然需求。

同时，资本市场也需要长期稳定的资金。险企资金具有规模大、长期稳定的特征。几乎在世界上的所有国家，险资都是资本市场非常重要的资金来源。

当然，保险资金的投资一定要尊重市场规律。目前险资入市的矛盾主要在于资本市场不稳定。如果资本市场发展得不好，险资被套牢，保险公司就可能面临无法赔付保险金的情形。所以，险资入市要确保保险资金的稳定性和长期性，同时切忌以投机的方式进行投资。

搜狐财经&《经济》杂志：未来国内保险业的增长空间如何？

孙祁祥：目前中国的保费总规模位列世界第二，与我国第二大经济体的表现较为匹配；但从人均保费来看，我国与发达国家的差距仍较大，保险深度和保险密度仅相当于世界平均水平的66%和52%。

欧洲、北美洲等区域的保险市场十分发达，亚洲作为新兴市场，其增长率远远超过欧美地区，但市场饱和度较低。中国是新兴市场中最重要的国家之一，未来在传统保险领域的发展空间十分广阔。

从人身险来看，国内健康、养老等长期寿险的业务发展不足。我国寿险保单持有人仅占总人口的8%，人均持有保单仅有0.13张。从财产险来看，保险赔付占灾害损失比重远低于国际上30%的平均水平。其中，车险占比超过70%；企业险、责任险、住房险、船舶险等专业险种发展缓慢；农险产品体系单一，没有差异化，保障水平偏低。

总之，从传统的产险、寿险、责任险等险种来看，我国消费者投保的比例还很低。从行业发展来看，保险的深度和密度存在着巨大的增长空间。

搜狐财经&《经济》杂志：是什么限制了保险业的快速增长？

孙祁祥：投保意识、保险产品种类以及保险公司的服务质量和管理都影响着我国保险业的发展。

第一，在绝大多数场合，人们购买保险的目的是为了转移风险，减少损失，但在很大程度上，人们忽略了这一点。

第二，当前保险公司所提供的保险产品的种类较少，无法很好地满足老百姓对保险的需求。因此，保险业需要对此进行改革，提供真正受市场欢迎的险种。

第三，我们当前还面临着一些新风险。互联网、人工智能的发展带来很多新技术，也带来了新的风险，这些新风险对保险公司提出了很多新要求。

孙祁祥：为人师表，风雨躬耕[*]

2018年五四前夕，习近平总书记在北大师生座谈会上提出新时期的师德建设要求，要求老师有理想信念、有道德情操、有扎实学识、有仁爱之心，德才兼备。在北大这片园子里，师才与师德兼备的优秀教师辈出，北京大学经济学院孙祁祥教授就是其中的杰出代表。

师才卓著，不让须眉

教师之所以能成为教师，首先是因其"才"。

早在1987年，孙祁祥就以一篇题为《根本出路在于改革国家所有制形式》的论文开始在经济学界初露锋芒。1993年底，她应组织安排出任保险学专业主任，由此转入当时在中国还处于发展初期的保险研究领域。进入全新领域后，她边学边干，一边推进专业建设，一边刻苦钻研新知，在保险、社会保障及相关理论方面取得了丰硕的研究成果。2014年6月，孙祁祥获得了国际保险学界的最高奖项——约翰·毕克利创始人奖，成为获此殊荣的首位中国学者和女性获奖人。

巾帼不让须眉的孙祁祥，俨然万千学子的学术偶像，无愧"师才"二字。

---

[*] 北大新闻网"我爱我师"专题，2018年。

不忘初心，志在园丁

择业时，凭借各方面出色的能力，孙祁祥得到了商界与政界的普遍青睐，但她毅然决然地选择做一名人民教师。出任保险学专业主任后，学院安排她赴美国进修。就在她如期回国工作时，一家猎头公司开出30万元的"天价"年薪"挖"她去业界，孙祁祥不假思索地拒绝了这次机会，而她当时在学校的月工资仅有400多元。

在诸多的荣誉称号中，她最珍视的是2002年学校颁发的"北京大学最受学生爱戴的十佳教师"称号。北大电视台为此专门制作了一部短片——《孙祁祥：优雅的传道者》，出镜的学生们为她贴上了"经院牛人""气质女神""优雅干练"等标签。而孙祁祥在接受采访时说道："把学生从一个懵懂无知的孩子培养成对社会有价值的人，是最令我欣慰的事情。"言语中充满了自足与自豪。

"虽然到目前为止，我这一辈子有过许多做其他事情的机会，但骨子里那份对校园的喜爱、对学生的喜欢和对那种相对来说无拘无束生活状态的喜好，让我拒绝了一些在许多人看来很不错的'诱惑'。但实际上我应当说，正是自己的这份'清醒'、这份'坚守'与这份'执着'，让我有幸能在北大度过与无数优秀学生相伴的岁月，由此为自己的人生带来许多的感动和感悟。"这段文字摘自2011年孙祁祥为其文集撰写的自序，它客观、真实地反映了一位优秀人民教师从教的心路历程，平淡而不失真挚，冷静而不失深刻。

全人教育，一以贯之

在育人理念上，孙祁祥一以贯之地推崇"全人教育"。

2010年，孙祁祥在就任经济学院院长的致辞中描述了她的全人教育理念："我们的目标是为未来大师级的学者、大企业家、大科学家、大政治家注入优秀的'基因'，提供茁壮成长的环境。但重要的是，我们首先要培养的是具有健全人格的'大写的人'。我们希望我们的学生带着独立、求新、质疑精神来到经济学院学习；我们希望我们的学生成为基础厚、视野宽、素质高、能力强、修养好的优秀毕业生，我们希望我们的学生成为情商优秀、智商超群、勇于创新、敢于担当的北大人。"

这一育人观在德才兼备方面对学生提出了明确的要求，也是她培养学生的准则。在日常教学上，除了将前沿知识及时更新到课堂，她也非常注重对学生能力的培养。她善于利用启发式的教学方法，引导学生将理论与实践紧密结合。上过她的课的学生这样评价："在我大学四年听到的无数课程中，可以说孙老师的课程是最让我感到新颖的一次。"

在平时的教导中，她更是注重对学生全方位的教导。源自良好的家庭教育，孙祁祥恪守着为人处世的八项原则，并以身作则，对学生也要求之：第一，正直善良，磊落坦荡；第二，自律谦逊，坚毅勇敢；第三，欣赏他人，感恩惜福；第四，言而有信，一诺千金；第五，脚踏实地，放飞梦想；第六，坚忍不拔，持之以恒；第七，敢于尝试，永不放弃；第八，关注细节，追求卓越。

2016年，孙祁祥代表学院向毕业生们送出了一份特殊的毕业礼物——银杏胸针，希望同学们"乐善好施，胸怀天下"。

严慈相济，春风化雨

在育人方法上，孙祁祥严慈相济、褒贬分明。既亲近学生，悉心指导学生的思想与生活，不吝建议，如和风细雨；又教导学生，严格要求学生的言行与学习，严肃批评，如疏风骤雨。她一方面引导学生认识自我、展示自我、提升自我；另一方面也强调学会认识他人、欣赏他人、学习他人。

作为一名成功的"过来人"，她乐于分享自己的知识与经验，帮助后生少走弯路，知无不言，言无不尽。留校任教至今，孙祁祥做过不计其数的讲座，开学典礼、毕业典礼致辞，影响的学生亦不计其数。

2017年，孙祁祥作为教师代表在北京大学开学典礼的致辞《珍惜》，用质朴真诚的语言诠释了新时代健康向上的人生观和价值观，引起社会各界的强烈反响，被誉为"八千新生来北大的第一堂最生动的教育课"。全国一些单位甚至组织专题学习,许多中学将之作为语文试题素材。2017年10月,北京大学"博雅大讲堂"走进重庆市巴蜀中学,孙祁祥以《不积跬步无以至千里》为题,勉励年轻学子勇于担当、脚踏实地,为中华民族的伟大复兴做出自己的贡献。有学生评论道:"感谢北大,让我们得到提升!感谢智者的引路,让我们早日遇见更好的自己!"2018年5月,她应邀到山东郓城一中,为同学们送上了《培养优秀习惯,成就充实人生》的讲座,她提出的八条人生原则引起在场学生与老师的强烈共鸣,全场掌声经久不息。

为人师表,风雨躬耕

两年前,孙祁祥在发表一项获奖感言时深情地说道:"三十年的从教生涯,使我真的感到很幸运,因为人民教师这个神圣的称号,因为教书育人这份神圣的职业,让我有幸得以享受'得天下英才而教育之'的乐趣,看到自身存在的价值。但也正因为如此,我不敢有丝毫的懈怠。"她曾在发表于《博览群书》的《我为什么跟学生讲这些?》一文中写道:"每当我在认真思考需要给学生讲什么东西的时候,也是我自己'内省'的过程。在我希望同学们怎样做人、做事的时候,其实我也在'反躬自问':你自己做的怎样?也正是这样一个'内省'的过程,让我能够在与学生的'对话'中不断得到自我完善。"

无才者,无以为师;无德者,无以育人。全国总工会《中国教工》杂志发表《登上国际领奖台的中国教师》一文,盛赞孙祁祥"春风化雨育英才,风雨躬耕建学科,镂心鈢肝著文章,连接中西建桥梁"。四句话,高度概括了她的成就,也高度评价了她的贡献。

曾有学生在采访孙祁祥后写下这样一段话:"在孙老师身上,我们看到的是峥嵘岁月中的不愿将就和等待坚守。真正的坚守,是只有一往无前的内心可以维系的。用坚守与智慧获得爱与尊严,未曾逃避,未曾动摇,未曾随波逐流,未曾追名逐利。我羡慕,我仰望,我更将以此为信条前行。"

桃李不言,下自成蹊。孙祁祥敬重学问、关爱学生、严于律己、为人师表,无愧于师德榜样的称号。

后　记

　　终于利用冬季在海南休假的时间将文稿和照片收集整理完毕交付给出版社，真有一种如释重负之感。

　　《珍惜》仍然沿用了我在2011年出版的《跬步集》的基本格式，即主要是我的一些演讲、访谈和随笔的汇编。从年份来看，除个别为2011年之前的以外，绝大多数的内容都是过去十年的。过去的这十年，中国发生了很大的变化，我个人也经历了许多难忘的事情。这十年中的八年，我作为北大经济学院的院长，光是涉及每年的开学典礼、毕业典礼、学生的各种活动所发表的演讲就有不少，这还不算参加的各类社会活动、接受的各类采访、撰写的时评文章和各种随笔等。最终，我在几百篇文章中挑选了70几篇，在几千张照片中挑选出了100多张汇编成册。坦率地说，这是一件颇费心力的过程，但也不得不说，这也是一个对过往经历重温的过程，这种重温让我在无限感慨、庆幸和欣慰的同时，充满了感激之情。

　　需要说明的是，所有文章都是"原汁原味"收录在这本文集中的，以便能够客观、真实地呈现那段"历史"，反映我对许多问题当时的看法和观点。当然，考虑到版面设计和美观的需要，对有些文章我不得不做一些文字删减和修改工作，但这不会影响到文章总体的阅读感。

　　十年前《跬步集》出版以后，当时有好友对我说，文集中的照片没有任何文字说明，不知时间和背景，有些遗憾。而我当时之所以如此，是考虑文集主要是为自己留个纪念，所以只要自己知道就行了，别人知否无关紧要。但现在看来，自己当时的想法颇有些"愚蠢"。"好记性不及烂笔头",再过若干年,恐怕自己都不一定能记得起来这些照片的背景和意义。因此,在《珍惜》中,我对收集的所有照片都做了简要的文字说明,这样也便于自己在变得更"老"以后,它们能帮助我重拾那些珍贵的记忆。感谢我的一些同事、朋友和学生为我提供了一些照片,帮我确认演讲和文章的发表时间;感谢经济科学出版社的齐伟娜女士、责任编辑赵蕾女士及团队工作人员,他们的专业、敬业和效率,保证了这本文集能够按时高质量出版。

这部文集出版之际,将是我的正式教师生涯结束之时。虽然我对工作过30多年的教师岗位有无限依恋,对所熟悉的校园生活有万般不舍,但内心,其实也充满了对退休生活的憧憬和向往。

我深知,随着长寿时代的到来,如果不出意外,我们每个人的余生都还不短。就我个人来说,这些年来,我做了一些应做的事情,而母校和社会却给了我许多奖励和荣誉,我在将其作为鼓励和鞭策的同时,也一直诚惶诚恐,唯恐辜负了这份厚爱和信任。因此,即使今后不在任何正式"岗位"上了,但我还是要秉持自己的"成功观",即"对他人有价值,对社会有贡献,自身感到幸福",为我们这个社会多做些力所能及的事情,努力回报母校和社会。

孙祁祥

2021年6月1日于北京

图书在版编目（CIP）数据

珍惜：跬步集续/孙祁祥著. —北京：经济科学出版社，2021.6（2022.8 重印）

ISBN 978-7-5218-2577-0

Ⅰ.①珍… Ⅱ.①孙… Ⅲ.①社会科学-文集 Ⅳ.①C53

中国版本图书馆 CIP 数据核字（2021）第 096194 号

责任编辑：齐伟娜　赵　蕾
责任校对：靳玉环
责任印制：李　鹏　范　艳

珍　惜
——跬步集续

孙祁祥　著

经济科学出版社出版、发行　新华书店经销
社址：北京市海淀区阜成路甲 28 号　邮编：100142
总编部电话：010-88191217　发行部电话：010-88191540
网址：www.esp.com.cn
电子邮箱：esp@esp.com.cn
天猫网店：经济科学出版社旗舰店
网址：http://jjkxcbs.tmall.com
北京季蜂印刷有限公司印装
710×1000　16 开　22 印张　340000 字
2021 年 6 月第 1 版　2022 年 8 月第 3 次印刷
ISBN 978-7-5218-2577-0　定价：98.00 元
(图书出现印装问题，本社负责调换。电话：010-88191510)
(版权所有　翻印必究　举报电话：010-88191586
电子邮箱：dbts@esp.com.cn)